教师教育系列教材

# 班级管理实用案例教程

姚玉香　张作岭　主　编
李朝辉　龚冬梅　郝思涵　副主编

清华大学出版社
北　京

## 内 容 简 介

本书共九章，除了班级与班级管理、班集体建设与班主任外，还包括班级管理的目标与任务、原则与方法、组织建设、日常管理、活动管理、文化管理、突发事件管理等内容。全书依托 54 个典型案例，分析了班级管理中的基本原理和对策，旨在帮助学生深入理解和全面把握班级管理知识框架体系，形成正确的工作理念，提升班级管理的能力和水平。

本书内容具体实用，通俗易懂，可以作为本科生的教材和中小学班主任的参考书，也可供有相关兴趣的人员自学之用。

本书封面贴有清华大学出版社防伪标签，无标签者不得销售。
版权所有，侵权必究。举报：010-62782989，beiqinquan@tup.tsinghua.edu.cn。

图书在版编目(CIP)数据

班级管理实用案例教程/姚玉香，张作岭主编. —北京：清华大学出版社，2021.4（2025.1重印）
教师教育系列教材
ISBN 978-7-302-57479-8

Ⅰ.①班… Ⅱ.①姚… ②张… Ⅲ.①班级—学校管理—师资培训—教材 Ⅳ.①G424.21

中国版本图书馆 CIP 数据核字(2021)第 021501 号

责任编辑：陈冬梅
封面设计：刘孝琼
责任校对：王明明
责任印制：丛怀宇

出版发行：清华大学出版社
  网　　址：https://www.tup.com.cn，https://www.wqxuetang.com
  地　　址：北京清华大学学研大厦 A 座　　邮　编：100084
  社 总 机：010-83470000　　邮　购：010-62786544
  投稿与读者服务：010-62776969，c-service@tup.tsinghua.edu.cn
  质量反馈：010-62772015，zhiliang@tup.tsinghua.edu.cn
  课件下载：https://www.tup.com.cn，010-62791865

印 装 者：三河市龙大印装有限公司
经　　销：全国新华书店
开　　本：185mm×260mm　　印　张：15.5　　字　数：380 千字
版　　次：2021 年 4 月第 1 版　　印　次：2025 年 1 月第 10 次印刷
定　　价：48.00 元

产品编号：087819-01

# 前　　言

习近平总书记在中国共产党第二十次全国代表大会上的报告中明确指出："我们要办好人民满意的教育，全面贯彻党的教育方针，落实立德树人根本任务，培养德智体美劳全面发展的社会主义建设者和接班人，加快建设高质量教育体系，发展素质教育，促进教育公平。"本教材在编写过程中深刻领会党对高校教育工作的指导意见，认真履行党对高校人才培养的具体要求。

班级管理工作是教育教学中至关重要的一个环节。班级管理的良窳，与学生的学习效能密不可分。而良好的班级管理需要教育工作者具有一定的管理智慧，但"智慧无法告知"，因为它是基于科学的理论与丰富的经验在岁月中积淀而成的，需要理论与实践的有效对接。因此，要培养具有管理智慧的卓越教师就必须改变传统的教育方式，在传授理论知识的同时，还需给缺乏实践的学生提供相应的经验，这就需要"案例"入场。在管理人才培养方面，哈佛大学商学院获得成功的主要原因是其学生要"浸泡"在案例教学中长达两年之久，因而才能真正获得进行科学管理、科学决策的真谛与秘诀。

本书与传统班级管理教材的最大区别在于精选了班级管理的典型案例，用理论解释具有普遍性的现象，用案例支撑理论的解析，理论分析与案例评析相结合，以达到事与理的交融、知与行的合一，切实帮助学生在具体的情境中掌握班级管理的理论，形成班级管理的智慧，使未来的班级管理工作更具专业化与艺术性。全书均以"案例呈现""问题与思考""分析与评价""原理与对策"贯穿始终，为师生提供了一种全新的视角和思维通道。

本书是师范院校教师教育系列教材之一，主要面向师范类本科生或基础教育阶段的教师。本书共分为班级与班级管理、班级管理目标与任务、班级管理原则与方法、班级组织建设、班级日常管理、班级活动管理、班级文化管理、班级突发事件管理、班集体建设与班主任九章。

本书由吉林师范大学教育科学学院教师集体编写，姚玉香、张作岭任主编，李朝辉、龚冬梅、郝思涵任副主编。具体分工如下：第一章，张作岭；第二、四章，李朝辉；第三、八章，龚冬梅；第五、六章，姚玉香；第七、九章，郝思涵、刘淑萍。

本书案例的主要来源：一是一线教师友情提供给我们的案例；二是从公开发表的书刊或网站上节选的案例，这些案例因内容的需要，大多进行了适当的整合且在书中注明了出处。另外，在本书的编写过程中，我们还借鉴了许多前贤时俊关于班级管理的深邃思考与精辟见解，由于篇幅所限，未能一一注明，敬请海涵！在此向给予我们佐证与启示的专家、学者表示诚挚的感谢！

虽然编者倾注了大量的时间和精力，但由于时间紧迫、水平有限，所选的案例是否篇篇经典，是否具备可读性和可操作性，安排的问题与思考是否找准了教育工作者在班级管理工作中的困惑，所做的分析与评价是否起到引领的作用，所提的原理与对策是否精当，凡此种种，都需要在使用过程中接受广大读者的批评指正，以便进一步丰富与完善。

编　者

# 目　　录

## 第一章　班级与班级管理 ...... 1

### 案例呈现Ⅰ原理与对策 ............ 3
一、班级的定义 ............ 3
二、班级的构成 ............ 4
三、班级的特点 ............ 5

### 案例呈现Ⅱ原理与对策 ............ 8
一、班级的发展历程 ............ 8
二、班级授课制 ............ 9

### 案例呈现Ⅲ原理与对策 ............ 12
一、班级与学生发展 ............ 12
二、团体动力学 ............ 13

### 案例呈现Ⅳ原理与对策 ............ 14
一、班级管理的定义及其理解 ............ 14
二、班级管理的内容 ............ 15
三、班级管理的意义 ............ 16

### 案例呈现Ⅴ原理与对策 ............ 18
一、学生个性化的表现 ............ 18
二、班级管理中如何应对学生的个性化 ............ 19

### 案例呈现Ⅵ原理与对策 ............ 21
一、班级管理的产生 ............ 21
二、班级管理的发展趋势 ............ 21

### 体验练习 ............ 23
### 补充读物 ............ 23

## 第二章　班级管理目标与任务 ...... 25

### 案例呈现Ⅰ原理与对策 ............ 26
一、班级管理目标的含义和特点 ............ 26
二、确立班级管理目标的意义 ............ 27

### 案例呈现Ⅱ原理与对策 ............ 30
一、管理目标的类型 ............ 30
二、班级管理目标类型的选择策略 ............ 30

### 案例呈现Ⅲ原理与对策 ............ 32
一、管教结合原则的含义 ............ 32
二、坚持管教结合原则的意义 ............ 32
三、坚持管教结合原则的要求 ............ 33

### 案例呈现Ⅳ原理与对策 ............ 35
一、班级管理目标制定的依据 ............ 35
二、班级管理目标制定的程序 ............ 36

### 案例呈现Ⅴ原理与对策 ............ 38
一、家长会 ............ 38
二、家长会的特点与优点 ............ 38
三、召开家长会的方法 ............ 38

### 案例呈现Ⅵ原理与对策 ............ 40
一、让教师喜欢班级 ............ 40
二、让学生走近任课教师 ............ 41

### 体验练习 ............ 41
### 补充读物 ............ 42

## 第三章　班级管理原则与方法 ...... 44

### 案例呈现Ⅰ原理与对策 ............ 45
一、尊重学生的原因探析 ............ 45
二、尊重学生原则的具体要求 ............ 46

### 案例呈现Ⅱ原理与对策 ............ 48
一、中外教育史上典型的个性教育思想 ............ 48
二、实施尊重个性原则的基本要求 ............ 50

### 案例呈现Ⅲ原理与对策 ............ 52
一、公平地对待每一个学生 ............ 52
二、位次编排要公平合理 ............ 52
三、处理班级突发事件要坚持公平性原则 ............ 52

### 案例呈现Ⅳ原理与对策 ............ 54
一、民主性原则的含义和意义 ............ 54
二、贯彻民主性原则的基本要求 ............ 54

### 案例呈现Ⅴ原理与对策 ............ 56
一、全员激励原则的含义和意义 ............ 56
二、贯彻全员激励原则的要求 ............ 56

### 案例呈现Ⅵ原理与对策 ............ 60
一、谈话法的含义和主要形式 ............ 60

二、班主任运用谈话法的基本要求....61
案例呈现Ⅶ原理与对策....63
　　一、情感沟通法的作用....63
　　二、情感沟通的途径....64
案例呈现Ⅷ原理与对策....66
　　一、家校合作的意义....66
　　二、家校合作的途径与方法....67
体验练习....69
补充读物....70

## 第四章　班级组织建设....71

案例呈现Ⅰ原理与对策....74
　　一、班级组织的结构类型....74
　　二、班级组织的功能....75
　　三、班级组织建设的一般过程....75
案例呈现Ⅱ原理与对策....78
　　一、班级组织目标的含义....78
　　二、确立班级组织目标的方法....78
　　三、确定班级组织目标应该遵循的原则....79
　　四、制定班级组织目标的策略....80
案例呈现Ⅲ原理与对策....82
　　一、班级组织规范的表现形式....82
　　二、班级组织规范的功能....82
　　三、制定班级规章制度的策略....83
案例呈现Ⅳ原理与对策....85
　　一、正式群体的含义和特点....85
　　二、非正式群体的含义及特点....86
　　三、非正式群体的教育转化策略....87
案例呈现Ⅴ原理与对策....89
　　一、班级组织机构的建设....89
　　二、班干部的基本条件....90
　　三、班干部的选拔....90
案例呈现Ⅵ原理与对策....93
　　一、班干部应具备的素质....93
　　二、班干部应具备的能力....93
　　三、班干部的职责....94
　　四、班干部的培养....95
体验练习....96

补充读物....96

## 第五章　班级日常管理....98

案例呈现Ⅰ原理与对策....100
　　一、班级日常管理的含义与意义....100
　　二、班级日常管理的内容....101
　　三、班级日常管理的特点....102
案例呈现Ⅱ原理与对策....104
　　一、班级规范环境管理的主要内容....104
　　二、班级规范环境管理的功能....106
　　三、班级规范环境管理应注意的问题....107
案例呈现Ⅲ原理与对策....109
　　一、班级物质环境管理的主要内容....109
　　二、教室布置的内容及操作原则....110
　　三、座位编排方式及操作原则....112
案例呈现Ⅳ原理与对策....116
　　一、生活指导....116
　　二、学习指导....117
　　三、健康指导....118
案例呈现Ⅴ原理与对策....120
　　一、班级成员的差异类型与个别教育....120
　　二、对学生进行个别教育的方式及应注意的问题....121
案例呈现Ⅵ原理与对策....124
　　一、班级管理中的奖励与惩罚....124
　　二、班级管理中的操行评定....127
体验练习....128
补充读物....130

## 第六章　班级活动管理....132

案例呈现Ⅰ原理与对策....134
　　一、班级活动的含义与特点....134
　　二、班级活动的类型....135
案例呈现Ⅱ原理与对策....138
　　一、班级活动对学生个体发展的意义....139

二、班级活动对班集体建设的
　　　　意义 ………………………… 140
案例呈现Ⅲ原理与对策 ……………… 143
　　一、班级活动管理的特点 ………… 143
　　二、班主任在班级活动管理中的
　　　　角色 ………………………… 144
案例呈现Ⅳ原理与对策 ……………… 147
　　一、组织班级活动的选题方式 …… 147
　　二、组织班级活动的原则 ………… 148
案例呈现Ⅴ原理与对策 ……………… 152
　　一、组织班级活动的基本环节 …… 152
　　二、组织班级活动应注意的问题 … 154
案例呈现Ⅵ原理与对策 ……………… 157
　　一、班级活动有效性的标准 ……… 157
　　二、提高班级活动有效性的方法 … 157
体验练习 ……………………………… 158
补充读物 ……………………………… 160

## 第七章　班级文化管理 …………… 161

案例呈现Ⅰ原理与对策 ……………… 164
　　一、班级文化的内涵 ……………… 164
　　二、班级文化的内容与特点 ……… 165
　　三、班级的影响力 ………………… 168
案例呈现Ⅱ原理与对策 ……………… 173
　　一、班级文化管理的原则 ………… 173
　　二、班级文化管理的方法 ………… 176
案例呈现Ⅲ原理与对策 ……………… 180
　　一、缺乏明确的班级管理目标与
　　　　规范的班级制度文化，班级管理
　　　　随意化 ……………………… 180
　　二、只重视常规管理与成绩管理，
　　　　班级文化管理内容片面化 …… 180
　　三、学生主体地位缺失，班主任
　　　　管理权威绝对化 …………… 181
　　四、缺乏灵活性与创造性，班级
　　　　文化管理方法与途径简单化 … 181
　　五、缺乏层次化与人性化，班级
　　　　文化管理中的评价文化
　　　　主观化 ……………………… 182

案例呈现Ⅳ原理与对策 ……………… 183
　　一、加强培训工作，更新班主任
　　　　班级管理观念 ……………… 183
　　二、实施符合素质教育要求的班级
　　　　文化管理 …………………… 184
　　三、建立科学的班级工作评价
　　　　体系 ………………………… 185
　　四、确立"立体化"三级班级文化
　　　　管理模式 …………………… 185
体验练习 ……………………………… 186
补充读物 ……………………………… 186

## 第八章　班级突发事件管理 ………… 188

案例呈现Ⅰ原理与对策 ……………… 189
　　一、顶撞教师行为的表现 ………… 189
　　二、顶撞行为出现的原因 ………… 189
　　三、顶撞行为的预防和处理 ……… 190
案例呈现Ⅱ原理与对策 ……………… 193
　　一、恶作剧产生的原因 …………… 193
　　二、处理恶作剧的标准 …………… 194
　　三、处理恶作剧的方法 …………… 195
案例呈现Ⅲ原理与对策 ……………… 198
　　一、学生产生偷窃行为的原因
　　　　分析 ………………………… 198
　　二、班主任处理失窃事件时应坚持的
　　　　原则 ………………………… 199
案例呈现Ⅳ原理与对策 ……………… 202
　　一、处理校外人员侵害学生事件的
　　　　基本原则和程序 …………… 202
　　二、如何防范校外人员侵害学生
　　　　事件的发生 ………………… 204
案例呈现Ⅴ原理与对策 ……………… 207
　　一、学生寻求关注的原因 ………… 207
　　二、寻求关注的行为表现和失效
　　　　原因探析 …………………… 207
　　三、针对寻求关注行为的对策 …… 208
案例呈现Ⅵ原理与对策 ……………… 211
　　一、冷处理具体表现 ……………… 211
　　二、冷处理的作用 ………………… 211

案例呈现Ⅶ原理与对策..................214
 一、主体教育理论..................214
 二、需要层次理论..................214
 三、情感教育理论..................214
 四、用爱感化法的具体要求..........215
体验练习..............................216
补充读物..............................216

## 第九章　班集体建设与班主任..........218

案例呈现Ⅰ原理与对策..................219
 一、班集体及其特征..................219
 二、班主任及其角色定位..............220
案例呈现Ⅱ原理与对策..................225
 一、班主任的任务....................225
 二、班主任在各方面关系协调中的
  角色定位........................226
案例呈现Ⅲ原理与对策..................229

 一、高尚的师德......................230
 二、稳定的心理素质..................230
 三、多方面的才艺和兴趣爱好..........230
 四、良好的身体素质..................231
案例呈现Ⅳ原理与对策..................232
 一、从主宰到主导....................232
 二、从封闭到开放....................233
案例呈现Ⅴ原理与对策..................235
 一、学习吸取........................235
 二、加工内化........................236
 三、实践体验........................236
 四、总结升华........................237
体验练习..............................237
补充读物..............................237

**参考文献**..............................239

我们不可随便拿一群个别的人作为集体。集体是活生生的社会有机体，它之所以是一个有机体，就因为它那里有机构、有权能、有责任、有各部分之间的相互关系和相互依赖。如果这样的因素一点儿也没有的话，也就没有集体了，有的只是随随便便的一个人群罢了。

——马卡连柯

# 第一章　班级与班级管理

案例呈现 I

## 班级——我们的"家"

顾雨涵：五年级(1)班，是我们的家。老师就是我们的妈妈。

臧　倩：一天24个小时，其中有1/3的时间，我们在班级度过。

杜文凯：五年级(1)班，一条条柳枝正接受春雨的滋润，发出新芽。

白　瑞：班级是我们的家，作为值日生，我会把它打扫得干干净净、一尘不染。

张　晴：五年级(1)班，早自习充满了琅琅读书声，课间弥漫着师生之间、生生之间畅谈的细语，放学后到处都是同学们勤劳忙碌的身影。

郭瑶瑶：爱它，我们就要珍惜它。

靳叶欣：当我们取得骄人的成绩时，五年级(1)班也散发着灿烂光芒；当我们做错事时，五年级(1)班也跟着抹黑。班级与我们息息相关。

杨亚涵：我骄傲，我是五年级(1)班的一员。

江　雪：我们是雨后的彩虹，只有经过洗礼，才能释放绚丽的光彩。

尤　天：我们班是多彩的花园，而我们是其中一朵朵绚烂的花，盛开在美丽的季节。

吴　昊：从7岁，一个不懂事的孩子起直到今天，我们已成为一个个怀揣梦想的大男孩。

任　磊：回想曾经，我们有过欢笑，有过泪水。而这一切，正是我怀念的，留给我的最最美好的回忆。

谷吉帅：春蚕到死丝方尽，蜡炬成灰泪始干。每一个老师甘做燃烧自己的蜡烛，用心照亮每一位学生。这就是我们的班级。

金海心：五年级(1)班充满爱的地方。我爱我的"家"。

刘　涛：五年级(1)班是我们的摇篮，它为我们提供了一个成长的环境，让我们逐渐成熟。

高　　海：我们的努力和奋斗、我们的前途与追求……这一切都与五年级(1)班丝丝相连，缕缕相扣。

毕淑波：任何人都不能独立地成长，在我看来，五年级(1)班就是这样一个辅助成长的良好环境。

俞欣妍：我失败了，五年级(1)班从不嫌弃我、不抛弃我，永远敞开它那宽阔的臂膀给予我温暖。

包新伟：风天，五年级(1)班为我们挡风；雨天，五年级(1)班为我们遮雨；晴天，五年级(1)班为我们乘凉。

赵新颖：我们是一个团结的集体，每一个成员都在用自己的行动建设这个集体，让它变得更美丽。

孙　　磊：没有华丽的辞藻，我只想用最简单的语言大声地说"我爱我家"。

张　　媛：每一个人都插上理想的翅膀，在五年级(1)班这个天空翱翔。

董文艳：作为小组组长的我，愿意负起责任，为同学们服务。

韩雨萌：推开教室的门，总是有那么一股清香迎面扑来，我想那是爱的召唤。

刘　　凯：时而吵架，时而努力，不管怎样我们永远是一家人，并始终为一个目标努力前进。

赵　　敏：光荣榜上闪烁着我们的名字——五年级(1)班。

王　　佳：也许有一天我们分别了，但我们始终拥有一个共同的乐园。

李海娇：在五年级(1)班里，我不仅学到了知识，也懂得了做人的道理。

蔡　　鑫：在这个集体里，我不仅学会了知识，也懂得了怎样做人和人与人之间交往的处事原则。

张欣然：五年级(1)班由31名同学和一名老师组成，我们之间团结友爱，互相帮助。

邹媛媛：在运动场上，五年级(1)班的每个同学都贡献了自己的力量，有的在跑道上挥洒汗水，有的在旁边呐喊助威，有的在为同学服务。是每一个同学的努力，才使我们最终取得了骄人的成绩。

班主任：五年级(1)班是一个充满爱的地方。孩子们一张张可爱的脸，永远铭记在我心间。这里就是我奋斗的目标、是我努力的方向。在这个快乐的大家庭里，我们互相学习，共同勉励，让每一个人每天都有所收获，是我最大的期许和心愿。快乐是童年的象征，我愿每一个孩子都能在这个集体中健康发展，快乐成长。相聚源于缘分，因此我们懂得彼此惜缘，珍重。

(资料来源：傅建明，胡志奎．班级管理案例[M]．广州：广东教育出版社，2009：1．)

**问题与思考**

1．什么是班级？

2．班级作为一个组织，具有哪些特征？

3．班级的构成要素有哪些？

#### 分析与评价

上面案例叙述了某校五年级(1)班的同学们和老师对班级的不同理解。虽然有的语言只是平铺直叙，有的只做了简单的比喻，但这些都是同学们和老师的内心感触，是对班级理解的真实想法。有的同学说，班级是我们的家，作为值日生，我会把它打扫得干干净净、一尘不染；有的同学说，在这个集体里，早自习充满了琅琅读书声，课间弥漫着师生之间、生生之间畅谈的细语，放学后到处都是同学们勤劳忙碌的身影；有的同学说，当我们取得骄人的成绩时，五年级(1)班也散发着灿烂光芒，当我们做错事时，五年级(1)班也跟着抹黑，班级与我们息息相关……在他们看来，班级是多彩的花园，同学们就是其中一朵朵绚烂的花，盛开在美丽的季节；班级是摇篮，它为大家提供了一个成长的环境，让同学们渐渐成熟；在这个班级，一条条柳枝正接受春雨的滋润，发出新芽……这是一个由31名同学和一位老师共同组成的集体，他们认为班级能够给予他们温暖，能够哺育他们成长，能给他们带去快乐，能让他们尝尽酸甜苦辣，班级就是他们的"家"。因此从以上描述中，我们可以体会出班级在学生和老师心中是一个怎样的组织，班级对于学生和老师意味着什么。

一个班级的形成需要许多构成要素，只有这些构成要素并存，才能形成一个完整的班级。简单地讲，班级首先要有学生和老师，要有教室、桌椅、黑板、粉笔、黑板擦等，还要有书、本、笔等。这些人和事物对于一个班级来说是形成的基础。换句话说，也就是没有这些最基础的人和事物就不能形成班级。

班级能够让学生和老师成为一种依赖，必有其特殊的地方。学生在这里能够学到知识以丰富自己的头脑，在这里能获得情感和道德上的教育，还可以从班级的活动中体验到学习的乐趣、生活的乐趣，老师亦如此。打个比方，班级就是天空，让雄鹰翱翔；班级就是花园，让花儿盛开；班级就是土壤，让生命绽放。在这个集体里，大家可以感受到生生之间的鼓励与帮助，可以体会到师生之间的温暖，可以看到集体的力量以及个人价值的体现。所有这些都离不开班级这个载体，由此可见，班级就像"家"一样。

## 案例呈现 | 原理与对策

班级的定义与构成要素.mp4

### 一、班级的定义

在教育教学的发展过程中，出现了很多种对班级的解释，有的认为班级是集体指导儿童读、写、算等各项学习技能的一种组织形式。有的认为班级是一个社会系统，成员间具有共同的价值观，彼此间具有相当稳定的复杂的互动关系。目前，大多数人比较认同李学农对班级的解释：同一年龄段、发展水平相当的一群学生根据学校的安排固定地聚集在一起，形成了"班"；又因为"班"处在一定的教育阶段上，这就是"级"。班级是学校为实现一定的教育目的，把处于一定年龄阶段、文化程度大体相同的学生按一定的人数规模建立起来的基层教育组织。

### (一)班级是一个社会性组织

班级不仅是以社会化学习为中心的社会关系体系，而且是一种为社会需要培养未来人才的社会组织。班级组织具有各类社会组织所共同的特点，班级中师生、生生之间的关系，不仅要通过正式的规章制度约束和维系，而且也要通过各种非正式的方式、方法来维系，学生在这一社会性组织中不断学习、不断发展。

### (二)班级是一个学习型组织

班级是典型的学习型组织。所谓学习型组织，是指通过培养弥漫于整个组织的学习气氛，充分发挥组织成员的创造性思维能力而建立起来的一种符合人性的、富有生命力的、能持续发展的组织。这种组织具有持续学习的能力，具有高于个人绩效总和的综合绩效。在班级学习活动中，学生能够不断地突破自己的能力上限，培养全新、前瞻而开阔的思考方式，实现共同的抱负。

### (三)班级是一种教育组织

班级本身具有一种不可替代的作用和教育力量，它是促进学生进行自我教育的基础，是发展学生个性特长、创造才能、培养学生全面发展的重要因素。学校是社会的教育组织，班级是学校教育教学工作的基本单位。班级作为一种教育影响因素而存在，教师的影响必然通过班级环境对学生产生作用，很多学生在一起听课，并不简单地只是一个教师同时对许多学生产生了影响，而是班级本身也成了影响学生发展的因素。

### (四)班级是稳定的正式群体

班级是作为一个正式群体而存在的。与其他社会组织一样，班级有其特定的成员、特定的目标、特定的文化、特定的人际交往及特定的功能。

## 二、班级的构成

班级作为一种组织，有其特定的构成要素。根据班级的自身特点，可将其构成要素分为两个方面：一是硬件要素，如教师和学生、教育场地、教育资料等；二是软件要素，如班级目标、组织机构、班级活动、班风班纪、人际关系等。也可将其构成要素分为三个方面：一是人的要素，如教师和学生；二是物的要素，如教室、教材、运动场等；三是制度、文化要素，如班级规章、班级文化等。

教师与学生是构成班级教育教学活动的主体。教育场地是班级教育教学活动的必要场所，包括教室、操场、实验室、图书馆、教学仪器设备等。教育资料是班级教育教学活动的根本保证，包括课程与教材、各种图书材料等。班级目标主要包括班集体德、智、体、美、劳等方面的发展目标及学生个性发展目标。班级机构主要包括班主任、班委会、少先队中队委员会、团支部委员会和各种学习、值日、班报、考勤、课外兴趣、服务等小组。

班级活动可以分成日常性班级活动和阶段性班级活动两大类。良好的班风班纪是良好班集体形成的重要标志，它能够反映出班级成员普遍具有的良好行为和习惯，也能体现出一个班级具有正确的集体舆论。班级的人际关系是多方面的、复杂的，最主要的是教师之间、师生之间、生生之间、学生个体与群体之间、群体与群体之间、正式群体与非正式群体之间的人际关系。

## 三、班级的特点

### (一)学习性

班级活动为学生提供了自我学习、自我管理的机会和空间，无论是成绩还是其他各方面的情况都会得到发展。

### (二)依赖性

班级是由未成年人组成的组织群体，学生正处于身心发展的关键时期。从心理学的角度来看，学生心理面貌还不稳定，思维还带有片面性，考虑问题也不那么周全。因此，在实行学生自治自理的同时，还需教师充当"幕后指导者"，注重对学生加以引导和教育。

### (三)教育性

班级是学生与学校教育、社会影响之间的"转换器"。班级介于学校、社会与学生个体之间，学校教育、社会影响对学生将产生什么样的作用，学生能否接受，往往取决于班级对学生的影响。由于班级本身所具有的教育功能，人们更关注班级作为学校的教育组织对学生发展的影响。

### (四)社会性

从教育社会学的角度来看，班级是社会的缩影，是一种社会关系，是以青少年学生为主体、以社会化学习与交往活动为特征的教育社会。班级的确定、班级中的机构设置、班级中的活动都会反映社会对受教育者的培养要求，时刻受到社会环境的渗透和影响。无论是在班级正式组织还是非正式组织的活动中，每位学生都会与教师、同学进行交往，从而构成小范围的社会关系。

**案例呈现 II**

**我与班级共成长**

一年级

对于刚入学的一年级小学生来说，他们对小学生活充满了新鲜感，一时还难以从幼儿园的生活方式中转变过来。"老师，我的橡皮不见了""老师，王晓棠欺负我了""老师，我发现张小亮去您不让去的地方玩了"……一年级的教室里到处充满了"告状"的声音。

好奇、好动、喜欢模仿，有的学生在课堂上一会儿上这儿看看，一会儿去那儿坐坐，很难在座位上保持长时间不动，因此也很难做到认真听讲了。由于一年级的学生每天都有学习任务，知识量大增，再加上他们对汉字的掌握较少，因此练习题完成的质量就不高。尤其是当完成学习任务并不是唯一目的时，还得要求学生把字写好，这对于一些一年级学生来说实在是太难了。常常会出现老师将答案写在黑板上，而学生都不知道该做什么的情况。此时班级虽然有了教师和学生、教育场地、教育资料等硬件条件，但是还没有形成班风班纪、班级目标等群体意识，班级只是初具规模，还没完全形成。

二年级

"老师，宋旭打我。"吴军哭着跑到我面前说。"那他为什么打你呀？""因为……因为我们在玩游戏的时候，我踩了他的脚，他就打我，可我是不小心的。"我把宋旭也叫了过来，询问事情的经过。在知道了事情的来龙去脉后，我要求他俩先握手和好，语重心长地说："宋旭，吴军在玩游戏的过程中踩了你，是他的不对，但你不应该去打他，你们是同学，是朋友，朋友之间应该互相体谅。可吴军你也有不足之处，当你踩到别人时你应该说声对不起，先求得别人的谅解。今后你们还是好朋友对不对？""嗯！"吴军和宋旭异口同声地说。二年级的小学生个性差别大，情绪不稳定且容易冲动，常常因为一件小事而哭闹起来。在学习上，没有养成良好的学习习惯，经常是丢了西瓜捡芝麻。二年级的学生虽然有了一定的学习目标，但还不懂得人与人之间的交往原则。

三年级

有一天下午，我走到教学楼旁边，发现角落里蹲着一个学生在哭。走上前我才看清，原来是我们班的臧静。"臧静，怎么了，怎么在这哭呢？""老师……我想妈妈。"她一下子抱住了我。臧静生活在一个离异家庭，三岁的时候母亲就离开了家。那时，她还不懂什么是妈妈。而现在九岁的她，渐渐懂事了，当看到别的小朋友牵着妈妈的手，依偎在妈妈的怀里时，她的心仿佛被针扎一般，这才意识到原来有妈妈真好。三年级的学生从情感外露、浅显逐渐地向内控、深刻、自觉发展，他们开始不愿意直接表达内心情感，容易产生不安的情绪。在学习上，孩子普遍马虎大意，做作业磨蹭，但上课时能够集中注意力了。三年级的学生还很愿意表现自己，上课都能积极地回答问题，在私下里他们还会互相"竞争"。在课外，他们能够独立地完成清扫工作，能根据自己的兴趣选择课外活动小组。

四年级

孩子已经从被动学习向主动学习转变，他们会有意识地提前完成学习任务。由于学习知识点已经增多加深，会出现小学阶段第一分化。此时有的孩子会越学越顺手，而有的孩子会学得焦头烂额。这时教师应采取相应的措施，可以形成小组学习模式，达到互帮互助；也可以进行单独辅导，做到不让一个孩子掉队。四年级的学生辨别是非的能力还很有限，因不确定事情的对错而"随风倒"。此时班级的班委会也初具雏形，他们会替老师分担工作任务，成为老师的小助手。

**五年级**

在生理上，五年级的孩子会出现变声现象，男孩会明显一些，会因为发出一些自己控制不了的怪声调引起哄笑。在学习上，有的学生会投机取巧，经常不认真完成作业，强调多次仍屡教不改，对学习缺乏兴趣。与此同时，学生之间也开始有了竞争意识，尤其是在集体活动上他们有共同的奋斗目标，集体意识、荣辱观较强。

**六年级**

学生进入青春期早期，青春期是少年向成年过渡的阶段。学生的自主意识逐渐增强，喜欢用批判的眼光看待事物，有时还对师长的正当意见感到反感并反抗抵制。学生的抽象思维、逻辑思维能力增强了，自我意识、评价和教育的能力虽然也得到了发展，初步形成了个人的性格和人生观，但意志力不坚强，分析问题的能力还在发展中，所以遇到困难和挫折容易灰心。在学习上，六年级主要为小升初做准备，任务量较大，因此对于有的学生来说学起来较为困难。此时班级学生在教师的指引下能够自行解决简单问题，班风班纪已形成，一个班级就这样产生了。

(资料来源：张作岭，姚玉香. 班级管理案例[M]. 北京：清华大学出版社，2014：6～8.)

**问题与思考**

1. 班级是怎样发展而来的？
2. 谈谈你对班级授课制的理解。
3. 优秀的班级具有哪些特征？
4. 结合事例说明，如何建立一个优秀的班集体？

**分析与评价**

对于小学一年级的学生，在做练习时教师不仅要有耐心，而且还要进行逐一指导，只有这样才能保证每个学生不掉队。但由于一年级的学生没有形成独立的意识，他们特别信任教师，这就要求教师要有正确的引导。在一年级，教师不要给学生安排大量的学习任务，主要是教孩子如何安排时间，如何与其他同学相处，培养孩子的学习兴趣。

二年级是学生形成自信心的关键期。教师应多表扬多肯定孩子，要随时注意孩子心态的变化，并加以正确引导。对于学生的不良行为要及时进行纠正，培养好的学习习惯，如写字、看书、做作业等。

对于教师来说，三年级的时候应做到细心呵护和耐心引导学生。当他们遇到情感上的困扰时，应及时帮助孩子解决问题，及时进行心灵沟通。三年级是学习发生变化的关键期，教师应及时纠正其不良习惯，教会孩子如何学习。

四年级正好是儿童大脑发育处在内部结构和功能完善的关键期，也正好在小学教育中处于从低向高的过渡阶段，孩子的生理和心理变化明显，是培养学习能力、情绪能力、意志能力和学习习惯的最佳时期。此时，教师应及时帮助孩子发现问题，解决问题，树立信心，培养孩子演算和检查的习惯。

在五年级学生的教学上，教师要因材施教，除采用班级授课制进行全班上课外，还要根据学生学习水平的不同，进行不同层次的教学，采用不同的授课方式或选择不同的教学方法进行教学，更好地激发学生的学习兴趣，鼓励学生参与社会实践活动，在实践中成长。

六年级，教师应密切关注学生的生理和心理变化，使他们能够全面、健康地发展。在学习上，教师应注重课堂教学效果，加强基础知识、基本技能、基本思想、基本活动经验教学，提高教学效率，不加重学生课业负担。尤其是对失去信心的学生，教师要做好引导，让他们重新树立信心，建立进取的人生态度和积极向上的生活情趣。

班级已形成，但什么才是优秀的班级？它应具备哪些特征呢？一个优秀的班级必须具备一个有利于学生成长的环境，让每个学生都体验到快乐，快乐地学习，快乐地生活！它是积极向上的，充满温暖和爱的地方。

一个优秀的班级，同学之间是相互合作的关系，后进生可以得到其他同学的帮助。师生是完全平等的友人，学生之间也是平等的。师生之间应该是相互尊重、相互依赖的关系。教师会及时发现学生的短处，而不是揭短，学生之间也会为一起学习而感到愉快。在责任心方面，教师不是单纯地承担学生的责任，而是各自对自身的行为负责。学生反思做了些什么，而不是教师包办。优秀的班级主权属于学生，而不是一切都是教师说了算。教师应鼓励学生的勇气和积极性，而不是压制、恐吓学生。

# 案例呈现Ⅱ 原理与对策

## 一、班级的发展历程

班级授课制.mp4

### (一)班级的出现

班级是现代学校制度的产物，它的产生有特定的历史条件，班级有其产生、发展的过程，并将随着教育的发展而发展。

在古代教育中，无论是东方还是西方，教学组织形式主要是个别教学。实行个别教学，学生没有固定的入学时间，学习进度也不一致，学习环境嘈杂，教学效率低、效果差，学校的工作组织松散、混乱。

在16世纪末的西欧，由于机器逐步代替了手工，生产力大大向前发展，生产关系也发生了极大变化，教育一方面要把资产阶级的子弟培养成为能够领导工商业和国家机关的统治者，另一方面又要把劳动者的子弟培养成为适合资产阶级需要的、有一定文化程度的、能够正确使用机器以便为资本家创造更多利润的雇佣工人。在这样的背景下，社会对教育提出了更多、更高的要求，教育的规模和效率都必须扩大和提高，而个别教学无法满足这样的需求，表现出明显的不适应，于是班级授课制应运而生。

### (二)班级的发展

在我国，1862年，京师同文馆(近代中国官方设立的第一所新式学校)率先采用班级授课，

1903年的癸卯学制以法令的形式确定下来。

1. 全班上课

教师同时面对全班学生施教，又将学生所有的反应反馈给自己；以教师系统讲授为主，辅之以其他各种有效的方法向学生呈现教材；教师的讲授是学生学习的主要信息来源，学生在课堂上可与教师、同学进行多向交流；教师可用自己的情感、态度和行为直接影响学生并使他们产生相应的反应。

2. 班内分组教学

班内分组教学是指根据教学或学习的各种需要，把全班学生再细分成若干人数较少的小组，教师根据各小组的共同特点分别与各小组接触，进行教学或向他们布置某项共同完成的学习任务。

3. 班内个别教学

班内个别教学是指在课堂情境中进行符合学生个别差异的教学，主要由学生个人与适合个别学习的教学材料发生接触，并辅以教师和学生之间的直接接触。

## 二、班级授课制

班级授课制就是把学生按照年龄和知识水平分别编成固定的班级，即同一个教学班学生的年龄和程度大致相同，并且人数固定，教师同时对整个班集体进行同样内容的教学。班级授课制已被捷克教育家夸美纽斯从理论上加以总结和论证。

### (一)班级授课制的特点

(1) 按年龄阶段和知识水平将学生编班。把学生按照年龄阶段和知识水平分别编成固定的班级，即同一个教学班学生的年龄和知识程度大致相同。每班的人数比较固定，通常是30~50人。

(2) 把教学内容按学科和学年分解为小的教学单元——课。首先将教学内容按学科和学年进行划分，以确定各年级要掌握的内容。然后在此基础上，将其按照具体的教学内容及实现这种教学内容的教学手段、教学方法分成更小的部分。教学通常就是一课接着一课地进行。

(3) 教学在规定的课时内进行。每门学科的总课时数、学年课时数、周课时数一般根据固定的课程计划来确定。每节课的时间可以是50分钟、45分钟或30分钟，但都是统一和固定的。课与课之间有一定的间歇和休息时间。

(4) 教学场所较为固定。班级授课在教室、实验室进行，场所是固定的。课堂中的座次也是相对固定的，但学生的座次安排可采取不同的形式，如可采用秧田式、圆桌式、马蹄式、会议式。

### (二)班级授课制的优点

(1) 有利于大面积培养人才,扩大教学规模,提高教学效率。在班级授课制的教学组织中,一个教师可以同时教三四十个学生,教学效率得到了很大的提高,在教师数量不变的情况下,可以大大扩大教学规模。在国家还不能承担太多教育经费,而又急需大量建设人才的条件下,这种教学组织形式具有重要意义。

(2) 有利于发挥教师的优势,突出教师的主导作用。教师与学生相比,在知识、阅历、经验以及个人素质方面,占了绝对优势,应该起到主导作用。

(3) 有利于发挥班集体的教育作用,促进学生全面发展。学生在集体中学习,彼此程度相近,学习内容相同,易于同学间互相讨论、互相竞争、共同进步,有利于学生的社会化和全面发展。

(4) 有利于进行教学管理和教学检查。相同年龄段和相近知识水平的学生,编入一个班级,其心理水平、自觉程度和认识水平相近,因此便于教学管理。同一年级的学生使用相同的教材,按照同一进度上课,有统一的教学要求,对于教学质量的评价标准基本相同,对教师的要求也是大体一致的,因此便于对教师的教学活动进行检查,评价教师的教学质量。

### (三)班级授课制的缺点

(1) 学生的独立性与自主性受到限制。班级授课制要求教师对全班学生负责,是一种一对多的交往形式。由于教师需要更多地关注学生整体情况,就需要进行一些统一的控制和安排,有时甚至是过多地控制。这样的整齐划一的活动在一定程度上忽视了学生个体的独立性、自主性。

(2) 教学形式固定化、程式化。班级授课制使课堂教学形成了比较固定的教学模式、课堂惯例,甚至思维方式、师生交往方式,如果教师不能打破常规,思维方式一成不变,就会导致课堂教学失去对学生的吸引力。

(3) 不能很好地满足学生的个别需要。班级授课制使几十名年龄相近,但兴趣、志向、性格各不相同的学生接受统一的教学内容、方法,按统一的进度授课,无法照顾学生个体不同的学习需求、情绪体验。

**案例呈现Ⅲ**

**小班级,大智慧**

即使有些父母有时间教育自己的子女,但是孩子最好还是一起在班级里接受教育,因为班集体具有巨大的力量和能量,就像一根筷子容易折断,而一把筷子不容易折断一样。在一个优秀的班集体中生活,它的班风班纪、共同目标等会带动学生,使学生变得优秀,会给学生未来的社会生活打下良好的基础。另外,班级里不同的人会给学生带来不同的影响,每个人身上都具有特殊的优秀的品质,吸取他人的长处会使学生变得更完美。在班级中与不同的人打交道，会让学生学会如何处理各种人际关系。在班级组织的多种多样活动中，可以增强学生的体质，提高学生的才智，让学生更聪明、更快乐！

在一个班级中，一个集体的整体素质会影响一个学生的发展。积极向上的班集体会带动每个学生也乐观积极，体验成功的喜悦。而一个班风较差、消极的班集体也会使学生消沉低迷，对任何事情都无兴趣。因而良好的班风是学生发展的前提。

教育社会学认为，班级是一个微型社会。也就是说，班级存在一定的组织结构，履行学校的社会职能，如班集体的共同愿景、发展目标、组织结构、角色分配、人际互动等，都是社会关系的缩影和投射，深刻地影响着学生社会化的发展。

拿一次清扫来说，在家里，学生可以做好规划独立完成，但有时往往会因为身体疲惫半途而废，甚至是放弃。在班级里清扫的意义就不同了，老师可以把任务分配给不同的学生，或者一个任务由几个学生完成，这样学生之间就会起到互相监督的作用，因此就不会有人偷懒了。在这个过程中，不仅锻炼了学生坚持的意志品质，而且能让学生学会怎样与他人合作，并能体会到合作的力量，无形之中就已为将来的社会生活做好了铺垫。班集体的学习、交往及活动的经历和体验是学生个性发展的重要资源。

在班级中组织集体活动，可以让学生在活动中学会生存和发展。骏马有对手要比赛或有先导马可追随的时候，才是它跑得最快的时候。年幼的儿童，榜样比训条更重要。在班级中，学生之间互相竞争，有时会刺激学生不断进取。在班级中有专门的老师传授知识，老师的有效学习方法可以让学生轻松地学习，这些在家庭教育中是无法实现的。

**问题与思考**

1. 班级对学生的发展有哪些作用？
2. 如何使班级对学生产生积极的影响？

**分析与评价**

捷克著名教育家夸美纽斯提出："所有男女青年，不论富贵和贫贱，都应该进学校。"[①] 为了实现这一主张，他创制了学校体系，提出并实施了班级授课制。青年人只有在同龄人聚集的班级之中，才能感受到集体的作用以及榜样和刺激，这也是符合自然规律的。

首先，班集体为学生参与社会性的实践活动创造条件和机会。班级是学生最主要的学习、交往和其他各种活动的环境，班级组织机构和人际关系是社会组织及社会关系的反映，班级情境中的活动和师生关系、同学关系的处理，实际是为学生参与社会生活和处理社会关系提供了学习和实践的平台及机会。其次，班集体为学生选择职业、扮演社会角色及发展相应能力奠定了基础。班集体各种活动的开展，为学生提供了多种实践的机会，在活动中学生往往被归属于不同的群体，分别扮演着不同的角色，承担着不同的任务，受到不同的期待，得到不同的体验，这些对学生社会性的发展都产生积极的影响。实践中经常可以发现，长期担任班干部的学生在班级生活中普遍具有较强的成功感，积极组织和参与集体

---

① 〔捷〕夸美纽斯. 大教学论[M]. 北京：教育科学出版社，2015：33.

活动,并且要求别人服从自己的权威意志。担任班干部的经历对提高他们的组织能力、协调能力有很大的影响,也为他们今后的社会实践和生活奠定了一定的基础。

长期在班级中学习和生活还可以发展学生的个性,培养学生的特殊才能。一方面,班集体能够提供学生个性发展的有利条件;另一方面,班集体为学生特殊才能的发展提供有利条件。在班级活动中经常得到重视、受到关注、赢得肯定和欣赏的学生,往往有积极的体验,形成积极进取的个性;反之则可能会形成消极的个性。关注班级每一位学生的成长,为他们提供展现才能、发挥作用的机会和条件,让每一位学生都在班集体中找到自己发挥作用的舞台,使他们的个性在班级的各种活动过程中得到更好的发展是成功的班主任共同的经验。

在班级中,还能够保障学生身心的安全和健康发展。班集体可以说是教育化的微型社会。班级健全的规章制度、和谐的人际关系以及各种有利的环境和条件,都为学生身心的安全和健康发展提供了重要的保障。同时,班级教育管理者的责任感、专业素养,以及对班级学生的关注,都能够及时预测、发现和干预危害学生身心发展的不良因素,为学生提供有利的成长环境和条件,保证学生身心的健康发展。

## 案例呈现Ⅲ 原理与对策

班级对学生
成长的作用.mp4

### 一、班级与学生发展

班级的存在对于学生各方面发展有着积极作用,主要表现在以下几方面。

#### (一)促进学生知识的增长

学生在班级中,一方面可以通过教学,有计划、有步骤地掌握各个学科的知识;另一方面可以在班级组织的活动中,通过各种感官去感受事物,通过接触各种人与事,从而获得各方面的知识。

#### (二)促进学生体质的增强

青少年学生正处在长身体时期,通过在班级内开展多种活动,可以达到锻炼他们身体,增强体质的目的。

#### (三)促进学生实践能力的提高

学生可以通过参加各种丰富多彩的班级活动,在活动中不断地进行看、听、想、说、做等,从而提高自身的实践能力。

#### (四)促进学生良好个性的形成

学生的个性品质、兴趣,在班级中不仅能得到充分表现,同时也能得到巩固、发展和调整。在班级中，学生通过与同学交往而变得活泼、开朗；或是通过承担各种班级事务而变得冷静、稳重。

## 二、团体动力学

库尔特·勒温在1939年发表的《社会空间实验》一文中首次使用了"团体动力学"这一概念，借以表明他要对团体中各种潜在动力的交互作用、团体对个体行为的影响、团体成员间的相互依存关系等去做本质性的探索。1945年，勒温在美国麻省理工学院创办了"团体动力学研究中心"，团体动力学作为一种专业和学科得以建立。在其后的20年间，团体动力学得到了迅速发展，其影响几乎涉及社会生活的各个领域。

勒温根据实验得出了以下结论。
(1) 团结力是使某一团体稳定并抗拒分裂的重要力量。
(2) 在独裁的团体中存在更高的紧张气氛。
(3) 民主团体中的成员总是努力进行合作，并越来越要求提供和寻求合作。
(4) 民主团体中的成员客观态度更多。
(5) 民主团体中的成员积极性更高，表现为"我们需要"，而不是"我需要"。
(6) 民主团体的结构更稳定，成员的感情和目的得到更大的发展。

可见，团体动力学是一种对团体本质的心理学研究，旨在探索团体发展的规律，团体的内在动力，团体与个体、其他团体以及整个社会的关系等。

**案例呈现Ⅳ**

变"乱班"为"先进班"

2014年，曙光中学王老师接任了初三年级(2)班的班主任，由于各种原因，这个班已经换了两任班主任和两位任课老师，王老师已经是第三任班主任了。王老师接任后，通过与任课老师的交流、学生的接触和家访，发现这个班不仅学习成绩与同年级其他班差距大，而且"问题学生"多，所以王老师感觉要带好这个班，压力是很大的。

接下来的一周，王老师对这个班进行了细心观察：班里二十来个学生的仪容仪表不符合中学生的要求；上课铃声响后五分钟内班内学生到不齐；课堂纪律差，吃东西、看小说、随意说话是常事；值日生做值日都是敷衍了事，班级卫生情况极差；班干部本身表现存在问题，起不到模范带头作用。下课后，每位任课老师的脸上看不到一丝幸福感……

通过一星期的接触和冷静的分析，王老师发现该班存在的主要问题有三个。一是缺乏规范的养成，没有一个良好的行为习惯。例如：卫生习惯、听课习惯较差，自由散漫严重，有些违规违纪行为已"习惯成自然"，然而，学生却感觉不到。二是班级缺乏正确的舆论导向，正气不足，凝聚力不强，一些班干部、团员起不到"领头羊"的作用。三是学习目的性不够明确，后进生比例比较大。同时王老师也认识到要带好这样的班级，必须从常规抓起，用新的管理模式来吸引学生。因此，王老师认真制订了班级管理的计划和目标，公开竞选班委，重新成立班委会。第一，学规范，抓规范，从仪表仪容和班容班貌开始。王老师亲自带领值日生打扫卫生，营造良好的环境，树立年级竞争意识，培养班级凝聚力。第二，真诚主动地与班里的"问题学生"加强交流，消除他们的抵触情绪，让他们认识到自己的缺点并加以改正，慢慢地引导他们走上正确的学习道路。第三，放大优点及时表扬，在班里设置光荣榜，无论是学习成绩还是品行纪律，只要有一点点进步，就给予正面鼓励。第四，搭建平台，通过各种活动增强班级凝聚力，转化后进生，循序渐进达到"班风学风好转，学习成绩提高"的管理目标。

经过王老师几个星期的努力，班里的卫生从全校的倒数第一升至正数第三。从此，同学们也有了动力和积极向上的心态，班里的纪律大为好转，成绩也有了很大的提升，从根本上扭转了班级的"落后"局面。

（资料来源：魏晓红. 中小学班级管理典型案例[M]. 天津：天津大学出版社，2016：2.）

**问题与思考**

1. 你如何定义班级管理？
2. 班级管理的内容有哪些？
3. 为什么需要班级管理？

**分析与评价**

在本案例中，班主任王老师接手的是一个换过两任班主任和两个任课教师的"乱班"，王老师感觉要带好这样一个班，压力很大。但王老师没有任何抱怨，也没有放任自流，而是认真地分析了班级现状和学生基本状况，认真制订了班级管理的计划和目标，公开竞选班委，重新成立班委会。经过王老师几个星期的努力，班里的卫生从全校的倒数第一升至正数第三。正是因为王老师对班级进行了有效的管理，才将一个"乱班"变成了"先进班"。如果王老师和前面两任班主任一样，或任其发展，或管理方式不当，他则可能成为离开的第三任班主任。

从王老师的行为可以看出，班级管理是一个围绕教育活动而开展的过程，涉及班级日常管理、班级活动管理、班级文化管理等各个方面。我们只有做好管理的基础，才能在此创建育人的系统，发挥教育的功能。

# 案例呈现Ⅳ 原理与对策

班级管理的内容.mp4

## 一、班级管理的定义及其理解

### （一）班级管理的定义

班级管理是以班级为载体的教育管理。班级管理是班级管理者按照教育管理规律的要求，采用一定的方法组织班级教育活动，实现教育目标的过程。其要点如下：①班级管理是一个过程，这一过程是围绕着教育活动而开展的。②班级管理活动是在班级管理者(主要是班主任)的组织引导下，由班级管理者和学生共同参与的双向活动。③班级管理的目的在于班级教育活动的顺利开展和教育目标的最终实现。④班级管理要遵循一定原则，采取一系列的措施和方法。

### (二)班级管理的理解

班级管理是学校管理的有机组成部分，具有层次性，一般包括班级外部管理(又称"班级宏观管理")与班级内部管理(又称"班级微观管理")。班级外部管理是指学校领导和有关职能部门对班级的管理，包括班级编制、委任班主任及开展各种以班级为单位的活动等，它起着决策、组织、指挥和控制的作用。班级内部管理是指班主任和任课教师在学校领导下对班级的直接管理，是"班主任按照学校计划和教育目标的要求，充分利用和调动学生班级内外的力量，进行班级教育任务的组织、指导、协调、控制等各项活动"。[①]

班级外部管理与班级内部管理是班级管理的两个不同的组织层面，两者相互交叉，相辅相成。班级外部管理为班级内部管理创造了条件，班级内部管理服务服从于班级外部管理。班级管理是学校管理诸方面工作的组成部分，即在学校领导所实施的学校管理中，有一个方面是对班级实施的管理。学校领导并不直接对具体的班级实施管理。从班级组织层面认识班级管理，班级管理是班级管理者或班主任对具体的班级实施的直接管理。班主任并非孤立地实施班级管理，而是在学校组织内实施班级管理，班主任的管理工作与学校领导实施的管理相关。班主任是作为学校领导的助手管理班级，而班主任又是一个班级的直接领导者或管理者，班级组织的运行状况同班主任的管理工作状况直接相关。

## 二、班级管理的内容

### (一)班级组织的建设

班级组织建设主要包括班级组织机构的建立和班级组织规范体系的建立。其中班级组织机构分为班委会制度、值周班长制、建立各种类型的小组、班级学生会议制度；班级组织规范体系的建立包括班级组织制度、行为规范、集体舆论和班风。班级组织建构的首要原则是有利于教育。

### (二)班级日常管理

班级日常管理的内容包括思想管理、纪律管理、学习常规管理等内容。思想管理是指对学生的基本思想进行引导、教育和规范。纪律管理是班级常规管理中最重要的内容。学习常规管理包括学习态度的管理及教育和学习活动的常规管理。

---

① 鲁洁. 教育学[M]. 北京：人民教育出版社，2000：368.

### (三)班级活动管理

班级活动是学校教育活动的重要组成部分,是班级教育的重要形式,也是发展学生素质的基本途径。班级的教育管理是通过各种活动实现的,组织开展相关活动是班级管理的重要内容。

### (四)班级教学管理

教学是学校的中心工作,教学质量管理是班级教学管理的核心。课堂教学是促进班级组织与学生社会化发展的主要阵地,是一种集体的教学力量。班级教学管理的内容包括:明确班级教学管理的目标和任务;建立有效的班级教学秩序;建立班级教学管理指挥系统;指导学生学会学习。

### (五)班级制度管理

班级制度管理是班级管理的基础和前提,也是维护正常教育教学活动的保证。班级制度管理包括成文的制度和非成文的制度两种。成文的制度,即常规管理制度,是学校教育教学工作的基本规范。非成文的制度,即非常规管理制度,它是隐性的、约定俗成的,是学生共创、共有、共享的生活方式,表现为班级的传统、舆论、风气、习惯等。成文的制度管理是刚性的管理,具有普遍性和规范性;非成文的制度管理是柔性的管理,具有灵活性和针对性。

## 三、班级管理的意义

### (一)班级管理是学校管理的基础

班级管理是具体贯彻学校管理意图的活动,是学校工作正常运转的保障。从学校整体工作来看,每个班级都是学校不可缺少的一部分,学校的工作计划、具体工作要求都要由班级工作来实施。可以说,班级管理是学校管理的"第一步"。因此,有效地实施班级管理,才能使学校工作顺利进行、稳定地发展。

### (二)班级管理是开展教育活动的保证

班级管理的核心和灵魂是发挥教育的作用,班级管理的过程就是教育的过程,班级管理的目标就是达到一定的教育目的,班级管理的内容体现着教育的要求,班级管理过程是各种教育活动的积累,班级管理的方法是以调动学生的积极性为前提的,力求使每个学生都得到更好的教育。总之,班级管理是开展教育活动的保证,是以教育为宗旨的。

### (三)班级管理是建设良好班集体的必需

建设一个良好的班集体要做大量的工作,诸如组织工作、教育工作、协调和沟通工作、调节和监督工作等。班主任正是在这些工作中对班级实施管理的，也是通过班级管理来做好这些工作的。一个班集体的正常发展、良好面貌与风气的形成，都离不开科学有效的班级管理。只有在有力的班级管理下，班集体的建设才成为可能。

案例呈现Ⅴ

### 增强集体意识，建立自我

从教师总结班级的后进生特征来看，一般都是缺少自信心，并伴着强烈的自卑感，缺少集体荣誉感，同样也缺少竞争心理，甚至是不合群。如果长期将他们置于漠视、不关心、缺少严格教育的地位，那么就有可能使他们逐渐放弃自己，落后倒退。因此，在对待后进生或者说是班级的"潜力股"时，一定要有一个一分为二的观点，对这些"潜力股"要进行全面的了解和分析，要看到他们的优点，并挖掘这些优点，对他们的缺点，我们要因材施教，相比于成绩，我们要纠正的是这些学生的心理问题。

王靖和李彦是我们班级里成绩比较靠后的学生，更巧的是，他们两个还是同桌，平时总是一起做游戏、一起进行小组讨论。按理来说，他们只是在成绩上不理想，平时的表现、课堂纪律、课后完成作业的情况都很好，但是我很难从内心喜欢这两个学生。带班半年后，我发现这两个孩子太不自信了，甚至都存在着强烈的自卑感。在回答老师提出的问题时总是低着头，不敢面对面地回答老师的问题，进行小组讨论时别的组员反映他们并不积极主动地发表自己的看法。我向其他老师了解情况，其他老师也仅仅是对成绩进行了评价，在其他方面并没有给予更多的关注。对于这两个学生，我采取了小心翼翼的态度，课堂上积极地提问他们，回答不上来的，我慢慢地引导他们，课下帮助学生答疑解难时，主动对他们俩进行关怀，渐渐地，我能感觉到他们俩看到我时那羞涩的目光了。有一次，生活班长向我反映情况，说在集体值日时，他们不配合其他组员完成任务，而且还推卸责任，当然我并不能完全肯定生活班长反映的事件，我说老师更希望你能来帮老师一起团结同学完成任务，而不是来让老师管理。随后我叫来王靖和李彦了解情况，王靖很怯懦地回答我："老师……我，我没有犯错误，我完成我自己的任务了。"我并没有理会他回答的问题，而是很温和地问他们怎么看待周围的同学。他们能感受到谈话时渗透的这种关心，自然也放松心态说："就是同学，在一个班级里，他们嫌我们成绩不好，也不和我们一起玩，总是指挥我们干这个干那个。"我又问他们："你怎么知道他们是嫌你的成绩不好？"王靖低下头支支吾吾地说不清楚了。李彦说出了他的看法："我有一次站起来回答问题，我还没有说完，他们就哄堂大笑，我很难受，很想找个地方躲起来。"听到他们这样和我袒露心声，我完全能够理解孩子的这种自卑心理，每一个老师也都曾走过学生时代。我耐心地和他们说我学生时代的那些糗事，他们也偷偷地笑。我很认真地对他们说："你们俩的成绩不理想，不是因为你们不聪明，是因为你们害怕失败，害怕嘲笑，要勇敢地解决自己不会的问题，有信心能够提高成绩。我对你们平时的表现很满意，老师知道你们是懂事的孩子，这个班集体是你们的，你们才是班集体的主人，要和同学们团结起来保护你们的家，尊重别人也会获得别人的尊重。"

这次谈话过后很长一段时间，我都特别关注这两个学生，他们在这种重视中慢慢地活跃起来，在课堂上也能有一两次主动举手回答问题了，成绩自然而然也有所提高，在班级活动中也能配合班干部完成任务。重要的是他们逐渐开朗起来，我觉得这是一个老师最应该做的，一个学生的健康成长才是关键。

（资料来源：培养集体意识，建立自我. http://blog.sina.com.cn/s/blog_64b108540100hj0l.html.）

**问题与思考**

1. 如果你是班主任老师，你是关注班级的管理还是班级个人的管理？
2. 分析这位老师这种个性化班级管理的功能？
3. 如何在班级管理中对学生进行个性化教育？
4. 想想你的求学经历，是否是被老师遗忘的学生，你的心理状态是什么，如何得到疏解？

**分析与评价**

本案例中，两位同学的小心翼翼、被动地完成任务、不合群很显然是老师长期不关注、不了解引发的。这种学生是在班集体中很典型的"蔫骨朵儿"，主要表现为：成绩中等，日常表现良好，心理状态不自信，同学关系淡漠。这种学生有别于班级里积极主动的学生，也有别于淘气的破坏分子。所以教师在进行班级管理时，首先要从这样的学生入手，帮助他们建立自信心，转变同学之间的关系，让他们在教师的管理工作顺利进行中成为中流砥柱，从而为后续开展的班级工作打下坚实的基础。

班主任在管理这些"潜力股"时，更多的是给予他们个人的关心。如果我们因为这些孩子不能主动地讨欢喜、惹麻烦，就把他们置在自己班级的"角落"里，可能会导致班级里一大部分同学的离群，会破坏班级整体的和谐气氛。案例中班主任适当地注意到了这些孩子，并且给予了恰当的关心。教师也没有因为学生"不配合同学完成值日"对其进行批评，甚至处罚。班主任老师很和善地挖掘学生内心的问题，找到问题的关键，帮助学生打开心结。

在班级中，对学生的针对性教育并不是处理学生个性发展的唯一办法，每一位教师对待这些"潜力股"，都有其独到的见解，但是在这种教育中我们能看到教师是双赢的，既促进了班级管理的和谐性，又提高了学生的成绩。

## 案例呈现Ⅴ 原理与对策

班级管理中如何应对学生个性化.mp4

### 一、学生个性化的表现

学生的各种表现直接反映班主任的日常工作管理，学生的课堂反应状态、课下集体活动的表现，都间接地指出教师在班级管理中的优势或弊端，在进行管理时，针对不同类型的学生要采用不同的方式进行教育，为日后管理做好铺垫。

## 二、班级管理中如何应对学生的个性化

### (一)促进自我意识的发展，形成积极的个性品质

形成独特的个性，必须要有一定发展水平的自我意识作基础。在班级中，学生通过与伙伴的相对比较，得到自我与他人的评价，通过了解别人的意见和态度，来加深或纠正自己的认识，逐渐从"群体"中分出"自己"，发展自我概念，形成独特的个性。实践证明，具有健康的集体舆论与良好班风的班级，有利于形成学生健全的自我概念和积极的个性品质，而班风不正、集体舆论恶化的班级，则会降低学生"自我"发展水平和养成消极的个性品质。

### (二)发展学生个体差异，形成学生独特的个性

个体的独特性表现在人的个性心理上，诸如兴趣、爱好、理想、信念、能力、性格、气质等。在班级管理过程中，可以根据学生的不同心理发展特征，选择丰富多彩、灵活多样的学习活动和其他实践活动，给性格各异的学生提供更多的选择机会，从而强化学生的个性差异。通过因材施教，帮助学生充分开发其内在潜能，形成自己的优势和特长，更好地促进自己的发展。

### (三)矫正学生不良倾向，促进学生良好发展

学生置身于班级中时，其人格及能力上存在的缺陷就会显现出来，如社会技能的欠缺、情绪不稳定、自我控制能力差、过度利己主义、极端个人主义、过度的不安、粗暴、说谎以及其他人格偏颇等，特别是在班级组织有集体要求时，学生违反这种要求的倾向会显露无遗。班级管理的目的就是要求班主任或教师开展有针对性的教育，引导和矫正学生的这些不良倾向，培养学生良好的个人品格和习惯，促进学生身心的健康发展。

**案例呈现Ⅵ**

**建立班级自主管理**

班级管理工作中，我一直觉得凡是我能亲力亲为的，都自己揽过来，因为我是班主任，对班级、对学生都要扛起自己的责任。在我刚接手班主任工作的两年中，我对工作兢兢业业，对学生事无巨细，但是得到的回馈却甚微。随着现代教育的发展，在经过各种渠道的学习后，我逐渐看到了我在班级管理中的弊端。我的管理方式是，对学生出言必训，保姆式的看管，强制性发号施令，这是很传统的专制型管理。这种方式很容易造成教师对工作逐渐消散了热情，自身也没有得到提高，对学生的负面影响是忽视了学生的主体性，压抑了学生的自主、自理能力，不利于学生个性的发展，也不利于学生现代素质的培养。现代

班级管理理论认为，只有不断地强化学生在班集体中的作用，班集体的力量才能得到发挥，学生的个性和积极性、素质才能得到提高。也只有重视学生在班级的地位、权利和义务，才能让学生领悟到自己的权利，才会认识到自己是集体中的一员，也才能够唤起学生的责任感、使命感、义务感。因此，我顺应教育的发展，在班级管理方面作出变革。

一、要培养学生独立自主的意识。

首先要从思想上转变学生的观念，教师要在自己的教育中时不时地渗透学生要建立独立自主的精神，学生才是班级的主人，让学生明确自己的权利，恰当地行使班级小主人的权利，做到人人爱护班级。在学习上要改变原来的被动学习方式，帮助学生制定学习目标、计划，培养学生自主学习的能力和基本技巧。

二、调动学生自主管理的积极性，适当地分配管理任务，使班级人人有事干，事事有人管。

选拔学习能力强、工作有责任心，并且在同学中有一定威信的学生来担任班干部，做好老师的左右手。在学习、卫生、纪律等方面分配到各个班长负责，由班长协调，承包给同学来负责。鼓励学生制定相应的规则，进行量化处理。调动全班同学为集体服务的积极性，营造民主管理的氛围。在这一过程中要注意民主化管理并不意味着教师放弃管理责任。

三、开展丰富多彩的班级活动，提高学生的自治能力。

班级活动是班级建设的中介，是促进班级目标实现的途径。依据班级目标，班主任指导学生设计并开展丰富多彩的班级活动，让同学们主动发挥自己的才能，积极地参与其中。活动后，老师要与同学们一起总结活动中的感悟，教师必须表明自己的观点。总结时教师不能全部肯定也不能全部否定学生，要引导学生进行自我认识、反思和改进。

在我对新型班级管理方式实施的半年里，首先，我的工作量要比以往少很多，没有疲于奔命、事务缠身，还有额外的时间进行自我的提高，我也把更多的时间放在对教学质量的提高上。其次，同学们在学习上能力求上进，超越自我，以积极的心态奔向个人的奋斗目标，个人能力在班级活动中得到了锻炼。最后，让学生们自觉地感受到自己被尊重的主体地位，从而让学生健康和谐地发展下去。

（资料来源：建立班级自主管理. http://www.chddh.com/yingyong/html2/15422.html.）

**问题与思考**

1. 班级管理应该是专制型还是放任型？
2. 如何在班级管理中创建自主管理？
3. 通过案例，分析班级管理的发展趋势。

**分析与评价**

在本案例中，教师保姆式的看管、事无巨细的做法，很显然是一种传统式的班级管理方法。在这个管理过程中，我们能看到专制型的管理既不利于教师的个人成长，也不利于学生的健康发展，所以教师必须紧跟时代步伐，学习现代教育的管理模式，对传统的班级管理进行变革，尊重学生的主体地位，让学生获得自主能力，更好地协调师生关系。

教师在管理中遭遇挫折时，会意识到自己的管理方式出现了问题，这是一种提示、一种反思。教育就是一个不断反思的过程，我们不要等到问题出现了再去反思，要学会留给自己思考的时间。要时刻关注现代教育的发展，掌握班级管理的发展趋势，进而改进管理方式。

# 案例呈现Ⅵ原理与对策

班级管理的
发展趋势.mp4

## 一、班级管理的产生

中世纪的学校，教学组织工作十分松散，坐在同一间教室里的学生，学习内容和进度却不同，教师对个别学生作指导，不对全班授课，教学秩序混乱，学习效率低。为了改善这种状态，夸美纽斯对16世纪新旧各教派所兴办的学校中实行班级授课的初步经验进行了总结，全面系统地论述了班级授课制度。在此基础上，他提出了班级管理工作的概念。

夸美纽斯为了提高教学的效能，更好地与学年制班级相配套，选定了一套比较完整而严密的考试制度、纪律和规章制度。从夸美纽斯所论述的考试制度来看，它并不完全是现代意义上的考试制度，只有一种非书面的检查学习的方法，它缺乏考试的规范化性质。但是，它把对学生学习任务的检查作为学校工作的一项内容，对学生的成长时刻关心，从每天、每节课抓起，这对教学质量和教学效果的提高无疑是一种好的管理办法。对纪律和规章制度的管理，夸美纽斯非常重视纪律在班级管理中的作用，他认为班级没有纪律就无法正常有序地工作；班级内谁都不得有任何破坏规章制度的行为；一旦发生了过失，就要根据过失的轻重程度给予处罚；在处罚中，要做到既严格又温和，以利于错误行为的纠正。由班级管理的产生过程可以看到，传统的班级管理就方式而言，主要是倾向于专制式的管理，但随着教育的发展，特别是现代教育产生以后，班级管理的理念、理论、方式、方法也在不断地发展和变化。

## 二、班级管理的发展趋势

传统的教育认为学生只是被动接受知识的"容器"，在这种理念下，班级管理方式是专制的。随着现代教育的发展，班级管理逐渐走向科学化，呈现出以下几种发展趋势。

### (一)教师由"领导者"向"引导者"过渡

教师是班集体的教育者、组织者和指导者。当我们重视并突出班级的组织特性，遵循班级管理的一般原理时，教师的角色就很容易被窄化为"管理者"。但是管理不能代替教育，教师的角色由领导者向引导者转变已成为一种趋势。

在班级管理过程中，教师已成为管理活动的组织者、引导者，学生成为管理活动的真正参与者。制定班级目标是班级管理的前提条件，而学生的自主精神是班级管理的灵魂。每个学生都是班级管理的主人，既是被管理者，又是管理者。因此，班主任首先要从思想上更新管理观念，确认每个学生在班级中的主体地位、权利和义务，尊重学生的人格、个性，加强自主意识和民主意识的教育，引导学生参与班级管理制度的制定。

### (二)教师的影响力由权力性影响向非权力性影响过渡

教师对学生的影响可分为权力性影响和非权力性影响。权力性影响是指由于社会赋予教师的权威观念和教师的资历而对学生产生的强制性影响；非权力性影响则指由于教师的知识、能力及个人品格、情感对学生产生的自然影响。

实验证明，如果教师具有渊博的知识、较强的能力、高尚的品格、丰富的情感，那么，在班级中极易形成民主、平等的人际关系，班级气氛良好，学生学习质量高，道德观念也会有很好的发展。随着社会的发展，在班级管理过程中，教师的非权力性影响将会越来越占重要的地位。

### (三)教师的管理方式由"专制型"向"民主型"过渡

在班级管理中存在三种类型的管理方式：专制型、放任型和民主型。专制型管理属于支配性指导，以僵化的对策为基础，只给予统一强制的指导，或一味地斥责和威胁。放任型管理属于不干预性指导，容忍班级生活的种种冲突，无意识组织班级活动，回避学生的主动精神。民主型管理属于综合性指导，能根据学生的个性差异引导学生的自发行为，促进班级同学的思想在合作中进行交流。因此，专制型、放任型的管理已不能适应社会发展对教育的要求，必将向民主型管理过渡。从历史上看，传统教育过程中的班级管理多倾向于采取专制型管理。这种专制型管理方式不仅影响了师生之间的正常关系，也使学生的身心健康发展受到阻碍。因此，追求一种民主化的管理方式将成为班级管理的目标。

民主型管理不仅需要教师转变自己的管理观念，还要相应地提高自己的管理能力和管理水平，以适应这种管理方式。实行民主型管理有助于加强学生自我管理能力的培养，有利于减轻班主任的工作负担，有助于充分调动班级全体同学参与民主管理的工作积极性。

### (四)学生的自我管理意识和能力逐渐提高和增强

学生自我管理能力是指学生在班级中自己管理自己的能力。学生自我管理，不仅可以提高学生的自我教育能力，而且可以培养他们独立的个性，为培养合格人才打下坚实基础。由于学生自觉性、独立性不高，自我意识、自我管理能力还没有发展到一定程度，因此，学生的自我管理能力需要在学校组织的有目的的训练和实践活动中得到提高。

从班级组织的功能来看，班级为学生自己管理自己提供了一个基本的活动舞台。在班级中，有一定的层次和分工，学生干部和其他成员有机地结合成一个整体，班干部在班级自我管理的实践中，增强了民主作风，学生在班级管理中强化了民主意识。他们是班级的主体，不是消极地执行任务，而是参与组织决策、分工、沟通，学习怎样服从集体的领导和遵守群体规范，学会怎样控制自己的行为，学会对人与事的正确评价和总结等社会行为。学生在完成任务和参与组织活动的过程中体验了自己所处的地位，认识了领导者和被领导者的权利和义务。总之，班级中实行自我管理，能够促进学生多方面才能的发展，增强学生自我管理的积极性和自觉性。

# 体 验 练 习

## 一、选择题

1. 以下不属于班级管理的特点的是（　　）。
   A. 教育性　　　　　B. 依赖性　　　　　C. 社会性　　　　　D. 娱乐性
2. 我国最先以法令的形式确立班级授课制地位的文件是（　　）。
   A. 1902 年的壬寅学制　　　　　　　B. 1903 年的癸卯学制
   C. 1913—1914 年的壬子—癸丑学制　　D. 1922 年的壬戌学制

## 二、名词解释

1. 班级
2. 班集体
3. 班级管理

## 三、简答题

1. 班级管理中如何应对学生个性化？
2. 简述班级管理的发展趋势。

# 补 充 读 物

1. 郑英. 教育，向美而生[M]. 北京：中国人民大学出版社，2019.

这是一本真正从"人"的角度对班主任工作进行思考的书。书中所提供的案例典型而深刻，读者不仅能从中获得方法和思路，更能引发对教育的深度思考。

2. 魏书生. 班主任工作漫谈[M]. 桂林：漓江出版社，2020.

本书涵盖了以班主任为主题的全方位教育、教学、管理的策略和实施方法。从班主任自身定位，以学生为主体到发展综合素质、科学民主的管理措施，从指导思想到工作细节，全面科学，既实在又实用，是广大班主任、教师的必读教科书。全书充满辩证法，充满激情，充满爱心，是具有中国特色和时代精神的"教育诗"。

3. 李镇西. 爱心与教育[M]. 桂林：漓江出版社，2018.

本书以手记的形式，叙述了李镇西老师教书育人的感人故事。李镇西用真爱、民主、真诚、人性的教育折服每一位学生，他对学生真挚的爱，学生对李老师爱的回报，让成千上万的人感动流泪。

> 每当我们给个人一种影响的时候，这种影响必定也是同时给集体的一种影响。
>
> ——马卡连柯

# 第二章 班级管理目标与任务

案例呈现 I

### 班级图腾塑造腾飞之魂

事实证明，给班级寻找一个图腾，是把班级成员的心紧紧地连在一起，激发学生的归属感、自豪感和奋斗热情的一个很好的办法。

2017 年，我发动学生为自己的班级寻找一个图腾，班级很快就有了变化。首先，他们选择了"虎"作为班级的图腾，并确定了班级形象：①身体虎头虎脑，精神虎虎生威，大家举手投足间应时时体现出阳刚之美，不能精神萎靡、气质猥琐。②班级自强自立，大家即使处在艰难困苦的逆境中也要奋发图强。③虎遇到猎物时会伏低身体寻找掩护，慢慢地靠近猎物，这样既可准确有力地进攻，又可避免遭到猎物反抗带来的伤害。这提示我们要讲究学习的方法和效率，不能一味地死学、苦学，要巧学、乐学，找到每门学科的最佳学习方法，力求获得最大的学习效益。④虎也有相亲相爱、侠骨柔肠之时，我们虎班的学生也应相爱相助，懂得感激与感恩，大伙儿应该团结一致！

然后，我们共同谱写班歌，唱出虎声虎势。经多方筛选后，我们选定军旅歌曲《咱当兵的人》的旋律，谱写了一首代表虎班同学心声的班歌——《咱虎班的人》：

咱虎班的人，有啥不一样？只因为我们都穿着，朴实的服装！自从离开家乡，就难见到爹娘！说不一样，其实也一样，都是青春的年华，都是热血儿郎！奋斗的足迹，只为了放飞梦想！咱虎班的人，就是不一样！勇敢地踏上那征途，无悔地闯荡远方！不论前方多少风霜，我们笑声最爽朗！说不一样，其实也一样，都在渴望辉煌，都在赢得荣光！一样的风采在实验初中的旗帜上飞扬！咱虎班的人，就是这——个——样！

最后，同学们建议，我们应该根据学生的综合实力，定期评选出四个等级的虎将：五虎副将、五虎少将、五虎中将和五虎上将，并且可以根据表现级级晋升。我"严重"赞成，并建议评出单方面表现出色的学生，如最守纪律的乖乖虎、口才最好的能言虎、助人为乐的善心虎、劳动积极的勤劳虎、进步最大的小飞虎……全班每周评选出表现最好的一组，冠名为"小虎队"。

结果，虎华贵的气质、坚韧的品质、斗争的意识、效率观念、团队精神很快深入学生的内心，并变成实际动力。

(资料来源：郑学志. 班级管理60问[M]. 上海：华东师范大学出版社，2018.)

**问题与思考**

1. 什么是班级管理目标？
2. 班级管理目标应该具有什么样的特点？
3. 制定班级管理目标的意义何在？

**分析与评价**

在本案例中，这个班级存在最大的问题是班级目标凝聚力缺失。班级目标凝聚力缺失的原因首先是现如今大多数孩子是独生子女，是在父母的宠爱中长大，做事情缺少主动性；在人际沟通方面也存在欠缺，每个人都是家里的"小皇帝"，在集体生活中容易以自我为中心，缺乏良好的沟通和协作的能力，也不愿意积极地参与集体活动。其次是班级"核心"的缺失，没有核心，班级没有一致的奋斗目标，学生显得比较松懈懒散，没有一个积极向上的态度，没有合理的、具体的计划和目标，也就没有做出能够取得进步的实际行动。

因此当教师管理班级，在他还不懂得什么是班级管理目标时，如何正确地将目标合理具体地呈现在学生面前，是班级管理中至关重要的一点。在本案例中，教师首先为班级把脉，找准问题的症结：为班级寻找"核心"。这个核心就是班级的图腾。其次，找到问题的症结，教师从两个方面打造"硬核班级"：一是通过确立"虎图腾"，引导学生确立、提炼班级的核心理念，初步凝聚班级的凝聚力；二是图腾确立后，通过谱写班歌，开展班级核心活动，使"虎图腾"从外在的形象转化为每个学生共同追求的目标，成为学生积极参与班级管理的强劲动力。最后，老师的教育工作并没有因为近期目标的成功实现而停止，而是在班级近期目标取得优异成绩后，继续正确地引导学生一步步制定相应的目标，使班级管理沿着合理和有效的方向进行，使班级管理工作有序地进行。

# 案例呈现Ⅰ原理与对策

## 一、班级管理目标的含义和特点

班级管理目标的
含义和特点.mp4

### (一)班级管理目标的含义

当我们要做某件事或提及某件事时，经常会说我们的目标是什么？我们要达到什么样的目标？人们的行为总是为了实现某种目标，目标的实质是预期达到的成就和结果。在活动中，我们的一切行为都是为了这个目标，它是一个最终结果，是一种活动的终极性指向。

目标可以有大有小，可以有个人目标，也可以有集体目标，那么目标究竟是如何定义的呢？人们分别从不同的角度给目标下定义。行为科学家认为，目标是外在的，是由动机所引起的、能激励人去追求的有价值的东西。也有学者认为，目标是某一种行动所要达到的最终目的，是要争取达到的某种预想结果的标准或状态。综合上述说法，我们认为，目标是个人或组织在一定条件下和一定时期内，通过行动所预期达到的一种成就、结果或状态。

班主任应给予学生参与的权利与机会，在各抒己见的情形下，建立班级目标，推行活动运作，强化个人的自尊心、责任心、介入感，培养主人翁意识。所谓班级管理目标，就是班主任必须通过这些目标对班级各部分进行领导，通过一系列行动在一定时间内使集体达到某种期望的状态，从而达成班级的总目标。

### (二)班级管理目标的特点

班级管理目标具有指向性、社会性、层次性、可行性和集体性等特点。

(1) 所谓指向性，是指作为人们所追求的一种未来结果的目标，总是指向一定方向。它为组织或个人指明了奋斗的方向，展现出预想的前景。不体现一定方向的目标是不存在的。班级管理目标体现了班级建设的基本理念，是班级管理者通过管理活动所希望达到的一种未来的结果和状态。班级管理目标为班级组织成员的行动指明前进方向。

(2) 所谓社会性，是指班级是一个社会组织，它是整个社会系统的一个组成部分。学校的发展受到社会政治、经济、文化等因素的制约。班级作为社会组织，它的管理目标要与社会性质、社会发展的总目标相一致。根据《义务教育法》的规定，我国学校的管理目标必须体现我国的社会主义性质，要贯彻党和国家的教育方针、政策、法律法规，班级管理目标也是如此。

(3) 所谓层次性，是指班级作为一个团队，其最终目标的实现需要不同层次的目标来实现。班级管理目标是班级建设的方向和标准，是比较抽象、纲领性的目标。必须将目标分解为各个层次的子目标，才能实现总目标。

(4) 所谓可行性，是指班级管理的目标是班级学习和发展的方向，只有付诸实践才能有效果。因此，班级管理目标必须结合班级的实际情况，符合班级管理的规律，具有可行性。班级管理目标必须是经过努力可以实现的，必须是具体的，具有可操作性，而不是一个口号性的纲领。

(5) 所谓集体性，是指班集体本身是由许多个体共同组成的，这就决定了班级管理的目标不仅要考虑班级自身的发展，而且要兼顾班集体中每个成员的发展和需要。

## 二、确立班级管理目标的意义

### (一)明确的目标是班级管理的前提

要想管理好一个班级，首先要制定相应的管理目标，目标能起到方向指引的作用。在接手一个新班级之前，每位老师都会思考该如何管理班级的问题，随之而来的就是通过管理希望达到什么样的目标，只有制定了相应的目标才能开展适宜的管理工作。再优秀的管理者，在没有目标作指引的前提下都无法井井有条地实施自己的管理方案，尤其是当管理事务众多的时候。相反，一旦有了明确的管理目标，班级管理工作就会得心应手。

### (二)适宜的目标是班级管理的源泉

目标就像插在高峰处的旗帜，告诉人们只有勇攀高峰才能到达胜利的终点。班主任老师要根据学校工作的安排和本班的实际情况，拟定全班以及各小组在知识、技能、情感等方面的长、短期目标，让每一个学生都明确班级的目标是什么，这样可以避免盲目、低效地学习和生活，从而增强集体的凝聚力和动力。然后，针对每一个学生拟定切合个人发展的长、短期目标，将集体的动力落实到每个学生身上，帮助和鼓励每一个人进步，使每个人都在目标的指引下不断地提升自我。

### (三)合理的目标是个体发展的动力

当我们给自己定下目标之后，目标就会起到两个方面的作用：第一，它是我们努力的方向与依据；第二，它是我们前进的动力与鞭策。目标就像一个看得见的箭靶，你的努力越主动，你射中的概率就越高。而当你实现了一个又一个目标后，你的思想和行为就会逐渐发生质变，你就会越来越愿意主动地为目标而奋斗。当然，你确定的目标必须是具体的、可实现的。如果目标不具体的话，你就无法衡量它是否能够实现，而这又会削弱人的积极性。此外，你也无法知道自己向目标前进了多少，这样可能就会泄气，甚至甩手不干了。

**案例呈现 II**

#### 灵活制定班级管理目标

学生周记　　　　　　携手共建　美好寝室

上周一学校下达了创办文化寝室的指令，得知消息后，我们全寝室成员无不为此事牵肠挂肚，每到晚上大家都躺在床上之后，寝室长陈建就要发话了："大家对创办文化寝室都有何高见？"陈建的话音刚落，寝室马上沸腾了，每个人不说则已，一说就滔滔不绝，不时地还来点高潮，但每次紧张的局势都会被陈建大声说的一个"睡"字缓解，可陈建这一招只治标，不治本。对我们寝室而言，说白了，还没有谁能对说话的问题做到标本兼治，也真是委屈了身单力薄的陈建！

大家共同商讨且争论不休的就是一个问题——买什么？有的说要买一个风铃，把它挂在厕所门上面，一来装饰了寝室，二来对晚上睡觉起到了一个催眠的作用。这个主意很不错，可谓一举两得，但终因资金不足而不能得以实现。还有的说要买一幅画，最好是齐白石的虾，提这个建议的人，大家都会记住他。他因为这个建议而闹出了笑话，要说他也真够胆大，竟敢在老班面前提这建议？！他那理由还挺充分，他对老班说齐白石的画生动、逼真，还特别强调齐白石的虾。结果老班语出惊人地反驳道："要把你挂那儿，那比齐白石的虾还要生动、逼真！"此话一出，让他无言以对、哭笑不得，却惹得全寝室同学一阵大笑，太可爱了！经过连续五晚的商议，我们终于得出了结果，那就是全寝室集资，每人两元，然后再由寝室长带着钱订购大家认为要买的物品。大家都很积极，不论是出谋划策，还是亲自动手，都做得很认真，由此我看到了我们寝室的团结，让我真正体会到了友情的温暖，我很荣幸我能成为其中的一分子。皇天不负苦心人，我们的努力终于为我们换来了荣誉，就在本周六的晚上，我们得到了一个振奋人心的消息，班主任说我们的寝室被评为"模范寝室"，学校还要组织各班寝室长前来参观学习。这个结果或许别班的同学会认为是偶然的，但我认为这个结果是必然的，因为我们为之付出了我们的智慧与辛苦，这是我们同心协力、共同创造的结果。俗话说："一分耕耘，一分收获。"只要我们曾经付出过，那么终将会得到回报。

(资料来源：高慧明. 给学生一个心灵的支点：高慧明班级高校管理艺术[M].
上海：华东师范大学出版社，2011.)

**问题与思考**

1. 试分析案例中学生管理成功的原因。
2. 为什么要学生参与制定管理目标？管理目标有哪几种类型？

**分析与评价**

制定班级管理目标是班级管理的第一步，它直接决定了班级管理的方向。只有根据班级的具体情况制定正确的目标，才能使班级管理效率得到提高。传统意义上，班主任的角色是家长，拥有一切权力，垄断班级管理的一切事务，班干部和学生成为保护的对象。这种管理造成的结果就是：班级管理似乎是教师的事情，在学生中形成一种"责任病毒"，所有的事情都由班主任负责，与班级干部和他人无关。教师勤快，学生变懒，使得班级缺乏应有的活力。在案例中，学生成为班级管理的真正主体。教师在管理中"适当放权"，学生既是目标的制定者，也是目标的执行者，承担"教练"和"球员"的双重职责。在这种观念下，学生自主管理能力获得了很大提升。管理目标、理念的转换，使其他的教师和学生都感到，原来教师代管的很多事情，都交给了学生自己，所以学生自然会有了教师"无所事事"的感觉。教师班级管理目标价值取向的变革恰恰反映了当代社会班级管理的基本趋势：着重培养学生的独立自主与创造能力。

# 案例呈现Ⅱ 原理与对策

## 一、管理目标的类型

班级管理目标的类型是多种多样的，按照不同的标准可以划分为不同的类型。

### (一)主要目标和次要目标

按照主次程度可以将班级管理目标分为主要目标和次要目标。主要目标是班级中重要的目标，是必须要完成的目标。次要目标也是必须要完成的，但是重要性不如主要目标。

### (二)长期目标和短期目标

按照目标时限，可以分为长期目标和短期目标。长期目标是班级管理的长远目标，是经过一段时间的努力来完成的。短期目标是班级管理目前要实现的目标。一般而言，短期目标是长期目标的基础。

### (三)必达目标和争取目标

按照目标层次和要求，可分为必达目标和争取目标。必达目标也称为任务目标，是班级管理中必须要完成的目标。争取目标也称为建设目标，是班级管理力争完成的，是班级管理努力的方向。

## 二、班级管理目标类型的选择策略

班级管理目标是班级管理的核心，作为班主任，一定要好好熟悉和了解班级管理的基本类型，学会选择班级管理的类型。

### (一)根据需要灵活选择班级管理目标的类型

班级管理目标的类型多种多样，具体选择哪种，需要根据班级成员的基本状况、班级管理的基本走向、班主任的特点来确定。

### (二)综合运用班级管理目标的类型

不同的班级管理目标类型有不同的特点，体现不同的班级管理方向。一般而言，班级管理一定要有长期目标和短期目标。长期目标是班级管理的愿景，是班级全体成员努力的方向，是班级建设与发展的未来走向。而短期目标是长期目标的具体落实，一个个具体的目标构成了实现长期目标的基本蓝图。因此，在班级管理目标中既要体现班级管理的共同愿景，同时又要引导学生面对具体的管理问题，做好工作，为实现长期目标做准备。

任务目标具有很明显的指向性和时效性。建设目标是该班级为了改善班风、促进每个成员的发展而制定的目标。在班级管理中，各种管理目标的类型不同程度地存在，因此班主任要学会综合利用班级管理的目标类型。

**案例呈现 III**

### 我们班出了个小"网红"

朋友圈内疯传一个小孩在庙会上摆摊，七八天赚了一万多元钱，说想用这钱给母亲买一部新手机。赶庙会时间从正月初七到正月十五元宵节。我没去逛庙会，听说人山人海，十分热闹。人们都赞扬这个小孩是商界奇才。我在震惊之余，也很佩服这个孩子的经商能力。当我看到视频，才得知这个"商界奇才"竟然是我班的小柒。我联系上小柒的母亲，得知小柒在庙会上用自己的私房钱摆了个小摊，把钱装在玻璃杯中，让人们买乒乓球往玻璃杯中投，投中后，里面的钱就归他。看生意不错，小柒又找妈妈借了几百元钱，买了四百个玻璃杯和三百多个乒乓球扩大经营，还请了两个成年人做帮手，每人一天给两百元钱的工钱。一人负责用话筒吆喝，另一人则负责在现场维持游戏秩序。从正月初八到正月十五元宵节，八天赚了一万多元钱。说实话，这种事在我从教生涯中还是头一次遇到。应该怎么对待这件事呢？做生意肯定影响寒假期间的写作业和学习，但又是一种难得的社会实践和人生体验。是表扬、鼓励，还是批评，或者是不闻不问？小柒父母经商，家庭条件不错，他在学校也比较听话，人也聪明，但学习上却是属于一直追赶别人的类型。眼看就要开学，我决定等开学后先和学校商量一下再作决定。

开学第一天，小柒一下子成了学校的名人，同学们在校园里对小柒议论纷纷，小柒也总是在课后被同学们围在中间问这问那。课前课后都有学生议论小柒经商的事，且不乏羡慕嫉妒之意。我向学校汇报了此事，讨论后给这件事定了基调：不能让孩子们觉得挣钱太容易！

开学第二天上午第一节是我的数学课，我决定临时改成班会。我首先问："同学们知道小柒同学的事了吗？"学生们表现得异常活跃，纷纷表示以后也想在假期去摆摊，去实践。我没有当即否定孩子们的想法，表扬了小柒的动手动脑能力和勇于实践的精神。然后，话题一转，我给学生们讲了马化腾：他 1993 年取得深大理科学士学位，毕业后创办腾讯公司，一直致力于互联网系统的研发，推出了世人皆知的 QQ、微信人际交流软件，2018 年年底获封"改革先锋"称号，并获称"互联网+"行动的探索者。我向学生们讲李彦宏：他北大毕业后前往美国留学，取得计算机科学硕士学位，2000 年创建了"百度"，2018 年年底获封"改革先锋"称号，并获评海归创业报国推动科技创新的优秀代表。我动情地讲，教室里非常安静。我最后总结，马化腾、李彦宏等商界精英，出身于名牌大学，他们用自己的学识开创了震动世界的伟大事业，为中国人争了光。在当今世界，只有学到更多的知识，才能成就伟大的事业，而摆摊依靠自己的劳动和智慧挣钱是光荣的，但有了知识，改变的不仅是自己的命运，还可以为祖国作出更大的贡献，可以让自己的人生更有意义。

"哗——"掌声响了起来！我知道，同学们心目中不仅有了小柒一个小"网红"，更有了大"网红",他们人生的目标更加清晰、更加明确了。

(资料来源:满杨. 我班出了个"小网红"[J]. 班主任之友(中学版),2019(12): 41.)

**问题与思考**

1. 思考案例,教师为什么要鼓励"网红"?
2. 如果你是教师,会如何处理上述情况?
3. 班级管理目标的制定应遵循哪些原则?

**分析与评价**

在这一简短的案例中,我们看到了一个成功的班级管理的案例。案例中对于"网红"事件,教师没有采用打压方式,而是采用管教结合,运用"网红"事件"轰动效应",因势利导,把个别事件变成全班学生共同努力的目标。事实证明,这位老师的做法是正确的,不仅能将网红事件消化于无形,更能利用网红事件把个体目标转化为群体目标,把短期目标变为长期目标,调动了学生奋斗的积极性。教师在做这一决定之前,要充分考虑学生的心理承受能力,避免因收回学生手中的权力而引起学生的不满与抵触。这在某种程度上提醒我们,在班级管理的过程中,我们既要遵循各种原则,也要灵活使用各种方法,只有这样才能达到预期的效果。

# 案例呈现Ⅲ 原理与对策

班级管理原则是班级管理者组织全体学生,参加多项教育与管理活动,从而实现班级管理目标的指导方法和准则。班级管理原则既不等同于班级管理活动本身,也不等同于班级管理的具体内容,它只是目标与结果之间转换的媒介。称其为媒介,足以见其地位的关键,如何让班级管理者制定的目标得以顺利实现,在很大程度上取决于班级管理者在什么场合使用何种班级管理方法,而这一方法又要以班级管理原则作为其指导思想。

## 一、管教结合原则的含义

管教结合原则是指把班级的教育工作和对班级的管理工作辩证地统一起来。具体地说,就是班级管理者对学生既要坚持正面引导,耐心教育,又要凭借必要的规章制度要求学生,约束其自身行为,实行严格的教育管理。只有这样,才能获得教育的实际效果。

## 二、坚持管教结合原则的意义

管教结合原则是实现培养目标的要求。我们的学校教育要培养自觉的社会主义建设者,因此重在使社会思想道德内化，培养学生坚定的信念、自觉地指导自己的言行、自觉地遵守社会行为规范。必须加强正面的教育、引导，充分调动学生自我教育的积极性，不允许采取压服的方法、奴化训练的方法对待学生。但是在教育过程中又必须加强对学生的管理，用一定的规范、要求约束调节学生的思想行为。从这个意义上说管理也是教育。管教结合反映了班级工作的特点。班级工作和学校工作都是贯彻落实教育目标的，班级管理和学校管理不同于一般管理，这种管理是以育人为目标的。因此管理应是达到育人的手段，要把管理过程变为教育过程。在管理中有教、有导，包括全面的教、全面的导，正面的教、正面的导。教育的同时又必须加强管理。通过管理才能保证教育的正常运行，促使学生向教育目标的方向发展，调节、控制自己的行为。

## 三、坚持管教结合原则的要求

贯彻管教结合的原则，首先要求管理者要用科学的思想和正面的事例，对学生进行启发引导，调动其接受教育的内部动力，使他们在思想、品德、学业、生活等方面沿着正确的方向发展。其次要求管理者要引导学生制定必要的规章制度，如勤学习、守纪律、讲卫生、爱护公物、按时作息等，并要认真执行，经常检查，及时总结，进行评比。制定各项规章制度，是实现班级目标科学管理、实现班级管理达到预期效果的保证。管理者制定规章制度时，应当注意以下几点。第一，充分发扬民主，让学生参与制定工作，使班级的教育与管理活动变为师生双方共同参与的活动，使教育与自我教育、管理与自我管理相结合。只有学生积极参与，充分发挥其自教、自管的主体作用，才可能使班级的教育管理工作上一个新的台阶。第二，所制定的规章制度要明确具体，宽严有度，便于记忆，利于执行，使之具有可行性和可操作性。第三，所制定的规章制度要多从积极方面鼓励，避免消极防范，不应当简单地与"禁令""处罚"画等号。第四，规章制度一经制定，就要坚决执行，不能随意放松要求。

案例呈现 Ⅳ

### 怎么做个"懒"班主任——从一次经典诵读比赛说起

十多年班主任做下来，我好像变得越来越懒了，转班的次数没那么频繁了，思想教育的话语少了，事无巨细亲力亲为的时候也少了。然而，班级的成长似乎没有受到影响，日常评比名列前茅，各项活动有序进行，成绩节节拔高……

这不，班里又举办了一场别开生面的经典诵读比赛。

我们是寄宿制高中，我发现晚自习临上课学生们比较兴奋，不能及时安静下来。要是每天过来督促，岂不是太辛苦？想个"懒"办法化解一下！作为语文老师兼班主任的我，总是喜欢见缝插针地利用传统文化进行教育，让包括所带语文课的隔壁班利用课前三分钟诵读经典，一是尽快进入学习状态；二是可以吸取里面的道德精华，培育品德；三是可以提高语文水平，可谓一举三得，何乐而不为？然而又有点犯懒，不想每天一查二盯三督促，又怕学生不重视，以致活动流于形式，于是我说："同学们一定好好诵读，后面咱们举办个经典诵读班级对抗赛，与'亲戚班'对决一下。"

活动自然是交给学生自己去办。

一群十五六岁的孩子，这么短的时间，活动自然有些地方不尽如人意，那又有什么关系呢？和老师勤快地督促学生落实、代替学生设计、帮助学生准备相比，学生们在快乐中收获了很多。

比赛没有老师的介入，学生们潜意识里觉得少了约束，多了自由，他们开始按照自己的想法来组织活动，内容更贴近他们的世界，比如主持人开场设置成对口相声，比赛中加了年轻人喜欢的"你比我猜""即兴表演"等环节，颁奖设置成了"奥斯卡颁奖礼"……他们用自己的方式演绎经典，快乐学习，在不知不觉中收获了知识。

把活动的主动权交给学生，激发他们主动探索事物的兴趣，只有受教育对象发自内心主动参与，才能激发他们无穷的创造力。

导演、主持、评委、幕后、参赛者、表演者……几乎人人参与，大家根据自己的兴趣选择适合的角色，主动参与其中，既锻炼了胆量，又提升了表达、组织、协调能力。现在，经常能体会到做一个"懒"班主任的轻松，①学生主人翁意识强了：日常管理，班干部比老师还操心；班级活动，总有人积极承担，认真谋划。②学生自律性提高了：日常行为规范，都能主动遵守；我出差学习，也不再担心秩序不好、成绩下降了。

(资料来源：辛朵. 怎么做个"懒"班主任——从一次经典诵读比赛说起[J]. 班主任之友(中学版)，2019(12): 18~19.)

**问题与思考**

1. 设想你是这个班级的班主任，在班级管理方面还会有其他的方法吗？
2. 如何制定班级管理目标？

**分析与评价**

在这个案例中，这位班主任的"懒"确实让很多人羡慕。班级管理事无巨细，如何能在繁杂的事情中"脱身"，提高管理效率是所有班主任面临的难题。班级管理过程中，管得多、管得全是教师身心疲惫的主要原因。首先，作为班主任要学会放心、放手。班主任要摒弃"不放心"的心态，放手让学生自己去做，形成自主管理能力。让学生成为班级管理的主人，"干部无能，累死老师"的情况就会有效地避免，教师自然就有了"懒"的本钱。其次，班主任"懒"的前提是会管。在班级管理中分清楚什么是教师做的，什么是学生做的，在管理中分工明确，统筹安排。教师在班级管理过程中扮演好导演和指导者的角色。因此，教师变懒不是放任自流，不是当"甩手掌柜"，而是适度干预，掌控有度。

# 案例呈现Ⅳ 原理与对策

班级管理如何着手、如何开展，其出发点和归宿就是班级管理的目标。只有达到了管理目标，才能衡量一个班级管理模式的好坏。因此，目标的制定，对于班级的管理具有决定性的作用。

## 一、班级管理目标制定的依据

### (一)社会性

班级不仅是一个学校里的组织，也是一个社会里的组织。作为社会里的组织，其发展目标应与社会发展的总体目标相一致。班级管理目标既要体现一个学校的发展规律，也要体现我国的社会主义性质。因此，我们在制定班级管理目标时，要贯彻与体现党和国家的方针政策，才能保证班级管理在顺利实施的情况下，起到为社会服务的作用。

### (二)班级管理活动规律

班级作为学校这一子系统中的一部分，在某种程度上也是一个社会的子系统。学校之所以能在社会中有序运行，在一定程度上说明学校的活动不仅符合社会的活动规律，同时也具备自身的规律。作为学校的一部分，班级一方面具备学校大环境的协同性，另一方面，各个班级又能够独自运行，具有不协同性。正是因为各自的不协同性，班级的管理规律才具有不以人的意志为转移的特点，一切管理活动都有其自身的规律，如果无视规律的存在，盲目制定班级管理规章制度，它的实施和运行就会缺乏强有力的保障。

### (三)学校的教育目标

学校的教育目标是学校将教育目的转化成具体的育人标准。在我国，任何一所学校都有各自的教育目标，教育目标是社会主义教育的高度体现，班级管理目标的制定必须以此为基础。

### (四)班级的现实状态

目标是指向未来的，但是又必须以现实为根基。在班级管理目标制定的过程中，班主任要充分考虑班级的现实条件，了解班级现存的优缺点，对班级的各方面进行分析，只有这样，目标的制定才会符合实际，并有利于班级日后的管理。

## 二、班级管理目标制定的程序

制定班级管理目标的程序.mp4

### (一)收集资料，掌握信息

要想制定出合理的班级管理目标，必须以班级的客观现实为依据。班级的客观现实包括：国家教育方针、政策、发展要求；学校所在地的社会情况；班级内部的人力物力条件、班级人员对班级发展需要及期待等方面的信息。以上这些资料，是一个合理的班级管理目标制定的前提，如果在制定目标之前没能做到全面收集资料，掌握大量信息，必然会影响到日后班级管理工作的开展。

### (二)提出方案

在掌握了大量的客观信息之后，进一步需要做的就是提出管理目标的方案。首先，要预计班级管理想要达到的目标。其次，要明确达到这一目标的条件，包括有利条件和不利条件。再次，要说明实现目标的方法和步骤等。最后，要预计在实现目标的过程中可能出现的不确定因素。目标方案不一定是一个，为了确保管理目标的有效实现，可以制定多个目标方案来确保班级管理目标的实现。

### (三)评估方案

在众多目标方案中，需要对各个方案进行分析评估。分析评估要从班级内外部的实际情况出发，全面分析目标方案是否科学。当一个目标方案具备了科学性时，并不一定说明这个方案可行，因此，接下来我们需要做的是分析目标的可行性。当科学性和可行性都具备的时候，这一目标方案就有实施的可能性。一方面，目标不能制定得太高，因为太高会难以实现；另一方面，目标的制定也不能太低，因为太低的目标不利于班级的发展。

### (四)比较择优

在分析评价了众多目标方案之后，要根据情况，择优选择最佳目标方案。班级管理目标的设定要以正确的班级管理思想为依据。班级管理思想是班主任对班级管理的本质和价值的认识，它决定班级管理的方向。正确的班级管理思想是"以学生为本"的思想。制定班级管理目标就是要体现特定班级的学生的发展要求。同时，班级管理目标的设定还要以班级实际情况为依据，即以学生的身心发展为依据，以特定班级的学生的特定发展情况为依据。

**案例呈现 V**

别开生面的家长会

2003 年开始，我让学生自己设计、编导、主持班会。我发现，平时我要一个星期才想好的会议提纲，他们只要两天就做好了，真是集思就能够广益啊！不仅如此，他们连会议程序都事先安排好了。我很奇怪，谁告诉他们的呢？班长刘艳自豪地说："曹红的爸爸是县委办主任，那里不是有很多现成的会议程序吗？我们只是参考了一下，依葫芦画瓢还不容易！"呵呵，有道理！

有一次，我让他们主持一次家长会，检验一下他们的水平。没想到，他们考虑问题比我还全面。比如说会议程序的第一道"家长报到"，他们让值日班长王小诚做家长接待组组长，组员有八个，杨蓝蓝和李雪飞负责家长签到，马立民和王开怀负责为家长引座，王小诚与另外两个同学负责茶水工作。每个细节都注意到了，家长也高兴。这些小家伙，挺鬼呢！还有家长陪同工作、家长参观工作等，把活动安排得井井有条，每一个人在家长开会时都有事情可做。一般情况下，家长到会的时间不一样，在会前准备"优秀作业展览""学生生活学习摄影展览"等供家长参观也是有道理的。不错啊，孩子们比我考虑得还周到。

会议开始时，先由班长刘艳向家长汇报，介绍学校的要求、本班的情况，着重讲在家长的密切配合下涌现的好人好事，接着讲同学中存在的不良倾向，最后提出今后的打算、措施以及对家长的希望与要求。小家伙讲得头头是道，家长们都很欣赏。然后，安排两个学生代表讲话，请了四位家长代表介绍家教经验，分发了调查表，征求家长对学校工作的意见和建议。最后一个程序是欣赏孩子们自编自演、反映学生的生活和学习的文艺节目。我暗中查看了一下，基本上每个学生都参加了家长会议，人人都有事情可做。会议还没有散，就有家长对我说，这样的家长会好，他们愿意参加！

会后，我要求学生做好会议的反馈工作。他们从四个方面给我提供信息：①就家长会统一部署和要求的事项，从学生的反映和行动中观察、比较、分析会议效果。②召开学生干部或学生代表座谈会，让他们谈家长会后家长对子女学习的态度和学校的看法有什么变化。③分发调查问卷，和家长们一道回顾家长会议，整理家长意见。④对文化层次较高并极力支持学校工作的家长进行书面征询，对家长反馈的信息及时分析和认真处理，该改正的改正，该补充的补充，该取消的取消，该解释的解释。

这样的家长会，效率比我一个人主持的高多了！

(资料来源：郑学志. 班级管理60问[M]. 上海：华东师范大学出版社，2012. 题目为编者所加)

**问题与思考**

1. 分析案例中家长会的成功之处。
2. 如果你是班主任，你如何协调好家长，开好家长会？

**分析与评价**

班级管理不是班主任单打独斗，而是各种教育力量整合的结果。在本案例中，班主任采用新家长会的方式，改变以往家长会介绍经验、通报情况或者"批评"学生的做法，使家长会成为会聚学生、班主任和家长力量的一种形式。通过这种形式，使得本来严肃的家长会带了些许人情味，学生和家长在这种淡化管理的氛围中不知不觉接受教育，明确各自的责任和目标。在这个家长会上，家长、学生和班主任共同朝向一个目标，那就是使班级管理得更好，更有利于学生的发展。

# 案例呈现Ⅴ 原理与对策

班级管理的重要任务就是协调。因为在班级管理过程中，除了班主任外，还包括任课教师、家长和学生。班主任的一项重要工作就是整合这些教育力量，使之为班级管理服务，完成班级管理的主要任务。

## 一、家长会

在班级管理中，班主任要对家长进行家庭教育指导，而家长会是其中一个重要的途径。所谓家长会，就是学校在长期教育实践过程中班级教育与家庭教育相结合的一种方式，是整合教育力量对班级管理的一种有效形式。

## 二、家长会的特点与优点

班主任与家长协调的方式是多种多样的，家长会作为家长与班主任联系的一种方式，在班级管理与家庭教育整合方面扮演着重要的角色。家长会的突出特点是群体性。在家长会上，班主任不是单独与家长会谈，而是充分发挥集体的作用，集思广益，更好地促进学生的发展。

家长会的优点主要为：首先，经济实用。班主任可以在很短的时间内与家长进行集中交流，最大限度地利用时间。其次，发挥家长集体的作用。家长们可以相互交流经验，共同促进和提升家庭教育的力量。

## 三、召开家长会的方法

### (一)制订整体的规划

召开家长会要制订相关计划，一般而言，一个学期的家长会以三次为宜。不同时期召开的家长会的内容和主题也会有差异：期初家长会的目的是帮助家长了解本学期教学任务；期中为反馈信息；期末为总结经验并进行交流。

### (二)要有明确的目标

家长会的目标包括两个方面：第一，学期家长会的目标；第二，每一次家长会的具体目标。

### (三)制订详细的计划

家长会要有明确的计划，计划包括目的、主要内容、议程和形式。

### (四)注意创新家长会的形式

要改变传统意义上家长会以教师或者家长主讲的方式，宜采用多种创新形式使家长积极参与班级管理。

### (五)做好相关记录

记录的主要目的在于：记录家长的反馈意见和建议，并将其用作分析与反思的材料，以便进一步改进家庭教育工作。记录的主要内容包括：时间、地点、主题、家长到会情况、会议议程和会议记录等。

班主任在召开家长会的时候，还要注意家长会应该以促进学生发展为目的，公正地对待家长。

**案例呈现 Ⅵ**

#### "打架"之后

那天，班长冲进办公室说："老师，小张与语文老师'打'起来了……"

我冲进教室，只听年轻的语文老师脸色苍白地说道："今天你必须道歉，要是不道歉，以后我的课你就别上了！"小张也不甘示弱，僵着脖子大声回应道："不上就不上，有什么了不起……"我连忙将小张带离"战场"。

到了办公室里，小张一言不发，直着脖子犟在那儿一动也不动。我决定先"晾晾"他，劝慰几句，便去找语文老师。

语文老师正坐在办公桌前生闷气，见到我进来也不说话。我对他赔笑道："真的挺佩服您的，这样一个臭脾气的家伙，您居然能够忍住没爆发。"

听我这么一说，语文老师半是无奈半是解嘲地说："没办法，他毕竟是孩子啊。不过，真的该好好教育了。且不说我批评他是对的，即便是批评错了，他也不能这样啊！"

见语文老师这样说，我放下心来，至少，他不会真的拒绝孩子进入他的课堂。

"是啊，真有点过火了。刚才我也好好地说了他一顿，他也知道自己错了，只是不好意思马上来给您道歉。"

经过交流，我了解到，原来在语文老师板书时，听到后面"啊"的一声，回头一看，小张正掐着同桌的耳朵……

聊了好一会儿，等语文老师的情绪好转后，我回到了办公室。这时孩子的情绪也基本稳定下来了。孩子告诉我的与语文老师说的不同。他说上课时同桌总是用胳膊肘捅他，让他烦得要命，于是，他趁老师板书的时候掐了一下同桌的耳朵，而这正好被老师看到了，老师就"不分青红皂白"，让他"滚后面站着"。感觉受了委屈、丢了面子的他，虽然知道自己不对，但还是与语文老师犟上了。

我感叹地在孩子面前说："所以啊！这个世界上很多矛盾都是因为误会，我们眼见的也不一定就是事实。"小张像找到知音般点点头。我说："有了误会，总要解释一下才好。"小张沉思了很久，吞吞吐吐地说："我也不想让语文老师误会我。"

我说："那我们一起去找老师解释，咱要想一想，怎么解释才能消除误会。"

经过沟通和调解，小张和语文老师之间的误会解除了。

(资料来源：李迪. 智慧应对班级棘手问题[M]. 上海：华东师范大学出版社，2018：306~307. 题目为编者所加)

**问题与思考**

1. 班级管理中，班主任是如何协调学生与任课教师关系的？
2. 联系案例，如果你是班主任，你会怎么做？

**分析与评价**

在班级管理中，任课教师也是重要的力量。因为班级管理中教师分工的不同，很多人往往忽视了任课教师的作用。在本案例中，班主任针对学生与任课老师的冲突，不是一味苛责学生，指责教师，而是采用"捧着老师，护着学生"的策略，化解了学生和教师的冲突。对于任课老师，采用"捧"的方式，既了解冲突产生的原因，又安抚教师情绪，为师生冲突化解奠定基础。针对学生的"冤情"，采用"护"的策略，运用"缓兵之计"，艺术性地指点学生，采取合适的方法化解危机。这样做，不仅有利于班级稳定，还保护了教师和学生的自尊心，为学生与任课教师的和谐相处奠定了基础。

## 案例呈现Ⅵ 原理与对策

所谓任课教师，是指学校中除了班主任外从事学科教学的教师。由于任课教师数量众多，其与学生接触的时间总和比班主任多得多。不仅如此，任课教师在道德教育、学生学科学习中也扮演着重要的角色。因此，班主任要整合和协调学生与任课教师之间的关系，使其发挥更大的作用。

协调学生和任课教师之间关系的策略如下。

### 一、让教师喜欢班级

任课教师进入课堂往往都会形成第一印象，直接影响教师的情绪。因此，如何让教师心情愉快地走进课堂，喜欢班级、喜欢学生是班主任需要做的一件事。想要任课教师喜欢班级，班主任要从以下几方面入手。

### (一)让任课教师有"主人"的意识

班主任要主动向任课教师介绍班级的情况，让任课教师对班级有正确的认识和全面的了解，消除负面情绪。

### (二)营造良好的课堂教学环境

良好的教学环境能使教师心情愉悦，班主任应该带领学生营造良好的教学环境。良好的教学环境包括干净整洁的教室、为任课教师提供便利条件、尊重任课教师等。

### (三)了解状况和解决问题

要经常向任课教师了解学生听课的状况，在了解的基础上征求任课教师的建议。同时班主任也要为任课教师在教学上提供必要的帮助，解决教师其他方面的问题。

## 二、让学生走近任课教师

在班级管理中，学生往往对班主任比较亲近，对任课教师相对疏远。一旦学生与教师有矛盾时，他们首先向班主任反映。班主任需要做的工作是一方面不要激化矛盾，另一方面要协调好相互的关系。如果不是任课教师在教学水平和能力上有致命的缺陷，班主任一定要想方设法处理好学生与任课教师之间的矛盾。

### (一)帮助教师树立威信

教师威信的高低直接影响教学效果的好坏，影响学生对教师的认同。为了使学生更全面地了解任课教师，班主任应该及时向学生介绍任课教师的状况，使任课教师树立威信，从而更有利于管理工作的开展。

### (二)拉近学生与任课教师之间的距离

班主任可以通过相应的活动，增加学生与任课教师之间接触的机会，拉近学生与任课教师之间的距离。这些活动一般包括座谈、联欢等。

# 体 验 练 习

一、选择题

1. 班集体本身是由许多个体共同组成的，这就决定了班级管理的目标具有(　　)。
　　A. 指向性　　　　B. 层次性　　　　C. 集体性　　　　D. 社会性

2. 班级管理的愿景、班级全体成员努力的方向指的是班级管理的(    )。

    A. 当下目标               B. 长期目标

    C. 中期目标              D. 短期目标

## 二、简答题

1. 简述管教结合原则的含义与意义。

2. 如何制定班级管理目标？

## 三、案例分析题

阅读下面的案例，并思考问题。

小明现在是初一的学生，在读小学期间，他的成绩处于班级中等，上了初中之后，常常因为考试成绩不理想而遭到家长的责骂。由于在校寄宿，父母又都在外地打工，小明的生活都是由爷爷照看，生活费由父母打到卡里，所以放假期间小明受到的照看非常少。小明开始经常去街上打老虎机，并染上赌博的恶习，还经常偷家里的钱，装病请假去打老虎机，上课的时候也无精打采，总会想着打老虎机赌博的事。由于打老虎机花钱很多，小明的生活费很少，在学校里总是不吃饭，长时间的营养不良，加上思想开小差，小明在班上开始出现反常的举动，引起了班主任的注意。经过班主任的努力，了解到小明是因为打老虎机才导致现在的状况。

问题：

1. 对于案例中小明学习成绩的转变，你有何想法？

2. 你认为应该采取哪些措施改变现状？

# 补 充 读 物

1. 韩东才. 班主任基本功——班级管理的基本技能[M]. 广州：暨南大学出版社，2018.

本书运用大量鲜活的班主任工作中发生的精彩、感人的教育故事，精辟地阐述了班主任班级常规管理基本功、班级活动设计与组织基本功、主题班会设计与组织基本功、班主任人际沟通基本功、班集体建设基本功等在班级管理实践中的运用，具有科学指导性和实际操作性。

2. 倪牟双，郝淑霞. 怎样带班不累人——班级管理难点20问[M]. 北京：中国轻工业出版社，2017.

本书含20个中小学班级管理难点问题，分五个专题：班级常规管理难点与对策；班级学习管理难点与对策；班级活动组织难点与对策；班集体建设难点与对策；班级家长工作难点与对策。难点问题案例均为名师原创，针对中小学班级管理中的难点、重点或热点问题，分析问题的成因和症结所在，阐述解决问题的对策措施。

3. 徐长江等. 班级管理实务[M]. 北京：高等教育出版社，2010.

《班级管理实务》在体系与内容上反映了国内外班级管理发展的新趋势。在编写体例上，文内穿插了来自班级的声音、小贴士、你的决定等特色栏目，文后设有活动体验、反思与探究、拓展阅读等活动性、情境性练习。《班级管理实务》可作为高等院校班级管理课程的教学用书，也可作为在职中小学教师继续教育的教材，对于其他教育工作者也具有参考价值。

持经达变是最有效的管理方式,有原则,却必须因人、因时、因事、因地而应变,以求制宜。

——曾仕强

# 第三章　班级管理原则与方法

案例呈现 |

### 课堂上的追逐

小 A 同学由于总在家里干重农活,加上身体比较弱,上课的时候总是大声连续地咳嗽。开班会时该同学又咳嗽了,班主任生气地说:"你是不是痨病鬼投胎,怎么总咳嗽呢?弄得会都没法开!"小 A 听了很生气,当场就用脏话回骂班主任。班主任气得面红耳赤,离开讲台要去打他,小 A 就在教室里跑着躲班主任,边跑边骂。班主任追了两圈后没有追到小 A,气得把小 A 书桌上的书全部摔到地上,并大声训斥小 A:"你竟然骂老师,太不像话了,太没有教养了!明天叫你家长到学校来见我!"

问题与思考

1. 分析班主任为什么要这样做。
2. 你认为这位班主任的做法可取吗?为什么?
3. 如果你遇到开班会时学生大声咳嗽,你会怎么处理?
4. 在班级管理过程中应该如何落实尊重学生这一原则?

分析与评价

苏霍姆林斯基说过:"教育的核心就其本质而言,就在于让学生始终体验到自己的尊严感。"作为一名班主任,要始终尊重学生成长的需求,保护学生的自尊心,让学生在健康发展中充分发挥自己的潜能。尊重学生是教师职业道德的基本要求,也是班主任在进行班级管理时必须遵循的基本原则。案例中的班主任显然对班级管理的基本原则不是很了解,才导致出现教师侮辱学生、追逐学生和摔书本一系列行为。班主任是班集体的组织者和领导者,是学生全面发展的指导者和引路人,作为班主任,应该关心学生的身体健康和人格发展,而此案例中的班主任在开班会时遇到学生大声咳嗽,不但没有给予学生亲切的问候,而且还使用"痨病鬼投胎"这样的语言来侮辱学生,严重地伤害了学生的自尊,是对学生人格的极大不尊重。在学生用脏话骂班主任时,班主任也没有控制好自己的情绪。学生骂老师固然是一种错误，但班主任因为学生骂自己就要去打学生，由于打不到而在教室里追逐学生，并在气急败坏的情况下把学生的书本摔到地上，这种行为也是不对的。此时班主任摔掉的不仅仅是学生的书本，而且也摔掉了学生对教师的尊重，摔掉了教师的威信，摔掉了教师的职业道德，呈现在小A和其他同学面前的是一个失去控制的脾气暴躁的班主任，也是一个没有爱心与忍耐力，缺乏职业道德与教育智慧的班主任。一个不尊重学生的教师，一个情绪失控的教师，一个口出脏话、行为粗鲁的教师是很难赢得学生尊重的。

每一位教师都希望能够获得学生的尊重，但是要使学生尊重自己，自己首先要尊重学生。尊重学生是教师职业道德的核心要求。这位班主任简单粗暴地将"师道尊严"凌驾于学生的独立人格之上，认为教师的地位应该高于学生，教师可以任意批评学生和处理学生，而学生不能有任何反抗。他的做法显然忽视了学生的需要和人格的尊严，违反了班级管理应尊重学生的原则。事实上，教师和学生在人格上都是平等的，教师和学生只是所承担的角色和需要完成的任务不同。作为教师，应该处处从学生出发，时时事事为学生着想，研究他们，尊重他们，在此基础上引导他们全面发展，实现自我，这才是真正的良师。建立在尊重学生基础上的班级管理才是真正的班级管理。

在传统意义上，一提到尊重，人们想当然地认为是"学生尊重教师"，而没有"教师尊重学生"的观念。新型的师生关系要求尊重是双向的尊重，是平等的尊重。教师要想获得学生的尊重，首先要学会尊重学生。此外，爱与自尊是人的基本需要之一。如果学生认为没有被人爱，得不到别人的尊重，他在学校的生活就会很痛苦，学习动机也会下降。因此，在管理班级时教师要尊重学生，要像爱护荷叶上的露珠一样呵护学生的自尊心，要让学生认识到"在教师的眼里，每一个孩子都是天使"，让学生感受到那份来自教师内心至真至诚的尊重。

## 案例呈现丨原理与对策

班级管理中如何落实尊重学生的原则.mp4

### 一、尊重学生的原因探析

#### (一)个性的多样化使然

人是生而独立的，每一个人从出生那一刻起就已经拥有了自然人的全部属性，同时与外部环境、他人和社会发生各种各样的关系。随着个体社会实践活动的开展、社会关系的丰富，一个"自然人"逐渐变成一个独立的、完整的、有别于任何别的人的"社会"人，而正是每个个体彼此间存在着差异，具有极其丰富而又多元的个性，才创造出了千变万化、异彩纷呈的社会生活和社会文化，演绎出五彩斑斓的人生。因此，尊重人，尊重个性就是尊重创造力，尊重多样性。

## (二)对尊重的需要是正常人的普遍需要

马斯洛的"需要层次理论"把人的各种需求从低级到高级分成五个层次，依次为：生理需要、安全需要、社交需要、尊重需要和自我实现需要。尊重需要是一个非常重要的需要，从婴儿到老年人，从贵族到平民，从教师到学生都有尊重的需要。尊重需要既包括对成就的个人感觉，也包括他人对自己的认可与尊重。有尊重需要的人希望别人按照他们的实际形象来接受他们，并且认为自己有能力，有核心竞争力，应当受到别人的尊重。当他们的这种需要得到满足时，个人就会更自信，反之，他们就会感到沮丧。

## 二、尊重学生原则的具体要求

### (一)尊重学生的天性

所谓天性，指的是学生与生俱来的生理和心理素质。由于遗传的原因，每个学生都有其独特的天性。就像世界上没有两片完全相同的树叶，没有任何两个学生的天性是完全一样的。因此，教师应该认真观察和研究学生，并且认真学习、掌握和运用儿童心理学和发展心理学的最新研究成果，从而发现和接纳每个学生的独特天性。在此基础上，再根据每个学生的特点，进行"因势利导"和"因材施教"。

### (二)给学生更多的自由

"尊重学生"意味着给学生提供更宽松的环境和更多的自由发展空间。这就要接纳学生对自己行为的选择，就要重视学生自己的独立判断。只有这样，才有助于学生克服对别人的依赖性，养成高度的独立性，才有助于他们发挥个人的内在潜力。在这种氛围中，素质好、天性具有优势、心理健康的学生才会更好地发挥个人优势，成为有创造力的人。而理解力稍弱的学生会在这种自由的氛围中慢慢地成长，爱反抗教师的学生会在这种相对自由的环境中反思自己的行为，从而会对自己的行为更加负责。

### (三)严格要求学生

尊重学生，给学生更多一点的自由并不意味着教师可以放弃自己的责任，可以完全放任学生自流，教师要学会将尊重信任学生和严格要求学生有机结合起来。严格要求学生是建立在尊重学生的基础上，不尊重学生的严格要求是一种过分的限制和不人道的苛求，失去了严格要求的尊重容易变成无原则的迁就和放任自流。

### (四)尊重全体学生

尊重学生，绝不仅仅意味着尊重优等生和尖子生，而是要尊重全体学生。教师不仅应该尊重优秀的学生和一般的学生，而且更应该尊重智力发育迟缓的学生，尊重被孤立、被排斥的学生，尊重有过错的学生，尊重有严重缺点和缺陷的学生，尊重和教师意见不一致的学生，尊重冒犯教师的学生。

### (五)搭建师生尊重的桥梁

教师要充分运用自己所处社会角色的有利位置，利用上课、课间、家访，通过谈话、QQ、微信、班级周记、手机短信息等渠道，多方面创造条件实现与学生的有效沟通和交流，让学生感受到教师对他们的真诚态度，感受到对他们的尊重，从而建立起新型的师生关系。

**案例呈现 II**

#### 让个性在活动中飞扬

课堂上，王老师发现一位女同学在用纸叠一朵"玫瑰花"，王老师十分生气，想当面毁掉它，但转念一想，这样做对学生的刺激可能太大了，会加剧其逆反心理。王老师决定尝试一下别的方法，看到学生叠的"玫瑰花"十分精致，王老师认为这是学生身上的一个闪光点，他决定以此为切入点，对这位学生进行教育。王老师先对这位同学的手工技巧表扬了一番，接着问她是跟谁学的。没想到这一下竟引出全班十多件手工作品。王老师想，何不以此为契机，引导学生充分张扬自己的个性呢？于是他提议，在班级进行一次"小制作展示"活动，让全班学生互相学习，共同提高，学生的情绪沸腾起来，欢呼雀跃。随后的课堂上，王老师感到了师生间从未有过的亲切与融洽。班会课时，主题为"让个性在活动中飞扬"的活动开始了，学生把各自的作品整整齐齐地摆放在展台上，有的学生用废旧材料制作了非常精美的汽车，有的学生用大豆、玉米、高粱等制作了美丽的乡村"五谷画"，有的学生用旧衣服制作了美丽的裙子，有的学生用彩纸制作了漂亮的花束……学生们在一起兴致勃勃地欣赏着、议论着、赞叹着，整个教室洋溢着欢声笑语。

班会课上，主持人问了大家一些关于制作创意和设计步骤的问题，同时也提出了"如何看待小制作"以及"在课堂上做手工作品的负面影响"等问题。针对主持人提出的有关话题，大家各抒己见、畅所欲言，最后达成共识：搞小制作能培养兴趣，开发智力，丰富课余生活，但应该在完成学习任务后开展这样的活动，绝不能影响学习。

**问题与思考**

1. 王老师的做法有哪些值得我们学习？
2. 尊重学生个性原则的基本内容与要求是什么？
3. 在班级管理中如何落实尊重个性原则？

**分析与评价**

王老师的成功之处在于充分尊重了不同学生的个性特点并能够因势利导，这样不仅巧妙地化解了课堂上出现的意外，还以此为契机，组织学生开展小制作的主题活动，培养了学生动手、动脑的能力，同时也让学生们在合作中学会互帮互助，提高了学生的人际交往能力。通过小制作活动，学生们充分地发挥了自己的特长，彰显了自己的个性，同时也学会了欣赏他人。而通过回答问题和讨论，学生们也明白了制作作品不能影响学习的道理。

一次小小的展示活动让学生的兴趣爱好有了展示的平台，同时也让他们解决了兴趣爱好与学习的关系，一举数得，育人的综合效应得到了充分的体现。

学生作为班级中的个体，有着自己不同于他人的特点和个性。因此，班级管理不能千篇一律，而应该尊重并彰显学生个性。班级管理中的个性是建立在承认和尊重学生个性差异的基础上，依据多元评价理论对学生进行正面积极的评价，以此让学生体验到自己被认可，唤醒学生的存在感，让每个学生都能够看到自己的长处，体验到自身的价值，从而在发展的道路上不断前进，到达成功的彼岸。

# 案例呈现Ⅱ 原理与对策

班级管理中的尊重个性原则.mp4

## 一、中外教育史上典型的个性教育思想

### (一)孔子的"因材施教"思想

孔子是我国教育史上首倡因材施教的教育家，他适应当时社会变革对人才的需要，开办私学，所收学生的情况颇为复杂。就年龄来说，多数是青年人，也有部分是成年人，年龄差距较大；社会成分也多种多样，贫民、小生产者、商人、地主、贵族都有；有来自不同的国别和地区，个人的文化水平、道德素养、性格特征存在很大差别；学生要求也不一致，有的请教几个问题就走，有的则长期追随左右。在这种情况下，孔子便根据学生的个性特点和具体要求进行教育。孔子了解学生个性特点最常用的方法有两种：一是通过谈话；二是通过观察，也就是"听其言而观其行"，在了解实际情况的基础上，对学生的个性特征作出评价。对此论语中有多处记述，如"由也果""赐也达""求也艺"，这是从品格优点方面作的评价；"柴也愚，参也鲁，师也辟，由也喭"，这是从缺点方面所作的分析；"师也过，商也不及；求也退，由也兼人"，这是从两者的比较来区分特点。在了解了学生个性特点的基础上，孔子就根据学生的具体情况，有针对性地进行教育。例如，同样问仁、问学和问孝，孔子对每个学生都能够有针对性地进行回答，以满足不同学生个性发展的需要。

### (二)昆体良的个性教育思想

在西方最早注意到学生个性差异并提倡根据学生个性差异进行教育的教育家是古罗马的昆体良。他认为，教育的过程是对学生的关心。人的心性是不同的，教育者必须根据孩子的心性进行教育：第一，人的禀性不同，倾向各异，教育应根据其禀性、倾向、才能进行施教。第二，必须遵循孩子的年龄特点，要了解并且确定孩子在不同年龄时期的接受能力。他说："精确地观察学生能力的差异，并且弄清每种能力的倾向，这些通常是，而且不无道理地被视为教师的优秀品质；因为天赋才能种类多得难以置信，而心灵类型的多种多样，不亚于身体的多种多样。"聪明的教师将识辨这些天赋才能的特征，并选择适合他

们的学科，甚至调整教学以适应能力较弱者并顺其天性训练他们。对于那些更具有才能而又有希望成为卓越的演说家的孩子来说，如果他们缺乏这种爱好，或者在某些学科上表现才能较差，那么，就要求教师特别努力以保证他全面发展。不违反孩子自然天性地去补足它，使其缺陷得以完善，这就是教师的职责。

### (三) 卢梭的浪漫主义个性教育思想

法国启蒙思想家、教育家卢梭在其名著《爱弥儿》中阐述了自己的浪漫主义个性教育思想。卢梭认为，人生来是自由的、平等的；在自然状态下，人人都享受着这一天赋的权利，只是在人类进入文明状态以后，才出现人与人之间的不平等、特权和奴役现象，而使人失掉了自己的本性。在《爱弥儿》中卢梭写道："出自造物主之手的东西，都是好的，而一到了人的手里，就全变坏了。"因此，他主张对孩子进行"自然教育"。所谓"自然教育"，就是要服从自然的永恒法则，适应自然发展过程，听任人的身心的自由发展。因此，卢梭设想对下一代的教育应该让他们摆脱丑恶的城市，在古朴尚存的乡村返归自然，让下一代在生活和实践中，即在"实行"中"率性发展"或者说"自然地发展"，这种发展注重的是个性，是受教育者的独立性和独特性。但是由于卢梭把个性发展和社会生活实际对立起来，从而使得这种个性发展脱离了社会基础，因而使其尊重孩子、顺其自然发展孩子个性的思想具有浓厚的浪漫主义色彩。

### (四) 蔡元培的"尚自然、展个性"的教育主张

蔡元培认为，教育应按照孩子的兴趣和个性特点，使孩子自然地、自由地发展。要求教师根据学生各自的特点和情况，采用不同的方法因材施教，他说："知教育者，与其完善民法，毋宁尚自然；与其求划一，毋宁展个性。"

### (五) 加德纳的多元智能理论

1983年，美国著名心理学家和教育家加德纳出版了《智能的结构》一书，提出了他的多元智能理论。这一理论是他在进行了大量的研究和实验的基础上得出来的，具有非常充分的理论依据。加德纳从生物学、遗传学、心理学、神经学等不同的角度论证了人类个性至少拥有九种彼此相对独立的智能，即语言智能、音乐智能、逻辑—数学智能、空间智能、身体动觉智能、人格智能、自我认知智能、自然观察者智能和存在智能。这些智能在个体身上的发展是不平衡的，个体之间在各种智能上的发展也有差异，它们以不同的方式，不同程度地结合在一起，表现出个体间的智能差异。在个体身上由于智能成分的独特结合而表现出某种优势智能，使每个人的智能各有特点，互不相同。由于智能的独特性，这类智能往往会由于种种原因潜藏在个体身上，我们难以直观地发现它们。但优势智能在一定的社会环境下或特定的教育情境中会被激活。加德纳认为教育的目的就是创设一定的情境来挖掘个体身上的潜能。

## 二、实施尊重个性原则的基本要求

### (一)了解学生差异

在班级管理中,班主任要实施尊重学生个性原则,最基本、最重要的前提是要了解学生,只有全面深入地了解了学生并在此基础上承认、理解每一个学生的个别差异,班主任才能够更好地促进学生的发展。因此,教师要深入班级,对每个学生的兴趣、爱好、特长、性格做全方位的了解,通过调查、访谈等方法把握学生的个性特征,建立学生个性档案。

### (二)因材施教

班主任在了解并理解学生差异的基础上要对学生因材施教,根据学生不同的气质类型进行不同的教育。对于那些个性倔强、精力充沛而脾气暴躁的学生,班主任要注重培养其沉着、稳重、坚毅的品质;对于个性活泼、兴趣广泛、做事不踏实的学生,班主任要着重培养他们的刻苦精神,养成其做事善始善终的习惯;对于慢性子、遵章守纪、反应迟缓、学习成绩差的学生,班主任要有耐心和诚心,要有一双善于发现的眼睛,发现学生身上的优点并能够真诚地赞美和赏识学生,帮助学生树立自信心,同时鼓励学生参加各种活动来培养其敏锐的反应能力和办事果断的作风;对于敏感而自尊心强、孤僻而胆小的学生,班主任应通过私下沟通交流来培养学生的自信心和勇气。

### (三)挖掘潜能,因势利导

班主任要学会欣赏学生,相信每一位学生都是有能力的人并具备伯乐的眼光与智慧,乐于挖掘每一位学生的优势潜能并给予充分的肯定和欣赏,树立学生的自尊和自信。班主任在帮助学生发现优势领域和建立自信的同时,要帮助学生发现和建立其智力优势领域和弱势领域之间的联系,以此为切入点引导学生有意识地将其从事优势领域活动时所表现出来的智力特点和意志品质迁移到弱势领域中去,从而实现能力的正迁移,促进学生成才。

### (四)多渠道发展学生个性

学生的个性是在丰富多彩的活动中发展起来的,班主任要为学生提供各种发展个性的条件,为学生搭建展示个性的丰富多彩的平台,开展丰富多彩的班级活动。班级活动不仅可以产生凝聚力和向心力,而且能为学生展示个性、提高潜能提供舞台。班主任应该与学生一起精心设计、开展多种内容、多种形式的课堂内外活动,让学生在各种活动中自由、充分地表现自己的兴趣、特长和潜力。除了开展多样化的活动外,班主任还可以赋予班级成员多样化的角色,使其获得表现和发展潜能的空间。班级角色的多样化即每个人在集体中获得一个具有一定管理责任的角色,处于一个能够发挥作用的位置,这样能让每个学生找到在班级中的"存在感"和归属感,也有利于帮助学生发现自己的潜能和学会换位思考。而对于所谓的"差生",班主任要有"放大镜"意识,努力寻找学生身上的优点并将其放大，同时"用其所长"，让"差生"也能够在班级管理中有"一席之地"，有属于自己的舞台。

### (五)对学生进行多元评价

在班级管理中，单一的评价模式往往会忽视学生的个性差异，导致刻板僵化的评价结果，也使得评价失去了促进学生发展的功能。班主任要实施尊重个性的原则，就需要进行多元评价。一是评价主体多元化，学生评价的主体除了班主任以外，还可以包括任课教师、家长、学生同伴和学生本人。二是评价内容综合化。班主任不仅要关注学生的学习成绩，而且要发现和发展学生多方面的潜能；不仅要关注学生的智力，而且要重视与智力发展有密切关系的个性与情感、意志品质等领域。三是评价方法多元化，将定性评价和定量评价相结合，将终结性评价和形成性评价相结合。

**案例呈现Ⅲ**

#### 厚此薄彼的解释

小伟和小锋同在三年级(1)班就读，小伟学习成绩不好，作业很少能够及时完成，还经常和同学们发生一些小冲突。小锋的成绩一向很好。周一早上的第一节是数学课，下课后数学老师走到办公室里对班主任说："李老师，今天你们班有两个学生没有交作业，一个是小伟，一个是小锋。"李老师一听，解释道："小伟的成绩一直很差，作业完成情况向来不是很好，这次不用问，肯定是没做，我过会儿找他算账！小锋怎么也没有交啊，不可能啊！这孩子各科成绩都很不错，这次没交，一定有特殊情况，待会儿我仔细问问！"

**问题与思考**

1. 李老师对小伟和小锋没交作业的解释为什么会不同？
2. 如果你是李老师，你将如何处理小伟和小锋没交作业一事？
3. 班级管理中的公平原则的基本要求是什么？

**分析与评价**

教育公平是社会公平的体现，教育公平可以促进社会公平的实现。教师们不要认为维护和实现教育公平是决策层和政府官员做的事情，和普通教师没有关系。教师们也可以在教育的微观领域、在自己的工作岗位上维护和促进教育公平。在自己平凡的工作岗位上，教师平等地对待每一个学生，真心地热爱每一位学生，为每一位学生提供适宜他的教育教学，给予每一位学生客观而合理的评价，这些都是教师能够做到的教育公平。而李老师对待小伟和小锋没有完成作业一事的态度和评价表明李老师违背了班级管理的公平原则。如果李老师真的按照他所说的去找小伟算账而对小锋则是关切地询问的话，对于小伟的心灵伤害将是何其大，会让小伟觉得班主任处置不公，对于他对人生对社会的认知都会有负面影响。

为什么同样的过错，出现在不同的学生身上，李老师会有截然不同的态度？究其原因，在于教师早已习惯了以成绩作为评判学生行为好坏的标准，而且对这一标准深信不疑，觉得理所当然。了解每个学生的基本情况是我们开展教育的基础，但是将成绩好坏作为评判学生的唯一标准，既不客观又不公平，依据这种标准实施的教育和管理又怎么会收到良好的效果呢？"己所不欲，勿施于人"，我们每个人都不希望自己受到不公平的对待，那么在我们做教师时也需要坚持公平原则。教师要树立正确的学生观，不要以学习成绩作为评价学生好坏和处理学生事务的唯一标准；教师必须有高尚的师德，用爱心去平等对待每一个学生。在平时的教育教学活动中，运用得体的教育语言，采取有效的教育方法，促进每一位学生的健康成长和发展。

## 案例呈现Ⅲ 原理与对策

班级管理中的公平原则.mp4

### 一、公平地对待每一个学生

班主任要公平地对待每一个学生，这里的公平是指给每一个学生提供最适合他(她)的条件和机会，让他(她)得到最好的发展。班主任要把自己的爱洒向每一个学生，而不是只偏爱优等生，在班级管理中，要给每个学生平等地展示自我的机会，为每位学生尽可能创建适合的平台让他(她)去发展，尤其要关心"学困生"和"后进生"；对同学违规行为的处理要"一碗水端平"，不要"厚此薄彼"。

### 二、位次编排要公平合理

班级管理中经常涉及位次的问题，谁先谁后看似很简单，但是如果不精心设计，编排不公平的话对于学生的发展会有不利的影响；而如果编排得好，则会促进学生的学习和成长。座位是班主任手中掌握的重要的教育资源，座位的编排对学生的学习成绩和个性发展会有较大的影响。班主任在编排座位时要做到公平合理，可以结合学生身高、视力、性格、学习方式特点、性别等元素编排，而不能单纯按照学习成绩来编排。

### 三、处理班级突发事件要坚持公平性原则

班主任在处理突发事件时必须将公平作为自己的基本准则。在处理突发事件时，对当事者而言，不论是谁，都要公平对待，不能袒护任何一方，要避免偏爱班干部、优等生和来自高阶层的学生，不偏信教师和偏护家长的行为。即使是班主任自己，当学生与班主任发生矛盾时，班主任也要检讨自己，要多做自我批评，采取容忍和宽容的态度，消除学生的恐惧心理和对立情绪，缩短与学生之间的距离，消除与学生之间的隔阂；切忌"自卫尊严"，偏袒自己。

案例呈现 Ⅳ

## 不同声音背后的价值

刚刚接手高二(13)班不久,我就遇到了这样的问题:各位任课老师反映我们班学生知识面狭窄、思维不够开阔。与任课老师和班干部经过商议,我们准备用班费订一份日报给大家。由于是在9月,无法向邮局订阅,就商量先由学生按学号轮流来买报,到年底再订报。没想到的是,这个"利国利民"的方案在征求意见时,却招来了很多反对的声音。

刚开始我真有点恼怒,但静下心来了解学生的反对意见后,我发现不乏真知灼见,比如有些学生担心报纸来了没人管理影响班容;有些是不喜欢我们要订阅的《广州日报》,他们更喜欢《南方都市报》;还有些学生是住宿生,反对是因为他们无法随意出校门而怕耽误同学读报。开始制定的方案确实有些粗糙、不完善的地方。

根据学生的意见,我和班委作了如下调整:买了报夹,指定了报刊栏,并安排三位同学专门管理报纸的收放。重申读报纪律(上课及晚修时间不容许借阅);在学生推荐的基础上,确定了购买《广州日报》《南方都市报》《羊城晚报》三份报纸,买报纸的学生可以在这三种报纸中任选一种购买。至于住宿学生,容许他们在中午请假外出买报,也可以找走读生代买,而且算下来到年底,每名学生最多买两次报纸,并不会加重学生的负担。

调整后的方案很快得到了学生的认同并得以实施,取得了不错的效果。

[资料来源:张莉. 民主管理那些事儿[J]. 班主任之友(中学版), 2013(4).]

**问题与思考**

1. 案例中班主任的做法有哪些值得借鉴的地方?
2. 在班级管理中如何看待学生的反对意见?
3. 在班级管理中实施民主性原则有哪些基本要求?

**分析与评价**

班主任工作千头万绪、纷繁复杂,如果事事亲力亲为,往往事倍功半,顾此失彼,身心疲惫,效率低下。所以,班主任在班级管理中可以调动学生的积极性,让他们成为班级的主人,成为班主任的助手,和班主任合作建设班集体。案例中的张老师在给学生订报这件事情上首先采用的方案是商量"由学生按学号轮流来买报,到年底再订报",说明张老师具有较强的民主意识,一开始就与学生商量而不是自行拟订方案在班级强制推行。而在方案发布后学生开始反对时,张老师开始很恼怒,因为张老师觉得自己苦心设计的方案学生并不买账,作为班主任的权威受到了挑战,面子上不好过,但是张老师恼怒一阵后能够静下心来了解学生的反对意见并认真分析,汲取了其中的合理因素,并对订报方案进行了相应的调整。调整后的方案由于是在广泛听取学生意见的基础上建立的,也得到了学生的认同,推行的阻力小,实施效果也不错。这种在班级管理中"从学生中来,到学生中去,一切为了学生,一切依靠学生"的做法非常值得我们学习和借鉴。在班级管理中,班主任一个人的力量毕竟有限，肯定有考虑不周全的地方，而将全班学生发动起来集思广益则省时、省力、省心，还使班级管理有了深厚的群众基础，使班主任在班级管理中更得心应手。

# 案例呈现Ⅳ 原理与对策

## 一、民主性原则的含义和意义

民主性原则是指班主任在管理班级时，要充分调动全体学生的积极性，让他们参与管理，发挥其主体作用。一个班级，如果只有班主任的积极性，只靠班主任"单枪匹马"地管理，没有学生的积极性，班主任就会承受较高的负担，却取得较低的实效。因此，班级管理中遵循民主性原则，这不仅有利于培养学生的主人翁精神和创造性、独立性，有利于建立民主平等的师生关系，也有利于学生的自我教育能力的培养。

## 二、贯彻民主性原则的基本要求

### (一)扩大学生参与度

学生既是教育的对象，也是教育的主体。因此，班主任应把学生视为班级的主人，应该让全体学生进入自己工作的决策过程当中来，无论是制订计划、贯彻执行，还是检查监督、总结评比，都要让学生参与，使他们了解班级工作的上下环节，明确自己应该承担的各种义务。只有这样，学生才会具有主人翁意识，才会把管理者建议完成的工作当作自己的使命，从而成为班级、学校的主人。

### (二)集思广益

班主任在班级管理中要广开言路，集思广益。班主任在制定班规、设计活动方案评优选优等方面都需要广泛倾听学生的意见，并及时采纳学生的正确意见，接受学生的监督，不搞一言堂，切忌家长作风。例如，李镇西老师和班上的学生一起制定班规，听取学生的意见。班主任可以在班内挂出留言簿，让学生畅所欲言，对老师的工作起监督作用。可以设立"合理建议登记簿""合理化建议奖"等来鼓励学生的参与意识。

### (三)放权和增权

班主任要学会放权，而不必事必躬亲。班委会、班级干部可以实行选举制，学生和班主任都有选举权和投票权，班主任不能采用"一票否决制"。班主任要授予班委会成员管理班级的权力，不能随便进行干预。当他们遇到困难时，要帮助解决，但不要代替。要让他们大胆地开展工作，锻炼和提高其独立工作的能力，使之成为班主任的得力助手和班集体的核心力量。

案例呈现 V

### 让渴望翱翔的心灵飞起来

高二上学期的一天，我正在上复习课，发现平时最爱睡觉的刘明不但没有睡觉，还在飞快地记录着课堂笔记。临近下课，我表扬了他，怎料其同桌却"揭发"他不是在记笔记，而是在写信。我很气恼，一把将信纸拿过来。回到办公室展开信纸，发现他写了一首非常棒的表达青春期真挚感情的诗。

课间，我找到刘明，和缓地说："我想和你谈谈，可以吗？""谈谈，不就是挨批吗？"他将头歪向一边，一副无所谓的样子。我微笑着将话锋一转："刘明，你的诗写得真棒，我以前怎么没有发觉呢？"然后我又问了他每周的作文课都想逃的原因。刘明解释说是因为初中的时候一次用心写的作文遭到了老师和同学们的怀疑，说他抄袭。从此以后，他练笔就只写给自己看，因为怕被别人瞧不起。

思索再三后，我在他的周记本上写了很多真挚的鼓励他的话语。周记发下后，他仍然紧锁着眉头，我知道我的话没能解开他的心结，他似乎不再相信自己，也不再相信别人，包括老师，我只有进一步寻找契机。

恰巧在这时，学校组织高二学生参加"语文报杯"作文大赛。我灵机一动，找来刘明，抚着他的肩，对他说道："'语文报杯'作文大赛开始报名了，每班只限一个名额，我想让你参加，行吗？""什么？让我参加？"他的眼中充满了惊喜。我使劲儿地点了点头，坚定地看着他。他问："老师，我能行吗？"我诚恳地说："你已经被埋没了这么久，该是发挥特长、证明自己的时候了。老师给你这双翅膀，就是要带你飞，我相信你一定能再次飞翔！"

第三天课间，我发现刘明的课桌上有个修饰，上面写着"老师，我会努力的，不会辜负您的信任！"的话语，并配有丘比特之箭射向"语文报杯"的图片。

果然，刘明利用一切课外时间准备比赛，功夫不负有心人，刘明最终取得了全国高中组二等奖的好成绩。我抓住这一机会，在班上及时表扬了他。此时的他挺直了腰杆，第一次露出自信的微笑。

[资料来源：王新霞. 让渴望翱翔的心灵飞起来[J]. 班主任，2014(3): 29～31.]

**问题与思考**

1. 王老师对刘明的激励为什么能够取得成功？
2. 班级管理中应如何激励每一个学生成才？
3. 激励学生可以采用哪些方法？

**分析与评价**

要想使学生成才就必须使学生有内在的向上的动力，这就要求教师要善于发现并找到学生的优势领域，在此基础上从正面激励学生。教育要面向全体学生，因此也要激励全体学生，要让每一个学生都有崇高的理想和向上的动力，有内在成长的愿力，从而使得学生的生命之树能够在教师的引领下生机勃勃地拔节向上。本案例中的王老师在课堂上发现平时爱睡觉的刘明在记录，误以为其在记笔记，就对其进行了表扬。虽然说王老师在没有调查清楚的情况下就表扬了学生，但是从一个侧面说明王老师有一颗赏识学生的心灵，善于从细节捕捉学生的闪光点。而王老师在发现学生上课时写所谓的"情诗"时并没有大发脾气，批评学生。如果此时的王老师以"上课不认真听讲，学生不能谈恋爱"等原因狠狠地批评刘明，刘明的学习成长之路就不会像后来那样动力满满了，而是会在继初中被打击之后再遭受第二次打击，学习之花可能就会凋零。王老师和缓地找学生谈心，以了解好文笔的刘明想逃作文课的深层次原因。在了解了原因之后，王老师开始不断地鼓励刘明，在发现周记中的文字激励效果不大的情况下，决定给刘明不自信的心灵"一剂猛药"。王老师把班级唯一一个报名参赛资格给了刘明，并充分地表达了对他的认可与肯定，把刘明内在的渴望成长与发展的力量充分调动了起来。刘明在老师的激励下认真准备，不仅赢得了比赛，也找回了久违的自信。案例中的王老师对刘明"不抛弃，不放弃"，善于发现学生身上的优点并创造条件让其在优势领域充分发挥特长，以获得自信的做法，值得我们学习。

# 案例呈现Ⅴ 原理与对策

班级管理中的全员激励原则.mp4

## 一、全员激励原则的含义和意义

全员激励原则是指班主任在管理班级时要激励全班每个学生，充分发挥他们的智力、体力等各方面的潜能，从而实现个体发展与班集体发展的双重目标。贯彻全员激励原则有利于班主任站在平等的角度看待每一个学生，充分调动每一个学生的积极性；有利于让学生在认识到自我的优势与潜能的基础上增强自信心与促进自我实现；有利于使班级的共同目标成为全班学生的共同愿景，使全班学生心往一处想、劲儿往一处使，同心同德促进班集体目标的实现。

## 二、贯彻全员激励原则的要求

### (一)对所有学生一视同仁

班级管理者要公正无私，对所有学生一视同仁，用同样的情感和尺度对待每个学生。教师对每个学生应怀有同样的爱和职业责任感，给每个学生创造机会均等的成功条件，把他们培养成才。对优秀的学生，不能"一俊遮百丑"；对暂时后进的学生，不能一眼把他们看死，要善于发现学生身上的闪光点并为他们创造恰当的条件提供合适的机会，让他们去施展自己的才能,帮助他们树立或找回自信。例如,江苏溧阳市天目湖中心小学的唐亮老师发现他班新转来的小升同学学习成绩差,性格内向,不敢和同学们交往。经过了解,唐亮老师发现小升是因为自卑,不敢和同学们交往,但唐老师发现小升特别喜欢跳绳,而且跳得还不错,于是唐老师决定设法使这一点变得更加明亮,树立起小升的信心。唐老师借助学校体育节的时机,组织全班学生举行了一次跳绳比赛,结果意料之中,小升得到了第一名。其他学生都向他表示祝贺,唐老师也及时地向他表示祝贺。他把小升叫到身边,拉着他的手说:"小升,你跳得真不错,老师相信你上课的表现也能和跳绳一样好,对吗?"果然,上课时,在唐老师目光与微笑的鼓励下,小升第一次举手发言了,虽然回答得不是很完整,但唐老师还是立即表扬了他。唐老师还注意在各方面鼓励小升,如唐老师给小升第一次全对的作业批了优加星并在全班传阅、表扬;下课后鼓励小升与同学比跳远、一起下棋……接着,唐老师请班中一位成绩比较优秀的小琪同学和小升结成了"红领巾互帮小组",并联系了小升的父母,让他们在家多给予小升生活上的关心和学习上的帮助。渐渐地,小升的成绩也随之上升。慢慢地,唐老师从他的脸上看到了自信的微笑。[①]

### (二)要善于用适当的目标激励学生

班级目标是班级成员共同的期望、追求和达到的成果,它具有导向和激励作用。制定班级集体的总体目标,可激发学生向该目标奋斗的动机,指引学生向该目标努力的行为。班主任要帮助学生在班级目标的基础上,为自己设置具有挑战性的目标,使他们经过刻苦学习能够达到目标,并在实现目标的过程中体会成就感,从而激发出积极性。在实现目标的过程中,班主任要细心观察,及时给予学生表扬、肯定、支持、鼓励、关心、理解、宽慰、批评等,使他们在明确而不断的反馈中向目标前进。当一个具体目标实现后,要及时引导学生向新的目标奋进,使他们不断地保持高昂的学习热情和积极性,并自觉自愿地达到一个又一个目标,最终实现班级目标。例如,甘肃兰州大学附属中学的高万泰老师面对班上经常迟到的小雷,高老师先允许小雷一周迟到一次,这让小雷受到了震动,他感受到了老师的理解。当小雷连续两周做到了要求时,除了在班会课上表扬小雷的进步外,高老师进一步跟他"约定"每两周允许迟到一次,并与他一起分析守时给他带来的诸多益处。就这样,层层推进,持续激励,尽管在对小雷持续的激励中仍然出现了一些反复,但高老师坚持了两个月没有放弃,最终取得了预想中的效果。

### (三)灵活运用各种激励策略

班主任要综合运用情感激励、挫折激励、归因激励、榜样激励等多种策略。情感激励是班主任要与学生建立朋友关系,全面关心学生,做学生的贴心人,然后鼓励学生积极向上,引导学生发展。班主任陈老师的做法值得我们借鉴。新学期开始,她带头给孩子们留"夸奖留言"便条,贴在孩子们的作业本上、课桌上、文具盒里,夸得孩子们一个个乐开

---

[①] 唐亮. 鼓励——后进生进步的催化剂[J]. 教书育人,2018(11):74.

了花。学生的成长不可能总是一帆风顺，有时会遇到挫折与坎坷。班主任平时要对学生进行耐挫折教育，提高其对挫折的承受力，同时引导学生合理宣泄，来降低学生的挫折感，减少不良行为的发生。在对学生的身心进行教育和管理时，班主任要引导学生对发展过程进行自我努力的归因，并帮助学生探索出适合自己的方法。一旦学生通过努力有了较好的成绩时，班主任应及时给予肯定和鼓励，以此激发他们更强烈和持久的发展热情。榜样激励是指班主任要有意识地利用榜样的优秀思想和良好行为来教育或影响学生，使学生通过感染来自觉地接受模范人物的熏陶，以形成良好的思想品质和行为习惯。榜样的力量如此大，以至于卢梭用他急切的语调喊出了："榜样！榜样！除了榜样，我们不能教给孩子任何东西！"班主任可以综合运用历史人物、现实中的英雄人物、学生中的优秀代表等作为榜样。班主任选择的榜样应该是青少年衷心认同的，是他们自己"喜欢"和"尊敬"的，带有属于他们这个年龄和时代的特点，而非来自外界强加，如果是来自学生的同辈群体的榜样，会更具有真实性和激励性。班主任在学生对榜样学习取得进展时应该及时进行鼓励，强化他们的行为。班主任在运用榜样激励时要注重自己的示范性，"喊破嗓子不如作出样子"，班主任要身体力行，率先垂范。

**案例呈现Ⅵ**

晓晓试图用手机作弊，他将手机放在笔袋里正要偷看，被我发现，我没收了他的手机。离考试结束还有半小时，他又传小纸条给其他同学。监考完后，我将情况反映给年级组，事后，学校将晓晓的语文成绩记为零分。随后，我上课，晓晓便闹情绪，佯装睡觉，叫"醒"后继续假装睡觉，敌对情绪非常明显，与平时上课的活跃表现判若两人。晓晓的态度，显然是我事后没有及时和他沟通造成的。

课后，我请他出来谈谈，晓晓说没有什么好谈的，不肯出来。我低声说："你有两个选择，要么我们在教室里沟通，要么出去沟通。"他同意和我出去谈一谈，但摆出一副拒人于千里之外的姿态。

我问："你还在怪我吗？或者你觉得哪里委屈了？"

他半天不说话。沉默了差不多三分钟，晓晓说："我又没有作弊成功，手机刚拿出来就被你没收了，小纸条也是！"

"所以你觉得我如实反映到年级组去是错的，是小题大做？"

"你这么一做，我的语文成绩就变成零分了，我又没有作弊成功，什么都没有抄到，就是作弊未遂。"

"未遂就是没有达到作弊目标，既然没有实现目标就不应该受到处罚，是这个意思吗？"

"对！"

"作弊未遂只是这个结果没有成功，但是作弊这个行为本身就是错误的，必须对这个错误的行为进行惩戒。你现在是高中生了，你应该知道抢劫未遂也是要判处有期徒刑的。高考只要带手机进入考场，不管是否开机，所有的学科成绩都会被取消。不管你是作弊还是作弊未遂，辛苦三年就白费了，那多可惜啊。"

晓晓脸色略有变化，语气也缓和了："我不知道会有这么严重的后果，本来只是想查一下古诗默写的，总共也就几分。如果我知道会取消成绩，我肯定不会作弊的。"

"老师明白，你也是想让自己的分数看起来好看一些，这至少说明你不是一个甘于落后的人啊。"我拍了拍晓晓的肩膀，用鼓励的眼神看着他。"另外，在这件事上，如果你还是对老师我有意见，那也没有办法呀，因为从学校和老师的角度来说，我没有做错。但是，作为你的语文老师，我希望你能面对问题，所以选择了按规定上报，这次我们就当成一个教训，现在还只是刚刚进入高中，一切都还来得及！我也真的迫切地希望我们以后能够和谐相处。能让过去的事翻篇吗？""嗯！"他点点头。

第二天上课时，晓晓抬头认真地注视着黑板，我向他点点头，鼓励着他。让人欣慰的是，这节课他很快恢复了往日的神采。

[资料来源：张方方. 处理学生作弊后，不能少了沟通[J]. 班主任之友(中学版)，2019(11): 31.]

**问题与思考**

1. 如果你是案例中的班主任，你会如何处理晓晓作弊事件？
2. 谈话法采用的主要形式有哪些？
3. 运用谈话法有哪些基本要求？

**分析与评价**

班主任是班集体的组织者、教育者和领导者。语言是人们进行知识传授、思想沟通和情感交流不可缺少的工具，作为班主任要想搞好班级全面工作，除具备高尚的职业道德和高超的专业能力外，还必须具有较高的语言表达能力，在班级管理中善于使用谈话法。在教育实践中，我们经常看到一些班主任在和学生谈话时能够使用自然、流畅、准确、精练的语言，说得学生心悦诚服，自觉接受班主任的教育。

上述案例中，张老师在上课，晓晓便闹情绪，佯装睡觉，叫"醒"后继续假装睡觉，敌对情绪非常明显，与平时上课的活跃表现判若两人。晓晓的态度让张老师意识到出现这种态度的反转是事后没有及时和晓晓沟通造成的。张老师在课后请晓晓出来谈谈，说明张老师有较强的执行能力，在意识到缺乏沟通后能立刻主动去和学生沟通。晓晓说没有什么好谈的，不肯出去。张老师让晓晓在两个方案中进行选择，尊重学生的意愿，然后问学生："你觉得哪里委屈了？"这个问题其实是帮助学生打开他情绪的出口，在晓晓三分钟的沉默时间里，张老师没有生气，也没有表现出急躁，而是允许学生沉默，耐心地等待。学生沉默并不意味着他一定是在抗拒和排斥老师，也有可能是学生在思考和整理自己的心绪，老师的静默等待既是无形中给了学生一定的压力，也是对学生的一种无声的鼓励，为后续的谈话创造了契机。在晓晓为自己申辩，认为自己作弊未遂后，张老师用简明扼要的语言对他的想法进行了概括，帮助晓晓梳理清晰并确定他的想法后，张老师运用说服教育的方法，告诉他作弊行为会导致的后果，帮助学生建立正确的价值观，然后并不轻易给学生的人品定性，而是鼓励他改正错误，向前看。在整场谈话中，我们没有看到简单粗暴的训斥，而是看到一位教师在用自己的真诚和智慧与学生进行思想、观念和情感上的交流。教师用自己高超的语言艺术和替学生着想的职业道德，赢得了学生观念和行为的改变。

# 案例呈现Ⅵ原理与对策

## 一、谈话法的含义和主要形式

谈话法，是指通过谈话的方式，了解学生和班级情况的一种方法。谈话是一种双向活动，是思想、观念、情感的交流。它不仅需要真诚和信赖，更需要敏捷的思维和娴熟的谈话技巧，只有这样才能达到谈话的预期效果。

班主任与学生谈话的形式主要有以下几种。

### 1. 按参加谈话的人数，可以分为个别谈话、小范围谈话

(1) 个别谈话。这种谈话是班主任与学生一对一的谈话。班主任必须通过个别谈话才能了解到的内容，一般采用个别谈话。如对性格内向的孩子进行批评性谈话必须采取个别谈话；此外，涉及孩子隐私类的谈话也必须采取个别谈话，而且班主任需要对谈话内容保密。

(2) 小范围谈话。如需要了解某一事件发生的来龙去脉，或者需要了解和征求相关的意见或建议，一般宜采用小范围谈话或者召开座谈会的形式。例如，班级发生吵架，班主任把参与吵架的几个同学同时找来，通过谈话，了解真相，处理解决。此外，征求学生对课堂教学的意见也可以采取小范围谈话。

### 2. 按照谈话所采用的形式，可以分为书面谈话、电话谈话、网络谈话

(1) 书面谈话。如寒暑假中，可以采用通信的方式(包括纸质书信、电子邮件、手机短信息)与学生进行沟通，或者认为某些问题对学生当面直说不方便时，也可以采用通信的方式与学生进行书面谈话。另外，利用沟通信箱以及批改作业的机会写批语也是书面谈话的很好形式。

(2) 电话谈话。电话谈话不失为一种快速的现代化交流手段。电话谈话要事先准备好谈话要点，语言要简洁、明了，时间要短。一般安排在晚上或双休日为宜。

(3) 网络谈话。由于互联网技术的发达和在线教学的需要，很多学生已经开始使用QQ、微信和钉钉等即时沟通软件，班主任既可以运用即时沟通软件进行群聊和视频聊天，实现在线实时的一对多谈话，也可以和学生进行一对一的谈话。其优点是方便快捷，不受时间和空间的限制；对于一些不善言辞的学生来说，使用聊天工具的文字聊天功能能够帮助其仔细地思考，更好地表达。但其缺点是受地点和设备及网络信号的限制。

## 二、班主任运用谈话法的基本要求

### (一)把握谈话时机

谈话的几个比较适宜的时机是：新学期开学之初，学生取得成绩和进步时，学生在学习、工作、生活中遇到困难和挫折时。当然，班主任的谈话绝对不能仅仅局限于这几个时机，班主任应该根据学生的实际情况随时地选择谈话时机，一切以学生的发展为最高原则。

### (二)选择谈话场合

班主任找学生谈话最经常选择的一个地点就是办公室，但是学生到教师办公室就会觉得非常紧张，恨不得立刻谈完赶紧离开，谈话的深度和效果就难以保证。如果是多人共用一个办公室，则学生心理压力更大，而且人多嘴杂，学生也不能袒露心声。所以，办公室并不是谈话的最佳场合。班主任找学生谈话，要根据谈话学生的性别、性格特点以及谈话的内容和要求，认真考虑选择合适的谈话地点。如找体育特长生谈话，可以把谈话选择在塑胶跑道上或者篮球馆内；有的谈话应该选择在僻静处与学生单独谈；有的可以利用课余时间，在公共场合与学生以聊天的形式进行；有时为让学生意识到问题的严重性，需要找一个安静且严肃的地点谈话等。班主任要注意找不同性别的学生谈话时要选择恰当的场所，既要保证谈话的效果，又要尽量避免独处。总之，班主任要尽可能地创造条件，让谈话对象能够畅所欲言，从而提高谈话的效果。找个合适的谈话场所，不仅体现出对学生的尊重和爱护，而且也会让老师感受到和学生心灵碰撞的喜悦与幸福。

### (三)对不同的学生采取不同的谈话方式

班主任面对的学生都是有个体差异的，所以谈话绝不能千篇一律，一个模式谈到底。班主任要根据谈话对象所处的不同发展阶段和发展水平，选择不同的谈话内容和谈话方式。

(1) 与自尊心和逆反心理比较强的学生谈话，宜选择商讨式的谈话方式。班主任要以平等、尊重和亲切的态度，采用与学生商讨问题的方式进行谈话，也要允许和鼓励学生进行辩解，以利于问题的澄清和解决。用商讨式谈话法有利于教师与学生之间消除成见和排除双方信息传递的障碍，为深入地交流创造条件。

(2) 与善于独立思考、自我意识强，又比较敏感的学生谈话，宜选择点拨式的谈话方式。这类学生自我意识强，独立思考能力强，用暗示手段或者借他人之事进行点拨，能够取得较好的效果。

(3) 与自我防范意识比较强的学生谈话，宜采用突击式的谈话方式。这类学生犯了错误一般不肯轻易认错，别人指出还会矢口否认。班主任要充分利用刚发生的冲突事件，进行突击性的谈话，冲破学生的心理防线，这样的谈话方能获得较好的成效。

(4) 与性格比较内向、孤僻且自卑的学生谈话，宜采用渐进式的谈话方式。与这类学生谈话时，如果过于直截了当，言语冲击力比较强，学生往往会沉默不语，因此要选择有共同语言的话题，分步进行，缓缓推进，渐渐地将谈话引入主题。

(5) 与依赖性和惰性比较强的学生谈话，宜采用触动式的谈话方式。这类学生独立思考能力比较弱，谈话时，可以采用语言尖锐、态度严肃的谈话方式，以使学生的思想产生震动。

### (四)讲究谈话的语言艺术

教师在谈话时要讲究谈话的艺术，具体来说就是要主题明确、语言准确、生动、幽默。同时还要借助声音的高低、长短、快慢、停顿、轻重、起伏等来提高语言的感染力和影响力。此外，班主任还要善于运用体态语言，以体态语言来辅助谈话。班主任在与学生谈话时要举止得体，要面向学生，目光专注，以平等的身份与学生谈话，认真倾听学生的谈话，表现出对学生谈话的兴趣和关注，这样的谈话才容易走进学生的心灵。

**案例呈现Ⅶ**

解铃还须系铃人

李小炎再一次和教语文的张老师发生冲突。这孩子其他各科成绩都不错，就是不好好学语文。上次他在课堂上和张老师顶撞，在班内造成的影响很不好，我让他家长来校"共同教育"。没想到才过去两个多星期，他老毛病又犯了。该怎么办呢？

我私下了解情况，得到一条信息：李小炎初一时语文成绩很好，可到了初二后成绩突降。于是，我找李小炎初一时的语文老师打听了一下，确实如此。他还善意地提醒我：小炎是个"顺毛驴"，听不得批评话，叛逆性特别强。

了解这些后，我计上心来。我把小炎叫到办公室，他一直低着头不说话。我说："今天我找你来，是想让你写篇作文，内容是你对自己的认知。我想知道你能不能对自己有一个全面的认识，能不能勾画出自己的特点，此外我还想看看你语文的真实水平。"

通过文章我大致了解到，开学初的一次语文课上，李小炎由于听错题目把一道比较简单的问题答错了，遭到了张老师的严厉批评。张老师误以为他上课不认真听讲，于是就接二连三地找他回答问题，而这种过频的"关注"刺激了李小炎的逆反心理，导致师生关系紧张，也使李小炎进入了讨厌语文的恶性循环。

俗话说："解铃还须系铃人。"要解开李小炎的心结，关键要看双方当事人的努力。针对李小炎的情况，我制定了一套名为"心桥三部曲"的"治疗方案"。

第一步，我和张老师进行了沟通，委婉地向她反馈了这一信息，说李小炎这孩子本质不坏，他也想改过自新，就是害怕你仍用老眼光看待他，所以才自暴自弃。张老师表示谅解并表露出合作意愿。

第二步，由我牵线，张老师"心诚辞婉"地找李小炎谈话，肯定他的诸多优点，让他明白老师是和蔼可亲的，对他并无恶意，而且还很关心他。经过交流，双方立下了"君子协定"。这种当事人面对面的沟通，增进了双方了解，老师的笑脸温暖了李小炎的心田，促进了双方的心理认同，化解了心理对立情绪。

第三步，当李小炎在语文课上有了进步后，我建议张老师任命他为语文副课代表，协助课代表工作。这增加了他和张老师接触的机会，增进了师生情谊，也增强了他学好语文的主动性和责任心。现在的李小炎已经重新找回了学好语文的自信心。

[资料来源：徐天海，汪兴梅. 解铃还须系铃人[J]. 班主任，2013(11).]

**问题与思考**

1. 案例中的班主任解开李小炎心结给你带来哪些启示？
2. 情感沟通法的作用是什么？
3. 和学生进行情感沟通有哪些途径？

**分析与评价**

苏霍姆林斯基曾说过，没有一条富有诗意的、感情的和审美的清泉，就不可能有学生的全面的智力发展。情感是认知发生的背景动力，对认知的发生指向起发动和导向的作用；情感还是认知发生的即时动力，对认知的发生、发展起推动和整合的作用。案例中的小炎总与语文老师发生冲突，是他不好好上语文课的直接原因。和语文老师关系紧张，经常发生冲突，心理上的"恨屋及乌"影响了小炎对语文课的兴趣和投入。在了解小炎的心结后，班主任决定让张老师和小炎之间进行情感沟通，班主任先到张老师处为小炎说好话，把小炎的真实情况告诉张老师以消除张老师对小炎的"刻板印象"，让张老师能够愿意合作。然后给张老师和小炎创造面对面沟通和交流的机会，张老师肯定了小炎的诸多优点，消除了两人之间的对立情绪。在小炎取得了进步后，班主任又建议张老师任命他为语文副课代表，这既是对小炎语文成绩进步的肯定，同时也为小炎和张老师接触创造了更多的机会，有利于张老师和小炎进一步建立融洽的师生关系。在整个过程中，班主任老师帮助张老师通过沟通和小炎建立了积极的情感联结，很好地满足了小炎的情感需求，从而帮助小炎重拾学好语文的自信心。

# 案例呈现Ⅶ原理与对策

## 一、情感沟通法的作用

### (一)师生情感沟通有利于建立和谐的师生关系

师生之间进行情感沟通能够帮助师生之间消除误会，加强理解，让师生间建立和谐的师生关系，而和谐的师生关系对于学生的心理健康、人格养成和知识的学习都有积极意义。

### (二)师生情感沟通有利于确立学生的主体地位

在班级管理中，我们要以学生为主体，充分调动和发挥学生的主体性和能动性。但是在班级管理中，学生常常把自己放在被动的从属地位，认为自己应该凡事听从教师的领导和管理。如果班主任在进行班级管理时把自己放在主宰和独裁者的位置，班级的大事小事都由自己进行操控的话，学生就会把自己置身于班级管理之外，对于班级而言只是身份上的隶属，而没有心灵上的归属感，也懒于参加班级的各种活动，更别提发挥自己的主动性和创造性为班级的发展作出贡献了。而班主任和学生进行情感沟通，有利于确立学生的主体地位，能够促使学生把自己当成班级的小主人，发挥自己的主观能动性和创造性为班级发展作出贡献。

### (三)师生情感沟通有利于教师内驱力的产生

班主任在班级管理中应重视积极情感的作用，并利用积极情感促进班级管理。学生从班主任那里得到的重视、关怀、理解和帮助，形成学生对班主任的好感，有的更发展成对班主任的爱戴、尊敬和深层次的认可。班主任因为自己的劳动得到了学生的承认，自己的身心得到了安慰，作为教师的那种深层次的职业满足感和幸福感会使得班主任以更大的热情投入到工作中，从而使班级管理工作开展得井井有条。

## 二、情感沟通的途径

### (一)关爱每一位学生

美国教育家季洛特认为："教师的工作不仅仅是知识的传授，更重要的是处理好复杂的人际关系。作为教师，必须要重视与学生的关系，要能夺得每个学生的心。"而要夺得每个学生的心，教师除了有渊博的学识、高超的教育教学技巧之外，更重要的是热爱学生。班主任是班集体的管理者和组织者，是班集体的核心和灵魂。班主任在进行班级管理时要公正地对待每一位学生，关爱每一位学生，让学生的感受到来自教师的关爱，在此基础上形成对同学和班级的浓厚情感，学生和教师的心灵没有了距离，学生也能"亲其师，信其道"，班级管理工作也更容易开展。

### (二)换位思考

对任何事物的看法，教师和学生之间都不可能完全一致。同理心要求教师能站在学生的立场和角度了解学生的心情，思考问题，也就是从学生的需要和期望来考虑问题而不是主观臆断。如果教师只是一味强调自己的观点，忽视学生的感受，就容易让学生产生逆反心理，学生就会疏远和拒绝教师，甚至反感教师。学生平时最苦恼的就是不被人理解，尤其是不被自己的师长理解。所以教师要设身处地地从学生的角度去观察和分析，了解学生的心情，找出与学生产生不同看法的原因，让学生感到老师是理解自己的。班主任只有用真情去打动学生，学生才愿意向老师吐露心底的秘密，教师才能了解到学生的所想所为，从而获得教育学生的最好契机。当学生在受到挫折感到孤立时，班主任如能及时地表示关心理解，伸出热情之手帮助学生排忧解难，必然会获得意想不到的良好效应，师生之间的情感会更加贴近，学生对班主任提出的教育要求自然会欣然接受。

### (三)严格要求和尊重信任相结合

苏联教育家马卡连柯有一句名言："我的基本原则永远是尽量多地要求一个人，也要尽可能地尊重一个人。"学生的身心不成熟不完善，需要教师严格要求和正确引导。严格要求本身就包含了对学生的信任和尊重，在情感沟通的基础上提出严格要求，在履行要求的过程中培养学生的意志和品格，没有严格的要求就没有教育。对班主任来说只有在尊重学生的基础上严格要求学生，才能获得学生的尊敬，建立起自己的威信。如班级各项规章制度的制定和实施就是对学生严格要求的过程，这些规章制度必须有利于学生身心的健康发展。

在教育方式中，我们主张只能疏导，绝不能压制，尤其是对待犯错误的同学，更要采取学生乐于接受的批评方式，如先表扬后批评、间接提醒、委婉提示、个别谈心等。既要动之以情，又要晓之以理，情中有理、理中有情、情理交融、通情达理，使学生心悦诚服地接受班主任的批评教育。

**案例呈现Ⅷ**

**请妈妈也当一回班主任**

江天宇是高二分科时转到我班的。由于喜欢上网，他的成绩一直没有大的起色。父母对他动不动就动手，导致他与家长的关系紧张、对立。为此，他的妈妈曾经想过放弃。了解到这个情况后，我与江天宇做了数次开诚布公的谈心。原来，江天宇的父母都在经商，经常在外应酬，很少有时间陪伴他，为了排解自己的孤独，江天宇便把自己的兴趣转移到虚拟空间。其实他的内心也很矛盾，知道上网浪费时间、分散精力，但每次回到空荡荡的家里，心中一种孤独感便油然而生，上网成了他缓解孤寂的"良方"。找到了病根，就要对症下药。"药方"就是转变他父母的教育观念。

期中考试之后我诚挚地邀请江妈妈来当一天班主任，她欣然同意了。星期一早上江妈妈开始应接不暇地处理各种班务，在批阅班级周记时，一篇篇发自内心的文章很快吸引了江妈妈。"没想到现在的孩子们思想那么丰富"，江妈妈边看边发出感慨。当看到江天宇的周记时，江妈妈顿住了，原来江天宇在周记里倾诉了自己的孤独与内心的矛盾挣扎，"总以为孩子只要给他吃好穿好就行了，太忽略他的感受了。"江妈妈连连自责。下午班主任工作的重头戏是参加了"做最好的自己，做最优的集体"主题班会课。江妈妈感受到了学生的学习压力和他们积极进取的精神。

班会后，江妈妈表达了自己要主动陪天宇度过高中学习生涯的愿望。过了几天，我接到了江妈妈的电话，电话那头，她高兴地告诉我，天宇主动开口和自己说话了，她现在每晚都会来到学校门口陪着天宇一起回家。我建议江妈妈趁热打铁把工作做得更细致一些，比如，周末的时候陪着天宇一起制订学习计划，陪他出去转一转、减减压，听听他的心里话，逐渐转移他对网络的依赖等。经过一段时间的努力，江天宇与家长之间的关系渐渐恢复正常，而他的家长则保证每天有一个人在家陪伴孩子，周末尽量谢绝应酬。功夫不负有心人，在以后的时间里，江天宇在学习上的劲头越来越足，并且向我和家人立了军令状：期末考试一定不让自己后悔！

[资料来源：王良胜. 请妈妈也当一回班主任[J]. 班主任之友(中学版)，2013(10).]

**问题与思考**

1. 讨论家长在班级管理中的地位和作用。
2. 如何对待喜欢上网的学生？
3. 如何与家长进行交流合作？

**分析与评价**

苏联教育家苏霍姆林斯基在《帕夫雷什中学》中提道："孩子只有在这样的条件下才能实现和谐的全面发展，就是两个教育者，即学校和家庭，不仅要一致行动，要向孩子提出同样的要求，而且要志同道合，抱着一致的信念，始终从同一原则出发，无论在教育的目的、过程还是手段上，都不要发生分歧。"为了学生的发展，家庭教育与学校教育必须联合起来，形成一股强大的教育力量，切实地为学生的发展奠定坚实的基础。在本案例中，江天宇同学喜欢上网的主要原因是为了排遣在家的孤独感，而这种孤独感主要是由于父母没有时间陪伴他造成的。要改变江天宇，只能转变父母的教育观念。班主任老师没有直接找江妈妈谈话，而是诚挚邀请江妈妈来当一天班主任。通过当班主任，江妈妈感受到了高中生的学习压力和学生们积极进取的精神，而且也转变了自己的观念，提出要主动陪天宇度过高中生涯。由此，班主任希望家长能够多陪伴孩子的目的达到了，而且也帮助父母改善了亲子关系。在此基础上，班主任又建议江妈妈趁热打铁把工作做得更细致一些，尽量多陪孩子，多关怀孩子。在父母的努力下，江天宇和父母的关系逐渐恢复正常，学习兴趣也越来越浓了。家庭和班主任联合教育取得了积极的效果。

# 案例呈现Ⅷ 原理与对策

家校合作的意义、途径与方法.mp4

## 一、家校合作的意义

### (一)有利于学生的健康成长

家校合作让家庭教育与学校教育形成合力，互相配合，针对每个孩子的实际情况去引导孩子，给予孩子更多的关心，让孩子充分享受到来自学校和家庭的关爱，享受到教育带给他们的快乐。

在家里，孩子一般都是家中的宝贝，家长们对他们百般宠爱，什么事情都想替孩子做好，可是这对于培养孩子良好的行为习惯并没有好处。学校教育除了传授科学文化知识以外，最重要的是从小培养学生良好的行为习惯。养成习惯是一项长时间的复杂的工程，学生时代的孩子大部分都是在家和学校这两个场所，这就需要家长与学校相互配合，需要学校与家长对学生的要求一致、目标一致，长时间地去培养学生，才能有效地帮助学生形成良好的行为习惯。

从心理学角度来说，青少年正处于身体飞速成长的阶段，也逐渐开始认识自我，重视自我。当学生意识到自身，将自己与他人进行对比时，就是学生开始社会化的过程，这时，教师与家长就有责任和义务正确引导学生在身体和心理上的健康发展。家校合作正是教育学生的良好桥梁。双方互相交流信息，为正确培养孩子寻求最合适的道路、方法；互相学习，互相提升自己，为教育孩子打下坚实的基础。帮助孩子认识自我，如何对自己作正确评价等方面的问题，做好有利于学生社会化的家校合作。

### (二)有利于提高家长的教育水平

在家庭中，家长都希望孩子能好好学习，考出好成绩，家长对待子女都是"望子成龙、望女成凤"的态度，但是往往因对子女过分宠爱，而违背了儿童的身心发展规律。家校合作的建立促使家长到学校去学习先进的教育方法，通过与其他家长沟通交流学习到好的教育子女的经验，更新家庭教育观念，提高教育素养。

对家长来说，家校合作使他们有机会也有时间参与到学校教育中来，参与到孩子每天的学习生活中来，能深刻地体会到孩子学习的不容易，能更加关注孩子，不仅关注他的衣食住行，更关心他对知识的掌握情况、与小伙伴的交往情况等。家长还能通过学校举办的活动与孩子进行深入的沟通，提升孩子在家长心目中的地位。而对学生来说，他们看到了父母的关心，也看到了父母的不容易，能体谅父母、理解父母。和谐的家校合作关系增进了父母与子女之间的感情，有利于亲子交流。

### (三)有利于优化学校教育环境

每个学校都有自己的办学理念，都会按照国家的教育要求严格办学，但是有时学校会与社会脱轨。家校合作能促使家长参与到学校管理中来，将社会上对学校教育的一些建议带到学校，为学校的不断完善起到了监督作用，同时也促进了家长、促进了社会成员对社会环境改善的主动性。有效的家校合作可以使学校利用家长这一丰富有力的资源，使家庭教育和学校教育形成有效合力，形成和谐的教育氛围和环境，为学生提供更好的教育服务。

## 二、家校合作的途径与方法

### (一) 成立家校合作委员会

成立家校合作委员会，是为了让家庭、学校、社会各教育主体形成教育合力，在具体建设上有一些基本的要求：从参与主体来看，家校合作委员会要体现合作与共育，必须有家庭、学校、社会的代表参与，这样才能真正全面地反映各方的利益诉求，全面改进各方工作，建立良好的家校合作共育生态环境；从领导构架来看，学校领导和教师不得担任家校合作委员会的主要负责人，家校合作委员会领导需要由三方推选的代表协商选举产生。建议由父母或者社会中热心教育、有号召力、乐于奉献的人士担任；在大规模的学校，家校合作委员会应分班级、年级、学校三个层次，以建立学校纵向不同层级的家委会体系。

### (二)开展丰富多彩的家长会

家长会不能演变成向家长们通报学生在校学习成绩的会议，家长会可以升级为家长交流会，让家长们成为交流会的主体，互相交流学生的状况、处理一些问题的方法，教师也可以以家长的身份参与其中，利用自己的知识经验提出一些有建设性的教育方法。教师们也可以向家长们介绍一些学习的方法以及对学生进行心理健康教育和道德教育的方法，使家长会变成教育交流探讨会。同时在家长会中也可以请家长对学校及班级的教育教学及班级管理提出建议、意见，促使班级管理更科学化。

### (三)举办家长讲座

学校定期邀请专家或教师给家长们上课，可以根据学生心理发展的特点，有针对性地对不同年龄阶段学生的家长进行"学生心理健康辅导"的相关讲座。针对"如何树立孩子的自信心""如何挖掘学生的潜能""如何培养学生良好的思想道德品质"等方面进行专门的讲座。家长其实是喜欢与学校打交道的，每个家长都希望子女能长大成才，因此充分利用好家长讲座是提高家校合作效能的重要手段。

### (四)畅通多种形式的沟通渠道

家庭和学校之间坦率而又真诚的交流，充分而又对称的信息分享，经常性的联系，是良好的家校合作关系的基础。

#### 1. 家校互访

家校互访，就是家校双方深入彼此的教育现场，包括家访与校访两种形式。家访的目的是在全面了解学生的生活环境的同时，让家长了解孩子在校的各方面表现，从而得到家长的支持与配合，更有效地帮助学生成长。教师家访应最好事先与学生的父母约定，提前准备好家访内容，做好充分的有目的的家访。教师应该多学习一些家访的交流艺术、方法等，做到不打扰家庭而解决实际问题。在家访中，要注意不要把家访变成"告状"，且要对于学生家庭和父母的相关情况注意保密。校访，主要通过学校开放日进行。在开放日或者父母约定的时间，让学生的父母走进校园，深入学校教育现场。父母可以在开放日中随时随地推开任何一间教室的大门，到每一间教室里去观察学校生活的细节，到食堂、图书馆等场所直观地了解教师与孩子教学与生活的方方面面。这也是学校向家长展示学校良好的管理模式、优秀的教学水平的一个机会。家校互访增进了彼此的了解和信任，为其他工作的顺利开展奠定了坚实的基础。在具体操作中，还可以与其他家校共育活动相结合，以期取得更好的效果。

## 2. 通过读物进行交流

学校可以精心策划、用心编写、精致印刷《家校合作指导手册》《家校通讯》以及校刊校报、年鉴年报各种读物，既可以对学生父母进行家庭教育指导，又可以促进家校沟通。而班主任也可以通过班级周记、便签、喜报等形式向家长汇报学生的情况。

## 3. 运用在线聊天软件进行沟通

班主任可运用在线聊天工具如 QQ、飞信、微信、钉钉等建立群聊，随时随地与家长进行沟通，将学校的作息、放假信息、举办的一些活动、计划等及时通知家长；也可以在群上将班级各方面的情况汇报给家长，家长可以随时了解学生在校的表现、班级开展的活动等；家长还可以在群里进行经验交流或者提出一些建议进行讨论。这些交流工具都可以更快捷、更省时地传达信息，更加有助于家校交流合作。这四种工具出现的先后顺序是 QQ、飞信(已升级至和飞信)、微信(WeChat)和钉钉(Ding Talk)。这些群聊工具虽然交流很方便，但是容易造成信息刷屏、没有时间边界、信息不可控、产生舆情风险等问题。另外，家校沟通的内容也更广泛，传统的沟通内容如作业布置、学校通知等已经无法满足家长的需求，上海市中小学所使用的"晓黑板"丰富了家校沟通的内容，同时使老师成为家校沟通的引导者和主导者，大幅地提高了工作效率和效果。

# 体 验 练 习

1. 下面案例中的班主任不安排座位的做法体现了班级管理的什么原则？请评价这一做法。

任班主任多年，已经无法描述我对有些班级安排学生座位的做法的厌恶之情了。区区一个教室的座位，成了评价、约束学生的 "有力的武器"。根据考试成绩排座位几乎成了约定俗成的办法，对学生座位的横加干涉已经顺理成章。于是，当报名结束，下午学生要来教室的时候，我就在想，孩子们的座位应该怎么安排，这个问题困扰了我很久，中午吃饭的时候都没有理出个头绪。直到我和孩子们一起来到教室门前，在打开门的一刹那，我终于决定了：不安排就是最好的安排！

门开了，孩子们问我："老师，座位怎么安排？"

我说："自己进去，选最喜欢的位子，随便坐！"

孩子们诧异地看了我一眼，还是鱼贯而入，很快地坐在了座位上。我们新的学习生活就这样开始了。

一个多月之后的一次班会课上，我才告诉学生："班集体是我们自己的，座位也是我们自己的。我从来没有将座位作为惩罚或者表扬学生的手段的习惯，因为在这个教室里，我们每个人都是平等的，座位没有尊卑之别，正如人没有高低之分。在我的班里面，如果谁想调换座位，一般是通过你们自己协商的途径，我不会对你们调座位横加干涉。但是，我也希望每位同学明白，座位对大家的学习是有影响的，我相信大家能作出正确的选择。"

　　Sally 因为家里的事情，开学一个月之后才到学校，座位安排在最后一排。有一天她告诉我：想调到前面坐。我告诉她，如果有同学愿意和她调换，她就可以坐到前面。几天后，她说不好意思去问同学。我说我也不能对别人的座位加以干涉，但是我有一个折中的办法：把桌子移到前排的走廊上，因为每周我们都要调换组与组的座位，那么下周就会是别的同学坐那里了，相信大家都会理解的。她照办了，于是，在走廊上就有了一个特殊的位子。几天以后，另一位男同学找到我，说要调换座位，我问他原因，他说在原来的座位上老是管不住自己，想和旁边的同学说话。我说："你找到愿意和你调换的同学了吗？"他说找到了。我告诉他，"这说明你已经有了控制自己的能力，恭喜你！我同意你的请求！"

　　（资料来源：陆海富. 班主任班级管理的艺术[M]. 哈尔滨：北方文艺出版社，2010.）

　　2. 请你结合下面案例写出三条处理此事的对策，并在班上进行交流。

　　一天中午，班主任刚来到办公室，数学老师就告诉班主任，小明撕下了别人作业本上的作业，并把它贴到自己的作业本上。听到这些，班主任心中充满了愤怒，一个好学生竟然"偷窃"别人的作业，真是太令人失望了。该怎么办呢？

## 补 充 读 物

　　1. 谌启标，王晞. 班级管理与班主任工作[M]. 福州：福建教育出版社，2015.

　　本书的内容主要有：班级组织的认识与管理、班级文化的营造与管理、班集体的建设与管理、班干部的选择与培养、班级活动的设计与组织、班级组织的问题与管理、班主任工作研究、班级管理的效能与评价、班主任的专业发展。

　　2. 邱淑慧. 班级管理与班主任工作技能[M]. 广州：暨南大学出版社，2011.

　　本书内容主要有班主任的理念更新、班主任岗位职责、班主任专业化、班主任的法制意识与以法治班、学生自治班干部的选拔培养等。

　　3. 李明敏，李渭侠. 班级管理原理与方法[M]. 北京：中国社会科学出版社，2017.

　　本书内容主要包括班级目标管理、制度管理、学习管理、活动管理、日常管理的系列、班级管理新课题、班主任与班级管理等。

班级管理的"管"是一种技术，而"理"是一种艺术，需要用心去琢磨，只有当你用心去把它做成一件艺术品时，才能化琐碎为简易，化麻烦为调理，才有工作的成就感、愉悦感。

——刘巍

# 第四章 班级组织建设

案例呈现 |

## 巧用合并同类项，提升班级管理效力

最近班级要处理的事情比较多，我心里有点急，但又苦于没有好的解决方法，只能搁置着，等待时机出现。

第一件事是帮助新任班委树立威信。我打算亲自任命一位值日班长，但是如果我没有为新任值日班长做好铺垫，他肯定会受到全班的质疑甚至反对，因为这是一位比较特殊的班委。论成绩，他全班倒数第一，光这一点估计全班就要议论不休了。论习惯，七年级以来，他没少惹事，作业拖拉或不写、迟到、打架、抽烟……罄竹难书。我几乎和他"斗争"了两年多，效果都不理想。所以我想换一种方式教育他，希望借助班委的光环与责任，约束他散漫不拘的习惯，唤醒他的上进心，撬动他成长的自觉性。

第二件事比较紧急，不能拖久。一年一度的运动会我们的班委正在发动全班同学积极参与。由于是最后一届，大家参与的积极性空前高涨，纷纷报名参赛。我自然是开心的，放手的同时对筹备组提了一个要求：确保有实力的同学参赛，为班级夺取好成绩。还没等我开心几天，负责人来找我了，说某女生要罢赛接力，原因是筹备组没有尊重她的意愿，强行去掉了她喜欢的项目。我有印象，上一届运动会这个女生就执意要参加自己报名的项目。

第三件事是挖掘班级红十字角的教育意义。我们班后面设立了一个班级红十字角，主要是为全班同学提供日常常用药品。这个红十字角意义重大，既为班级健康保驾护航，又能提升班级的归属感。但我发现时间久了，大家对此习以为常了，不再那么在意药品来之不易，甚至还有个别学生浪费药品的行为。没有了教育意义，就没有存在的必要性了。撤掉班级红十字角？

最后一件事是如何继续挖掘班级废纸回收活动的教育意义。变卖废纸筹集班费是我们班的传统项目，既培养了学生的实践动手能力、提升了学生的环保意识，也培养了学生的吃苦奉献精神、理财意识和感恩意识。但随着时间的推移，参与这项活动的人员越来越少了，最近几次整理废纸甚至只有几个负责人在行动，对班费的支出倒是抠门了。如此下去，其教育意义显然非常有限。我该如何引导学生重新回到废纸回收活动中去呢？我又该如何引导班级感恩身边默默付出的同学和两年来对班级废纸回收一贯支持的老师呢？

我把上面的问题整理了一下。帮助新班委树立威信，需要班级有足够的团结能量，要有不放弃不抛弃任何一个成员的集体观念；运动会报名风波，暴露了一些学生的集体意识不够强，遇到问题依旧比较自我；红十字角的教育意义关键也在于唤醒学生的集体意识，体会集体的温暖才能获得真正的归属感；变卖废纸筹集班费活动的意义同样需要提升班级的集体意识，才能发动更多人参与、感恩身边的人。

经过梳理，我发现所有的问题都指向了一点——集体意识。射人先射马，擒贼先擒王。既然是同类型的问题，何不合并同类项，集中力量集中突破，提升教育效力？如果我能从问题的根源入手，把班级的集体意识在原有的基础上再提升一个层次，把班级拧成一股绳，大家心往一处想力往一处使，这些问题不都迎刃而解了吗？

恰巧，我任命新值日班长那天，体育课后一位女生在回教室途中抽筋、腹痛、冒冷汗。情况紧急，来不及寻找老师帮助，同学们立马启动应对措施。他们兵分两队，一队将该女生背送医务室，另一队分头找老师反映情况。这就是集体意识，就是班级心，就是我要的教育契机。首先，我利用家校通短信平台和班级任课老师群，把学生的出彩表现传递出去，扩散班级正能量。不出所料，中午学生回家后都被父母问及此事，下午上课前也有任课老师表扬了全班，他们心中自豪，增强了对班级的认同感。然后，我外出采购回红十字角所缺药品，以备后用。

万事俱备，只欠一堂班会。当晚，新任值日班长上台总结了班级一天的表现。不出所料，新班委一上台，就有不少学生在偷笑，似乎在等他出丑。出乎意料的是，他总结得很棒，声音虽然不响亮，但语言表达有条理，陈述完事实后还高度表扬了白天大家对突发事件的处理。显然，这个汇报是经过了精心准备的，汇报结束全班掌声雷鸣。

掌声不仅表明他已赢得了大家的认可，还表明班级的荣誉感和凝聚力提升了。我接过值日班长的话："我们班的温暖不仅仅在今天，更在时时刻刻。"说着就把白天采购的一大包药品拎上讲台，全班惊讶。"这是我们新补充的药品，为我们班的健康保驾护航。"我故意不断地强调班级名称，为强化班级意识慢慢作铺垫。

"我们班的这些药品的购买经费是从何而来呢？"我特意提问。我们从不收班费，都是靠回收废纸筹集。这一问，大家很快关注到了废纸回收一事。"回收废纸得来的。""从老师办公室得来的。""班级财务委员会辛苦劳动换来的。""全班同学平时垃圾分类收集回来的。"大家纷纷发言，快要被班级遗忘的废纸回收活动很自然地再次回到了大家关注的焦点中。我继续引导："是的，班里总有那么一群人在默默地奉献自己的力量，就像废纸回收，就像运动会前踊跃报名、刻苦训练，就像今天同学有难时大家积极援助。这就是我们班，一个有担当、有力量、有温度的班级。"全班再次响起了掌声，一张张纯洁的脸上乐开了花。这掌声既是一次唤醒，也是一次提升，班心再次会聚。

"大家的掌声很响亮,但我想此时我们应该冷静,冷静想想,我们都珍惜来之不易的药品吗?有存在浪费的行为吗?"此话一出,全班立马安静。"相信今后大家会更加珍惜我们来之不易的药品,对吧?"我认为,此刻的安静与低头,正是醒悟与改变的开始。于是我主动为全班搭了一个台阶下,打破了安静。"如果你认为今后自己能做到珍惜班级的劳动成果,请你用掌声告诉我。"掌声再次响起。"你们的掌声告诉了我,此时我们应该想起那群我们应该感激的人。"大家的目光落在了回收废纸的同学身上。这些目光里有荣誉、有责任、有肯定、有感谢。"但还有一群人也应该被我们想起。"我卖了一个关子,全班疑惑,是哪些人呢?"饮水当思源,我们的废纸来源于哪儿?""哦——"大家恍然大悟,因为我们班的废纸有一大半来自年段办公室。顺着顿开的思维,我继续引导:"我们的老师只是默默地支持我们的废纸回收吗?"答案不言而喻。"为了我们的成长,他们一直在默默付出,你们发现了吗?"我鼓励他们把那些被忽略的付出说出来,班级酝酿着对老师的感动。"既然我们发现了这些付出,是不是也应该有所回应,做一个有温度的学生呢?"我把感恩这个话题抛出来了,顺势把行动权交还给学生,让班委组织策划感恩活动。

不负众望,事后全班捐赠了一个暖水瓶给年段并招募了志愿者承担每日的开水供应服务,化感恩为行动。班会结束后,回办公室途中一个声音把我叫住了。是她,闹性子说接力要罢跑的女生。"陈老师,我还能为班级跑接力吗?"看样子她意识到了自己的任性,决心为班级承担一份责任。太好了,不再需要我单独找她开导了。至此,一连串的班级问题,在这节班会之后,势如破竹般地被解决了。效果出乎我意料。看样子把看似复杂的事情通过归类整合,可以达到化繁为简的效果,为汇集教育的力量创造条件,最后集中发力突破班级管理难点。此次我对班级系列问题的处理,之所以能取得不错的效果,正是化用了合并同类项的做法,把繁杂的班级问题整合为单一的集体意识,让我得以将有限的教育力量能集中发力,大大提升了教育的效力。

[资料来源:陈俊. 巧用合并同类项,提升班级管理效力[J]. 班主任之友(中学版),2019(10): 14~15.]

**问题与思考**

1. 老师管理班级时遇到了哪些难题?
2. 班级组织建设的过程一般要经历哪几个时期?
3. 通过老师对这个班级的组织建设,你有什么感想?

**分析与评价**

本案例中,老师在班级管理中,面临班委会权威维护、运动会动员和红十字角关停三个难题。面对这些问题,老师的压力很大,但是他没有灰心,而是积极反思,梳理问题,找到了问题核心——集体意识的缺失。面对问题,老师保持着冷静的心态,这是值得表扬的。在认真梳理了问题后,老师巧妙地采用合并同类项的方式,抓住契机,找到破解问题的关键。

针对班级凝聚力不强，集体意识弱化的问题，老师召开主题班会，顺利地完成班级组织的建设目标。首先，他通过班干部精心汇报工作，对班级干部进行了思想教育，提升了班委会的信誉度和凝聚力，让他们意识到自己也是班级的小主人，班级的组织建设不是光靠班主任一个人，他们也负有责任和义务。通过老师的教诲，班干部的思想意识、管理能力、协作能力都得到了锻炼和提高，班干部的改变也带动了其他学生的变化。当全班学生都意识到自己要为班级组织建设奉献力量时，老师顺势提出了班级的共同奋斗目标，目的是增强学生的凝聚力和团结协作精神。其次，班主任从班级红十字角开始，以奉献为切入点，激发学生的奉献精神，唤醒大家的集体意识，使责任共担成为班级全体成员的共识。

通过班主任的努力，学生的群体凝聚力有了明显提高，班干部在整个过程中带头和示范作用日益突显。在班委会成员的带领下，班里越来越多的人受到影响，不仅愿意听从班干部的领导，而且也以他们为榜样，大家共同努力，班级组织建设取得了很好的成效。

# 案例呈现丨原理与对策

班级组织建设的一般过程.mp4

## 一、班级组织的结构类型

由于受多种因素的作用和影响，班级组织在发展变化中往往会形成不同的类型。常见的类型有以下几种。

### (一)散漫型班级组织

班级没有明确的奋斗目标，缺少核心；班干部无威信，没有号召力；学生不能自觉遵守纪律和规章制度，集体活动不容易组织起来。其原因往往是班主任缺乏工作经验。

### (二)集团型班级组织

班级内出现非正式小群体并扩大形成若干小团体。在班级工作和活动中，小团体内部不团结造成班级混乱。班干部或多或少地卷入小团体中，不能发挥班干部的作用。班主任工作方法不当，处理问题不能从全局考虑，使得班级工作难以开展。

### (三)中间型班级组织

班级不能稳定发展，时好时坏。班主任不善于组织，往往事倍功半，班级组织总是处于中等水平。

### (四)集体型班级组织

这是班级发展的最好类型，是班级组织发展到最高阶段的表现形式。

## 二、班级组织的功能

班级是一种社会组织，是由班主任、学生和教师共同组成的群体，它作为管理、教育和学生学习生活的基本组织，主要有以下三点功能。

### (一)管理功能

对于班级外部管理来说，学校各种管理制度的落实和执行都要通过班级组织来进行；而对于班级内部管理来说，主要体现在学生的自我管理，由班干部组织活动，并在同学的配合下顺利进行。

### (二)社会化功能

班级是一个"小社会"，学生可以通过在班级的学习、活动和交往来促进自身的社会化。同时，在班级组织中，班主任也会向学生传递社会价值，指导学生的生活目标，使学生从一个自然有机体发展成为一个社会成员，让学生慢慢掌握各种社会价值观、社会规范和社会技能，培养社会角色意识，使其慢慢地融入社会现实生活中。

### (三)个性化功能

作为由不同个体构成的群体，班级还可以促进学生的个性化。这就需要班主任按照学生身心发展的顺序性、阶段性和差异性来培养学生，使学生的不同个性在集体生活中得到彰显，学生的各种需求得到满足，良好的个性特征得到尊重和发挥。

## 三、班级组织建设的一般过程

### (一)班级松散群体阶段

这个时期是初始时期。班级里的几十个学生坐在一起，班主任每天按课表上课并进行一些活动。学生的家庭背景、身心发展特点、性格特点、兴趣爱好都是不同的，在新的环境中，教师与学生、学生与学生之间都是陌生的，他们彼此不了解，都是独立的个体。班级还没有确立共同的奋斗方向，班级学生像一盘散沙，没有组织和纪律，只能靠班主任一人维持，学生基本处于被管理的状态。这个时期，班级日常活动开展得十分被动，对于学生来说，班集体对他们没有任何吸引力，是个松散的群体。班主任在该时期起主导作用。

这时班主任就要抓紧时间全面了解学生，可以让每个学生自我介绍，从而了解他们的语言表达能力和兴趣爱好，组织活动，为学生的交流提供平台，促进学生相互了解，逐步增强班集体的吸引力，为下一步工作打好基础。

## (二)班级组织初步形成时期

这个时期,在班主任的领导下,建立正式的班委会成,由于经过一段时间的接触后,对临时班干部有一定的了解,不能胜任工作的学生被其他同学取代。学生与学生之间开始相互熟悉,产生感情,各种人际关系初步形成,开始出现分散的伙伴群,他们有了共同的语言和思想。学生也能够帮助教师开展各项工作,班级奋斗目标得以明确,班级凝聚力较前一阶段有所增强,正能量正在形成。

在这个时期,班级的奋斗目标与行为规范并没有使学生发自内心地接受,教育要求仍是外因在起主要作用。班主任应加强对班干部能力的培养,多与其沟通,可以适当地开展活动,在班主任的指导下进行,使他们逐渐在维护班级利益的过程中体会自身责任,争取作标杆。同时,班主任要继续发现班里的积极分子,帮助班干部把这些人团结到班委会周围,以扩大班级的骨干力量。通过各种活动,提升班委会成员的威信,使其成为班主任的得力助手。班集体的形象初步形成。

## (三)形成稳定班级组织时期

这个时期,良好的班级纪律、舆论和班风已经形成,班集体的核心和骨干力量也能充分地发挥各自的能动作用,班级的日常管理工作和各项活动的开展可以自行安排,有不懂的地方可以向班主任请教,这时班主任处于基本放手状态。班集体成员也有了较强的凝聚力,不论是参加班级内部活动还是参加学校组织的活动,都能团结在一起,这时班集体已经形成了一个整体,而不再是松散的群体。

## (四)班级组织成熟时期

这个时期,班级纪律、集体的奋斗目标、班级组织机构、班级舆论和班风都达到了一定的高度,班主任也要以集体主义为导向,开始着力发展集体成员的主体性,形成集体积极的价值共识和追求。这时的集体具有自主管理、自我教育、自己解决集体问题的意识和能力。班级的核心力量也得到了最大范围的扩大,大多数学生都成了建设班集体的积极分子,小主人翁意识也在逐渐增强。此时,班级组织建设达到了最佳状态。

案例呈现Ⅱ

### 一堂找回自信的班会课

高三,第三次月考后,几个后进生开始在课堂上睡觉,部分学生的学习积极性下降了。这样的事在高一高二都很少见,真让我百思不得其解。能考上一中的学生,每个人曾经都是初中班上的佼佼者,是全县最优秀的学生,现在却失去了自信,放弃了努力。通过找学生谈话得知,经过三个月的奋斗,个别学生自觉基础太差,无力挽回,选择了放弃;一些学生经过努力拼搏后收效并不明显,或成绩好不容易进步后又出现反弹,失去了信心。怎样帮助孩子们找回自信呢?一个关于"找回自信"的主题教育计划诞生了。

在学生不知情的情况下，通过班级家长群，我搜集了见证每个学生成长点滴的生活照和他们曾经的获奖资料照片，并将这些照片配以恰当的文字，做成PPT美篇，将通过主题班会的形式呈现给全班学生，给孩子们一个惊喜，并希望，孩子们通过观看学龄前、小学、初中、高一等不同阶段的生活照，见证了自己成功的获奖照片或者参加各种文体活动的资料等，明白不管现在成绩如何，在曾经的某个时候，自己都是那么可爱，那么阳光，那么优秀。通过重温曾经的成功与美好，唤醒心中的自信和对美好未来的追求，找回学习的动力，实现自己的人生梦想。

学生小丁的成绩目前是班级最后一名，比较懒散，学习积极性不高，基本放弃了努力，并且在课堂上有睡觉行为。我想当他看到自己在小学阶段曾多次获奖，在六年级时两次被评为"三好学生"；当他看到童年生活照中那个可爱阳光的男孩，一张是学校足球队的合影，笑容那么灿烂、那么自信，一张是坐在电动车上，双手握着方向盘，目光坚定，遥望远方，他一定会非常激动。我在图片旁写道："人生的命运掌握在自己手里，就像这手里的方向盘，我一定会好好把握自己，找到我前进的方向。"学生小涛，努力学习一个月成绩就会接近二本线，自我放纵一个月成绩就会一落千丈，倒退两三百个名次。经常如此反复，在高三这样的关键时刻，他慢慢地失去了前进的动力。家长发来的照片是，贴满了家里半面墙的小涛从小学到初中的奖状。我在他的初中阶段数学考试三次满分奖状照片旁写道："如此辉煌的成绩代表了你曾经的实力，不要忘记自己的优秀。"女生小忆曾是全年级前100名，品学兼优，乖巧可爱。但是从高二开始，她迷上了王者荣耀，成绩也直线下降，连续三次退步后，已从全年级前100名退到500名左右，现已失去信心。通过家长我了解到，孩子曾经是他们夫妻俩的骄傲，从小到大都很听话，成绩总是名列前茅，夫妻两人在孩子身上也花了很多心思，除了给孩子报兴趣班外，还经常找人给她辅导功课。另外，他们还把孩子的成长点滴做成了《成长记录册》。屏幕上出现小忆童年时的照片时，我在旁边配了文字："猜猜这位漂亮的小公主是谁呢？"学生们开始议论纷纷，当看到照片中她的奖状层层叠叠以扇子的形状摆了满满一桌子时，教室里响起了雷鸣般的掌声，我在她的照片旁又写道："过去的路，是由奖状铺出来的，我也一定会用奖状铺出通往未来的路，请大家作证，一起加油，谢谢！"

开主题班会那天，当学生看到自己儿时的照片和那些记录了自己成长点滴的照片资料出现在电子白板屏幕上时，每个人都惊呆了！他们已经好久没有看过自己小时候的模样了，忘记了自己是如何一点一点长大的，忘记了父母抚养他们所付出的艰辛和努力，也忘记了自己曾经的努力与优秀。这期间或笑声不断，或掌声雷动，或感动沉默。有些学生虽然没有奖状照片，但记录了他们成长的镜头总有一些让人感动，让他们振奋，让他们重新树立信心，勇往直前。最后我总结说："我们从呱呱坠地到长大成人，在这十多年的成长历程中，心中曾萌生过很多美丽的梦想。为此，我们已经奋斗了十二年，这十二个春夏秋冬，我们伴着星星上路，看着月亮回家，迎着寒风，冒着雨雪，怀揣梦想，从未退却。十年磨一剑，六月试锋芒。剑已出鞘，我们必须紧握拳头，奋勇向前！"主题班会结束后，我看到孩子们脸上洋溢着久违的阳光和灿烂的笑容。

(资料来源：李文俊，姚攀峰. 一堂找回自信的班会课[J]. 班主任之友(中学版)，2019(3): 18.)

**问题与思考**

1. 分析案例中老师的成功之处。
2. 确立班级组织建设的目标时应该注意哪些方面？
3. 如果你是该老师，你会如何制定班级组织建设目标？

**分析与评价**

本案例中，老师发现班级学生学习积极性下降，班级风气在逐渐改变后，提出了重建班级信心的目标。当这个目标确定后，老师集聚家长之力，召开了一场别开生面的班会。在班会上，通过几个具有代表性学生个人经历的回顾，让大家明白，他们曾经辉煌过，都曾经在开满鲜花的路上走过。每个人都有能力重塑辉煌。通过班会，班主任成功地引导学生实现了恢复自信的目标，使全班同学都能朝着既定的方向前进。老师为学生量身定制的班级目标既解决了学生现实学习需要，又体现教师管理的智慧。

# 案例呈现 II 原理与对策

确立班级组织目标应遵循的原则.mp4

## 一、班级组织目标的含义

班级组织目标是指通过班级组织建设所要达到的预期行为结果，它是班级组织建设的第一要素。班级组织目标建设的目的在于使班级的每个成员在认识、情感、意志和行动上同集体的要求相统一，并将这种要求逐步内化为自身的精神需要，借此提高学生素质，让集体中每个成员的个性获得充分的发展。

## 二、确立班级组织目标的方法

班级组织目标的确立，在班级组织建设的过程中起着至关重要的作用。

如果班主任接手一个新组建的班级，那么就要通过各种方式去充分地了解学生和整个班级，把握了基本情况之后，再为班级提出一个长期的目标。在接下来的学习和生活中，班主任就要引导学生，激起他们对确立这样长期目标的好奇心，要让学生知道，为什么确定这样的目标，怎样才能实现这样的目标，在实现这个目标的时候学生们应该怎么做，增强学生对目标的认同度，从而可以按照目标要求做事。

当这个班级有一定的建设基础时，班主任可以让学生参与到班级组织目标的制定过程中，听听他们的建议，以便制定的目标更适合这个班级的特点和学生的实际情况，同时，也可以激发学生的主体能动性，让他们意识到自己也是班级的"小主人"，有权利和义务去制定和履行班级目标，以保证班级组织目标的顺利实现。

## 三、确定班级组织目标应该遵循的原则

一个班集体只有明确了集体的奋斗目标，才能实现班集体的激励效应，形成强大的班级凝聚力。那么，制定班级建设目标应该遵循哪些原则呢？

### (一)符合实际的原则

班级目标的确立必须建立在实事求是的基础上，不仅符合班级的实际和学生的身心发展特点，也要符合社会和学校的要求，只有这样，通过学生的努力才会有实现的可能性。当然也要提出适中的班级目标，如果目标过低，学生很容易实现的话，会使学生产生自满心理；如果目标过高，学生再怎么努力都实现不了，会使学生产生自卑心理，认为自己的水平太差。所以，班级目标的确立要符合实际。

### (二)方向性原则

班级组织目标的制定是班主任在符合社会、学校、学生发展的基础上提出的，是全体学生共同努力的方向，是全班统一认识和行动的纲领。它不仅反映了社会和学校的要求，同时也符合学生的身心发展水平。因此，班主任一定要把握班级组织目标的方向性。

### (三)激励性原则

班级目标的制定要在一定程度上有明确的号召力，并要成为激励学生为之奋斗的动员令，更要能够激发学生遵守目标的动力。只有形象、生动、具体的目标，才会吸引学生的注意力，激发学生热爱学校、班级、同学的热情。对班级目标具有一种隐形的牵引力，鼓舞大家为达到预定的组织目标不断前进。

### (四)渐进性原则

班主任在制定班级组织目标时切忌过大。如果目标遥不可及，会使学生灰心丧气，没有追求。因此，在不同的阶段班主任要提出不同的目标，可以把目标分为近期目标、中期目标和长期目标。近期目标是依据中、长期目标而设计的，它要符合本班学生的实际情况；长期目标是班级成员通过一定时期的努力学习才能达到的目标，对学生来说是质的飞跃；中期目标介于二者之间，是通过近期目标的不断达成而逐渐实现的，是二者的桥梁，当多个中期目标达到后长期目标才会实现。班级组织目标的实现是一个前后衔接、循序渐进、不断提高的过程。

## 四、制定班级组织目标的策略

班级组织目标的制定，既要考虑社会发展的要求，也要考虑学校的具体培养目标和班级的实际情况，同时，还要防止把重点放在单纯追求升学率上。

### (一)符合学生身心发展的特点

学生个体的成长有其自身的发展规律，不同阶段学生的身心发展特点是不同的。因此，班主任在制定班集体建设目标时，一定要深入了解学生，认真研究学生的具体情况，遵循学生身心发展的顺序性、阶段性和差异性等特点。

### (二)符合本班级的特点

在制定班级组织目标之前，作为班主任要深入调查本班级的特点，不可盲目制定目标，只有了解本班的主要问题后，才能制定班级目标。首先，要对班级学生的基本情况进行了解，包括学生总数及男女生比例；学生身心发展的总体水平；每个学生的性格特征、能力、兴趣爱好以及在整个班级中所处的地位和影响力。其次，对班级的班风、集体舆论以及人际关系等，都要加以了解。因此，作为班主任，要多观察、多记录，并向有经验的老师请教，争取在了解学生情况后尽快制定出最适合的班级建设目标。

### (三)如发现问题，及时作出调整

在班主任初步了解学生情况后，制定的班级目标不是一成不变的，如果发现了班级目标在班级运行过程中的不足，就要及时作出调整。同时，学生也是发展中的个体，班级目标应随着学生的身心发展进行调整。

案例呈现Ⅲ

**班级规章制度的形成**

孙老师第一次担任某班的班主任，他想和自己的学生像好朋友一样相处，认为只要学生喜欢自己，也就不担心学生不守纪律了，即使偶尔违反了，相信在他的提醒下，学生看他的面子，也会改正的。但对于学生来说，可能严厉的面孔看惯了，突然看到这么温柔的面孔有点受宠若惊，刚开始的时候还给孙老师"面子"，可是刚过一周，学生就板不住了。孙老师很不解，立即向老教师请教，才知道原来孩子就是这样，只有对他们严厉一点，他们才会老实。根据班里的实际情况，孙老师马上改变了管理班级的方法。

首先，孙老师让每位学生都写一份自我介绍，又根据这一周以来和每个学生的接触，充分了解他们的品行、兴趣和爱好，起草了一份相对适合本班的班级规章制度，并且自己在和学生相处的过程中，也知道了什么时候应该严厉，什么时候适合和学生做朋友。渐渐地，学生也收敛了很多，并且不再像对以前的班主任那样看老师的脸色决定遵不遵守纪律，即使班主任不在班级，学生也能很好地遵守纪律，养成了遵守纪律的好习惯。当学生意识到"规则是自己的需要，而不是别人强加给自己的约束"时，自觉意识也就形成了。孙老师又根据《中(小)学生守则》和《中(小)学生日常行为规范》的内容，制定了班级学生的学习制度、值日生制度和文明礼貌规范等各项规章制度，班级也慢慢步入了正轨。其次，孙老师在学期中旬时召开有关班级规章制度的讨论会，进行民主讨论，让学生畅所欲言，说出自己对班规的意见和建议，并针对学生的意见，对班规进行了修订。这让学生意识到了自己也是班级的一名成员，不仅是班规的执行者，也是班规制定的参与者，以后在班级管理方面如果有意见可以和孙老师交流，好的建议孙老师也会接受，这让学生感觉到老师是他们的朋友而不是高高在上的管理者。达到统一认识后，孙老师和同学们共同制定了符合自己班级情况的班规。因为班规是学生们自己参与制定的，是符合他们的实际的，所以他们非常认同，执行起来也有明显效果，从而让每个学生严格遵守班规，并管理约束好自己。最后，孙老师又提出了"班规面前人人平等"的理念，如果班主任犯规(如拖堂)了，与学生同罚。这样不仅不会降低老师的威信，反而增进了老师和学生之间的感情，减少了距离感，让他们更愿意遵循班级规章制度。

(资料来源：陆海富.班主任班级管理的艺术[M].修订版.长春：吉林大学出版社，2010.)

**问题与思考**

1. 案例中孙老师对班级规章制度的建立，你认为合理吗？为什么？
2. 在制定班级规章制度的过程中应该注意什么？
3. 作为初任班主任的你，在班级组织规范建立的过程中，有哪些不足之处？

**分析与评价**

常言道："没有规矩，不成方圆。"中小学阶段是学生身心发展的关键时期，因此，作为教师，我们要格外重视这一阶段。班级工作首先应从建立健全班级组织规范入手，强化班级的规章制度。在本案例中，孙老师由于第一次担任班主任这一职务，在刚开始和学生相处的过程中，对学生充满了期待和疼爱，希望和他们友好相处，不用管不用压，他们就会表现好。但往往事与愿违，一周过后，学生开始出现小毛病。孙老师在面对这种情况时，保持着冷静的心态，他立即向有经验的老师请教，并且查阅相关的资料，及时作出了调整，意识到班级规章制度确立的重要性。由于刚接触本班学生，所以孙老师通过各种途径充分地了解班级内的每一个学生，对学生的情况深入了解后，初步制定了班规。如果他不能及时地发现问题，不仅会影响学生的学习成绩，同时也会影响到整个班级的风气。作为班主任，孙老师在班级管理过程中，做到随机应变，不断完善班级管理过程中的不足是值得我们学习的。

此外，孙老师也在不断地寻找管理班级的方法，他知道在制定班级规章制度时没有让学生参与其中是不行的，于是针对规范的制定问题召开了讨论会，让学生们各抒己见，经过讨论、修订，并达成一致，师生共同制定了班规。因为这个规范是学生自己参与制定的，所以他们在情感和理智上都非常认同。

我国古代教育家很早就重视"身教重于言教"的思想，在班级规章制度的制定和执行上，孙老师也认识到了班规不光是针对学生的，也包括老师，因此，提出了"班规面前人人平等"的理念。当孙老师以身作则去维护和遵守班规时，就给了学生最好的教育，这就告诉学生，只要是班级的一员，就必须遵循班级的规章制度。而且孙老师这样做，不仅不会降低自己的威信，反而会增强他的人格魅力，增进师生之间的感情，也有利于其他工作的开展。

随着社会的发展，当代的很多老师已经意识到这一点，并且做得非常好，比如魏书生老师、李镇西老师等。制定班级规章制度很重要，但是执行更重要，所以执行班规时，必须遵守民主平等的原则。

# 案例呈现Ⅲ 原理与对策

制定班级组织
规范的策略.mp4

## 一、班级组织规范的表现形式

一个班级群体在为达到班级目标而开展活动的过程中，都要遵守一定的规范。班级组织规范就是班级成员在教育教学和日常行为活动中必须共同遵守的准则，它有以下两种表现形式。

### (一)正式规范

正式规范是明文规定的准则，包括学校和班级的规章制度以及学生守则等，它强制约束学生什么应该做，什么不应该做，严格要求学生的行为，防止不良行为的发生。在一个班级组织建设的过程中，班级规章制度的建立是必不可少的，这是班级顺利建设的保障。

### (二)非正式规范

非正式规范是班级自发形成的或学生之间约定俗成的规范，包括校风、班风、班级舆论等。非正式规范的形成并不像正式规范那样，有明确的条文条例，它是一个班级自发形成的，这与学生平时的习惯和言行息息相关。作为班主任，不能明文规定这种非正式规范，但却可以引导全班学生朝着这种规范的正确方向发展，从而形成班级的良好秩序。

## 二、班级组织规范的功能

在班级管理中，班级组织规范建设起着越来越重要的作用，要想实现班集体的共同奋斗目标，就要有一定的规则。在班主任进行班级的日常管理工作和教育教学工作中，都需要对学生运用班级组织规范的约束。因此，它具有如下功能。一是制约功能。合理的班级组织规范可以很好地制约学生不良行为的发生，当学生要犯错误时就会想到班规对自己的约束力，所以不能触碰。二是协调功能。班级组织规范可以协调教师和学生的行为，一旦学生的行为违背班规时，教师制定的班级目标就难以实现，因此，为了保证班级目标的实现，就要做好班集体与班级个人的协调工作，要求学生们按照规范做事。三是保障功能。班级组织规范可以保障班级建设目标和班风的形成。

## 三、制定班级规章制度的策略

班级规章制度是班级组织规范的正式规范，它是学生内在的评价尺度，加强班级正式规范的建设有利于学生自觉遵守和规范自己的言行，维护集体利益，朝着班级目标前进。要想加强班级制度建设，应从以下几点着手。

### (一)考虑班情，切合实际

要引导学生根据班级实际情况，经学生集体研究讨论，确定班规和纪律；要考虑学生的实际情况，班规的制定既不能过严，也不能过松。过严则会导致班规无法实施，给实施过程增加了困难；过松就会导致学生会不遵守，没有起到约束学生的作用。

### (二)师生共同参与

学生参与到班级规章制度的建立过程中，会在很大程度上满足学生的需要和愿望，容易被学生接受和内化，从而自觉遵守班规。班级规章制度不是目的，而是一种手段，它是连接教师与学生、学生与学生的桥梁。因此，教师应组织主题班会或讨论会让学生参与其中，作为教师，要适当地采纳学生的建议，教师要确定规章制度是否真正有利于班级的发展和学生的身心发展，是否体现对学生的尊重等。就像案例中孙老师的做法那样，在开学之初由于对学生了解不够充分，他根据自己所了解的情况制定了班规，通过与学生接触之后，孙老师召开班级规章制度的讨论会，让学生参与其中，不断地完善和修改班规，对于学生好的意见他给予肯定和使用，使班级规章制度具有针对性和科学性。

### (三)少而精

班规的制定应尽量符合最简明、最基本、最适宜的原则，一般以15~20条为宜。在制定班规时，要坚持正面表述为主，多使用积极的语言，营造良好的氛围。同时，对于中小学生来说，身心正处于快速发展的阶段，他们的行为动机具有冲动性，同时具有逆反心理，情绪化较强，越是强加给他们的，可能越会违反。因此，在制定班规时要充分发挥教师的"引"和"导"的作用，使学生懂得遵守纪律的重要性，激发学生的内在动力。

班级组织规范是用来管理班级、约束学生行为的。在制定过程中要充分考虑以上几点，如有不合理的地方，应做到及时发现、及时解决，在各个方面的监督下使学生改掉坏毛病，逐渐实现由他律到自律的转变。

案例呈现Ⅳ

## 君子协议

我曾在阅读濮阳赵娜老师的博客时，看到她描写的一则案例。班级曾有五个顽皮小子，人称"五大金刚"，他们情同手足，仗义执言，打群架可谓屡见不鲜，挑事端更是家常便饭，成了全校闻名遐迩的"恶势力"。老师们看到他们是"能躲则躲"，学生见了他们更是"逃之夭夭"，这下反而助长了他们的霸气，越发无法无天。

那是一个熙熙攘攘的课间，办公室外突然传来了一阵嘈杂的吵闹声。我奔出门外，只见"五大金刚"威风凛凛地站成一排，怒目圆睁，对面却是一个瘦弱的小女孩。"君子动口不动手！"我大喝了一声，唯恐他们再闹出乱子。接着，我便随手拿出手机把这惊险的一幕拍了下来。于是，五个人不分青红皂白，要抢我手中的手机。我却微微一笑，故作轻松地说："猜一猜，我为何拍下来呢？""为了告诉我们班主任。""为了让校长知道。""为开除我们再多一条罪状。"他们你一言我一语地说着，却被我一一否定了。这下子几个小子的目光里充满了疑惑。上课铃声响了，我挥挥手，让他们都进教室上课，一场风波就这样暂时消停了。

放学后我刚走出办公室，"五大金刚"就迎面走了上来。"来吧，老师正准备请你们呢！"我的一番热情更让他们不知所措，坐在办公室里第一次这般中规中矩。"这样的待遇我们可是第一次享受哇！"他们中间的老大一开口，几个孩子似乎都松弛了下来。我又一次把照片拿给他们，让他们依次静静地看着，"一个弱不禁风的女孩不小心撞了你们一下，你们竟然如此小题大做。知道嘛，你们在我的心里一向可是'君子'啊！"他们似乎觉得有些难为情，其中一个竟然还调侃道："君子，君子，多谢老师的褒奖啊！"霎时，我的脸色变得严肃起来："孩子，你们在老师的心里就是名副其实的君子，今天我正是要给大家签订'君子协议'。"令我意外的是，他们竟然没有反对，当我把事先准备好的协议读给他们听后，他们竟然悄悄地低下了头，面面相觑片刻后，都郑重地签上了自己的名字。

果然，他们几个蛮横的时候越来越少了。偶有一日，我再次在楼梯上与他们相遇，"孩子，不，正人君子好样的！""那，那还不是你给我们上了'紧箍咒'吗？"说话间，还留下了一串爽朗的笑声……

(资料来源：李迪. 智慧应对班级棘手问题[J]. 上海：华东师范大学出版社，2018：37~38. 题目为编者所加)

**问题与思考**

1. 如果是你遇到这样的"小团体"，作为班主任你会怎么做？
2. 分析案例中赵老师的成功之处。
3. 在班级组织建设过程中，正式群体和非正式群体的特点有哪些？
4. 你还想到哪些对非正式群体的教育转化措施？

**分析与评价**

在班级组织建设过程中，正式群体和非正式群体是班级的重要组成部分，它们起着至关重要的作用。在本案例中，赵老师的做法是值得我们肯定的。她在发现"五大金刚"欺负同学的"罪证"的时候，采取非常恰当的手段解决问题，化解了危机。

首先，赵老师对非正式群体有正确的认识。非正式群体在班级中是一种正常的存在，是每个班主任无法回避的现实问题。对待非正式群体的态度，在某种意义上既决定非正式群体的发展走向，又影响其作用的发挥。赵老师能从理性的角度看待"五大金刚"，而不是一味地指责、批评，反其道而行之，给予团体足够的尊重，无形中拉近了师生之间的距离，为后续问题的解决提供了条件。

其次，老师采取"超常规"的处理方式。面对"五大金刚"欺负同学时，及时制止，留取"罪证"，看似给予非常严厉的处罚，但是令团体更为惊奇的是，老师采取了冷处理的方式，既没有到领导面前"告发"，也似乎没有了下文。恰恰是这种冷处理方式，使团体成员既在老师保留的证据面前心存畏惧，又生发出对老师的信任。

最后，教师采用"君子协议"的方式，在很好约束团队的同时，无形中告诉团队在教师心目中的形象——君子。君子自然成为团队成员努力的目标，至于如何按照君子标准去做，成员都会做到心中有数。班级管理是一个动态过程，管理有法，也无定法。管理成败的关键在于教师如何因情利导，发挥管理的优势，使其更有利于班级建设。

# 案例呈现IV 原理与对策

非正式群体的含义及特点.mp4

班级不仅是学校的一个子系统，同时也是一个相对独立的系统，它有自身的发展规律。班级组织是一个由学生个体和学生团体共同构成的系统，它要反映正式组织层面和个人属性层面的需求，因此，分为正式群体和非正式群体。

## 一、正式群体的含义和特点

### (一)正式群体的含义

正式群体是指在班主任指导下产生的旨在实现班级组织公共目标的学生群体。它目标明确，职责分明，成员稳定，其组织制度和规范对成员都具有正式的约束力，如班委会、班级团组织、少先队组织、中学生小组等。

### (二)正式群体的特点

正式群体是班级组织的基础，是一种积极的群体，它既能完成班级组织所赋予的各项任务，又能满足群体成员的某些需要，对班级组织的发展、学生的学习和生活具有重要的影响，在班级人际关系中也起着主导的作用。

## 二、非正式群体的含义及特点

### (一)非正式群体的含义

非正式群体,是指没有经过正式规定,由相同或相近兴趣爱好、观点、追求的同学自发结合在一起的群体。这是一种以地缘关系、情趣关系为纽带,学生自由结合而成的小群体。据调查,绝大多数中小学班级中都存在着一定数量的非正式群体,最典型、最明显的莫过于三五个学生组成的伙伴群体。[①]非正式群体在班级组织中是客观存在的,班主任需要注意并加强对其的引导,使其在班集体建设中发挥积极的作用。

### (二)非正式群体的特点

#### 1. 自发性

在非正式群体中,学生的生理、心理发展特点和需要是密切相关的,在心灵和情感的沟通过程中,更容易产生共鸣。同时,他们渴望在交往的过程中认识自己和了解他人,并且他们的兴趣爱好和习惯等方面十分相似。因此,他们相互吸引、相互认可,自然而然地结合成一个个小群体,他们不需要学校和老师组织活动,可以自发形成。

#### 2. 内聚力强

非正式群体是建立在心理、感情相似的基础之上的,他们很容易达成共同的目标,在个人喜好的基础上,彼此间以感情为重,心理相容,相互之间以感情为纽带,具有很强的内聚力。这种内聚力往往要比正式群体,甚至班级群体的力量更强大。这也是班级中非正式群体与其他类型中的非正式群体相比较而言的突出特点。

#### 3. 领头人物的影响力大

在这种自发形成的、没有正式指定领导的非正式群体中,往往都会出现被成员们普遍认可的一两个领头人物,他们在群体中具有领导和协调成员的作用,一般都会有很强的号召力,并且会得到大多数人的认可和支持,群体中各成员会发自内心地去追随这个核心人物。但在非正式群体中,有时候领头人物所反映出的是一种消极的态度,会导致群体中更多的人倾向于消极的一面。因此,领头人物的影响有好有坏。

#### 4. 消息传播速度快

在这个非正式群体中,各成员都是自愿参加的,他们相互信任,感情十分融洽,各成员交往互动也十分频繁,这样,群体间信息交流就没有任何障碍,信息传播的速度明显变快。因此,非正式群体也常常成为"小道消息"产生和传播的载体。

---

① 潘海燕. 班主任工作方法与技能[M]. 天津:天津教育出版社,2008:12.

## 三、非正式群体的教育转化策略

### (一)加强时间管理

在班级组织文化建设的过程中,作为班主任,要对班级内的非正式群体成员进行管理,这是促进非正式群体积极转化的先决条件。由于学校、教师和家长对这些成员的关心不够,使得他们有充足的时间聚在一起。因此,学校、教师和家长应做好积极的配合工作,只有加强他们在时间方面的管理,才能使他们得以转化。

### (二)善于发现班级成员的闪光点

无论是品学兼优的学生,还是问题学生,他们身上都是有闪光点的。任何一个问题学生都有其值得我们学习的一面,作为班主任,在班级组织文化建设的过程中,要有一双善于发现美的眼睛。当发现学生闪光点的时候,班主任应该给予肯定,并在全班同学面前表扬他,因为他身上的这个优点可能在品学兼优的好学生身上都找不到。得到老师和同学的认可,他们才会意识到这个集体是接受他们的,并且慢慢地融入整个班集体。

### (三)做好领头人物的积极转化工作

非正式群体的领头人物往往具有一定的号召力,作为班主任,要充分运用这种号召力,使他起到积极的领头作用。在转化的过程中,教师要寻找合适的契机,消除他们对立的情绪,相信不管是什么品行的学生,在老师的带领下,德智体美劳都能得到全方位的发展,这样非正式群体的成员也就成功地得到了转化。

### (四)营造班集体良好的氛围

每个人都生活在一定的氛围中,班集体氛围的好与坏,直接关系到学生的成长。这就要求班主任在班级组织文化建设的过程中,创设一种没有"歧视"的氛围。

### (五)耐心、反复教育

对非正式群体成员的转化工作不是短时间就能做到的,这就要求教师和学生都要充满耐心,同时班主任也要对其进行反复教育,当非正式群体成员出现要犯错误的苗头时,就要及时对其进行教育,在平时的工作学习中,也要适当地进行指点。相信在教师和学生的共同努力下,转化工作一定能取得成效。

案例呈现 V

**纪律委员的改变**

张老师这学期新接手了一个班级,由于这个班的成绩和风气都十分差,张老师认为,要想整个班级有所改变,就要从核心力量抓起,所以张老师决定从班级组织机构的建设出发，先整顿班级委员会。

开学不久，就有学生反映，班级的纪律委员经常在自习课上带头讲话，课间也十分吵闹。通过侧面了解后，情况属实，身为纪律委员，不以身作则还带头在自习课讲话，张老师立即采取了措施，在班会上宣布撤换纪律委员的消息，并宣布下周进行纪律委员的竞选活动，让同学们都好好表现。当时看到这个纪律委员的情绪一下子低落了，张老师有些后悔自己的决定，但为了班级建设能够顺利地完成，不得不这样做。放学的时候，张老师找到这位学生进行了谈话，先让该生反思自己之前的行为，并告诉他老师为什么作出这样的决定。经过一番教诲后，该同学向老师认了错，并检讨自己：身为纪律委员，不但没有维持班级纪律，起模范作用，还带头违反班级纪律，给班级带来了十分差的影响，于是他下决心以后一定改掉身上的坏毛病，让老师看他的表现。

这一周很快过去了，通过一周以来张老师对这个纪律委员的观察，以及从其他学生那里了解到的情况，看到他确实有了很大的变化，在改掉上课说话的坏毛病的同时，课下还帮助班里学习上有困难的学生解决问题，而且代替请假的同学做值日……这些表现张老师都记在了心里。班级纪律委员的竞选活动如期开始了，有三个学生参加了竞选，其中一个就是之前的纪律委员，通过他们的竞选演讲后，由其他学生民主投票选举。当张老师统计完票数之后，有些吃惊但又很欣慰，因为原来的纪律委员票数最多，这说明他这一周以来确实有了很大的改变，学生们都看在眼里，也愿意相信他，并再给他一次改过的机会。于是张老师正式宣布他继续担任班级纪律委员这一职务，该同学对自己的行为向班级所有学生表达了歉意，而且也谢谢大家能够再给他一次机会，继续相信他，并请求班级全体成员共同监督他，这时班级里响起了一片掌声……看到这一幕，张老师很欣慰。

(资料来源：李素敏. 新时期班主任工作技能强化训练[M]. 北京：中国林业出版社，2011.)

**问题与思考**

1. 根据本案例，说说张老师的成功之处在哪里。
2. 教师在进行班级组织机构建设过程中应注意什么？
3. 作为班干部，应该具备哪些基本条件？
4. 如何对班干部进行选拔？

**分析与评价**

在开学之初，张老师接手的班级各方面都十分差，要想改变班级的面貌，就要从班级组织机构的建设抓起。对于学生反映的上课时纪律委员带头说话的情况，张老师没有直接去找学生问罪，而是进行了调查，这种做法是值得肯定的。通过调查后发现情况属实，张老师立即采取了措施，在班会上宣布了撤换纪律委员的消息。张老师在对待学生犯错误方面是十分严厉的，知道如果不对学生严格一些，就无法实现班级的建设，但看到该学生的情绪一下子低落的时候，张老师决定在当天放学后，找这位学生谈谈。他没有当着全班学生的面，对这位同学进行批评教育，表现了张老师是十分注意尊重学生自尊心的。通过谈话，学生不仅意识到了自己犯了严重的错误，同时也保证以后一定改掉自己的坏毛病，让老师看他的表现。

在一周后的班级纪律委员的竞选过程中，张老师采用民主选举、公平竞争的方式选拔班干部是非常正确的，这让班级的所有学生都参与到竞选和投票的过程中来，让学生真正地感受到自己不仅是被管理者，同时也是班级的小主人，在班级中有行使权利的资格，使学生对张老师这个新来的班主任更加有信心，这是学生们从来没有体会过的。

通过竞选发言，张老师看到被撤换的纪律委员又勇敢地站到了讲台上时非常高兴，因为他的努力没有白费，他的做法没有挫伤学生的自信心，而是激励他继续前进。通过投票，让老师意外的是他票数竟然最多，看来他这一周的表现老师和学生都看在眼里，并且同学们也愿意相信他，再给他一次机会。那么作为班主任，张老师又怎么会不给他这次机会呢，于是张老师高兴地宣布由他继续担任纪律委员这一职务。只要学生勇于承认错误并改正，班主任就愿意接受他。

从整个处理过程来看，我们没有看到暴力，也没有看到指责，看到更多的是张老师在培养班干部方面的智慧和耐心。

# 案例呈现Ⅴ 原理与对策

班干部的选拔.mp4

## 一、班级组织机构的建设

班级组织机构的建设为班级的正常运行提供了基础条件，学生通过班级中规范化的组织机构，分别扮演着各种角色，不仅培养了他们的公民意识，而且为他们能够成为一名合格公民奠定了基础。

在一个班级里，通常设置班委会和团支部(或少先队中队委员会)两种组织机构，而在这两个组织机构中又分别设立各个不同的职位。这些拥有一定职务的学生就是班干部，每一职务都有与之相对应的范围。班委会和团支部是平行的、相互合作的关系，它们共同组成了班级组织机构。

### (一)班委会

班委会是班级领导的核心，它既可以保证班级内部各项日常工作的正常运行，又能根据班主任的需要，帮助教师进行管理班级。所以，班主任要及时组建班委会。班委会通常包括班长、副班长、学习委员、纪律委员、生活委员、文艺委员、体育委员等，在学习委员之下又设置多科课代表，生活委员之下又设置多个值日组长。

### (二)团支部(或少先队中队委员会)

团支部是共青团在班级中的基层组织，它对组织团员、青年奋斗向上，协助班委会搞好班级工作有着不可低估的重要作用。

一般来讲，中学班级的团支部包括团支部书记、组织委员、宣传委员等。作为班主任应注意团支部与班委会的配合与协调，有的安排团支部书记进入班委会，担任班长或副班长。

小学一般在班级中设置少先队中队委员会来组织少先队员开展活动。中队委员会通常配备中队长一名、副队长一至两名。

团支部(或少先队中队委员会)主要负责班级学生的思想工作和组织发展工作，并发挥积极的带头作用。

## 二、班干部的基本条件

无论是班委会还是团支部(或少先队中队委员会)的成员，这些拥有一定职务的学生就是班干部，他们应具备如下基本条件：思想进步，性格开朗；团结友善，爱好广泛；顾全大局，善于沟通；坚持原则，乐于奉献；严于律己，能纳善言；勤奋好学，成绩优异；群众威信高，工作责任心强；全面发展，有个人特长。这样的班干部在班级日常管理工作中才是班主任的得力助手，在班级建设中才能起到重要作用。

每一个职务都应具有相应的能力，比如：班长和副班长应具有全面协调能力和号召能力，有较强的威信、思维敏捷、思想上进；学习委员要在学习上勤奋刻苦，具有明确的学习目标、态度端正、学习成绩优异；文艺委员要由有一定艺术特长的人担任，性格应该活泼开朗、爱跳爱唱；体育委员应具有良好的身体素质和协调老师的能力；生活委员和卫生委员应该是大家承认的热心人，乐于为集体、为大家操劳。这样的干部容易被同学们认同，工作起来影响力大，说服力强。[①]

## 三、班干部的选拔

好的班干部队伍一旦形成，班级就有了领导核心。那么，作为班主任应该如何选拔班干部，主要从以下四点进行分析和选拔。

### (一)了解学生是选拔班干部的前提

开学之初，班主任在不了解学生的情况下，要善于观察学生平时相互交往的情况，并初步了解每个学生的兴趣爱好、性格特征、学习成绩以及思想品行等，教师可以组织学生进行自我介绍，也可以从学籍档案、作业本中了解学生的情况。在新组建的班级里，当班主任对全班每个学生都有一个比较全面的了解之后，就可以先指定某些工作能力强、组织能力强、对工作有热情的学生担任临时负责人，这在小学低年级是非常有必要的。但这并不意味着班干部选拔的结束，班主任要在后期的学习生活中，继续了解和观察学生，如果

---

① 张作岭，宋立华. 班级管理[M]. 北京：清华大学出版社，2019：91.

发现问题，及时撤换。

## (二)民主选举，平等竞争是关键

经过一段时间的观察、考验和培养后，就可以在班级内组织民主选举或竞选的方式，通过准备酝酿、选举投票、宣布结果这三个阶段，竞选出班级干部，让学生真正成为班级的小主人，把那些真正有能力、有威信、大家信赖的好同学推选出来，使他们一开始就得到同学的信任、支持和拥护，打下良好的群众基础，这样在学生中也有较高的威信。在班级工作正常的情况下，通过平等竞争、民主选举产生的班干部是班级同学的真正代表，是最值得信赖的，他们在工作中会得到同学心悦诚服的配合与支持，同时也是学生心中的好榜样。好的班干部队伍一旦形成，班级就有了核心，作为班主任也可以从班级繁杂的琐事中解脱出来，集中精力研究教育教学工作。

## (三)发挥特长，量才任职

班主任不仅要对民主竞选中新上任的班级干部有意识地观察，而且也要注意对潜在人才的发掘，细心观察学生，根据学生的特长衡量他是否能担任某一方面的干部，也使学生担任最能施展自己的本事和才能的职务。作为教师，切忌片面、简单地评价学生。

## (四)学生定期轮换担任，合理淘汰

班级内的每个学生都是积极上进的，在内心深处都有当班干部的渴望，为了使班级每个学生都有接受锻炼的机会，班干部可实行定期轮换制度，这样不仅使一些学生能够脱颖而出，而且为班级工作增添了新的思路和方法。班干部的定期轮换既可以在班委会内部进行，也可以在班级全体学生中进行。在这个过程中，如有确实不合格的班级干部，应给予淘汰，不能够影响班级工作的正常开展，这是绝不能含糊的。如果在以后的表现中，被淘汰的班干部改正了错误，教师也可以重新任命。

**案例呈现 Ⅵ**

### 从"问题学生"到"副班长"

——湖南省岳阳市第十二中学 危满兰

在许多老师的心目中，张华(化名)是一个典型的"问题学生"。他学习懒散，经常不交作业，即使交上来，不是字迹潦草，就是"偷工减料"，学习习惯和生活习惯不佳，个性较强，不能正确地对待老师对他的批评教育，甚至有时上课还与老师顶撞，连同学都不愿意与他来往，认为他是个"懒惰的坏学生"。这个孩子让我伤透了脑筋。直到上学期开学初，我在班上进行干部竞选活动时，才发现他内心深处有一颗不甘落后的心。当时只见他大踏步走上讲台，涨红着脸紧张地说："我想竞选副班长，因为我最好的朋友竞选当班长，我认为我有这个能力协助班长管理好我们的这个班。"看着他走向讲台的那一刹那，我突然意识到：这个孩子有强烈的上进心，再加上他的数理化成绩还不差，我想，我何不利用他渴望上进、数理化成绩不差这一优势触动他改掉自己的坏毛病呢？于是，我就提议先让他试一试。尽管班上有部分学生不情愿，但是也勉强答应了。

张华当副班长的第二天，我找他谈了一次心。我对他说："你毛遂自荐当副班长，说明你有一颗不甘落后的心，老师和同学都支持你，希望你上任后能严格要求自己，改掉以前的不良学习习惯，力争为同学在学习上作出表率。"他想了想，然后郑重地点了点头。这以后，我发现他学习比以前刻苦了，同时，他也没有忘记那天对我许下的承诺，各方面都在慢慢地改变，不完成作业的次数也少了。但有一次，在检查数学作业时，我发现他少做了一道题，便当着同学的面批评了他，说他这个副班长有反弹现象。这句话像是给了他当头一棒，他马上意识到了自己的错误，非常懊悔，深深地自责。事后他告诉我他当时的想法："唉，我怎么那么不争气呀，为什么又要偷工减料呢？我这样做不但失信于老师，还影响了我当班干部的声誉，真是太不应该了。从今天起，我要控制好自己，别人能做到的，我也一定要做到，各方面都要争气，都要进步，再也不能让关心我的老师操心了，更不能让同学看扁我了。"我赞许地对他说："你能这么想，已经是很大的进步了。而且，你也知道了，其实你要战胜的，首先是你自己啊。"他若有所思地点点头。从此以后，他像换了一个人似的，上课精神饱满，注意力集中，开始对学习产生兴趣，课后他也能经常拿着书本主动来向我请教，学习成绩也在一点点地进步。为了激励他的上进心，使他进步得更快，我对他的每一点细小进步都及时给予肯定，他激动不已，表示要更加努力。

经过一段时间的努力，他的成绩得到了同学的肯定，在期中评选"最佳进步奖"时，同学们不约而同地选他，他非常高兴，并暗暗鼓励自己一定要继续努力，不骄不躁。现在他在班级里已经有了很多好朋友，更为可喜的是，期末考试进入了前十五名，当班干部的责任心也更强了。在本学期班干部改选中，同学们都选他当副班长。看到张华取得的成绩，我由衷地高兴。

(资料来源：潘海燕等. 班主任工作方法与技能[M]. 天津：天津教育出版社，2008.)

**问题与思考**

1. 如果你是案例中的老师，面对这样的"问题学生"，你会怎么做？
2. 案例中，老师把"问题学生"转变成"副班长"采取了哪些措施？
3. 班干部应具备的素质和能力有哪些？
4. 作为班主任，你认为培养学生干部的方法有哪些？

**分析与评价**

在本案例中，危老师面对让许多老师头疼的"问题学生"张华时，开始也拿他没有办法。在一次班干部竞选活动中，张华勇敢地站到讲台上，说明自己想当副班长的理由，危老师看出了他是一个不甘落后的人。由于张华个性较强，不能正视老师的批评教育，危老师正好借着这个机会，提议让他试一试，虽然班上有学生不情愿，但还是接受了。因为危老师相信，好好利用张华的这种上进心和理科成绩好的优点，再加上自己的引导，相信他会有所改变的。

在张华同学担任副班长期间，危老师有意无意地教育、鼓励和引导他，并培养他担任班干部的能力，使他的学习和各方面素质都得到了很大的提高。但这个副班长有一次少做了道数学题被危老师发现了，老师这次没有放任他的小毛病，而是当着学生的面批评了他。他深深地意识到了自己的错误，认为这不是一件不起眼的小事，而是他辜负了学生和老师对他的信任，因此下定决心，一定要把握好自己，在各方面都要争气和进步，不能让同学看扁自己。从那以后，他也确实是这么做的，无论课上还是课下，都精神饱满，有不懂的就虚心向老师和同学请教。危老师对他的每一个细小进步都及时地给予肯定。最后，他不仅得了期中的"最佳进步奖"，而且在期末的班干部改选活动中，得到了同学们的认可，都心服口服地选他继续当副班长。

作为教师，我们应该向危老师学习，学习他在班级组织机构建设过程中，如何培养班干部各方面的能力和素质；学习他能够针对不同学生进行班干部培养的方法；学习他面对"问题学生"能够按照学生所具备的不同智能为他们提供发展、成长的条件和机会。

## 案例呈现Ⅵ 原理与对策

### 一、班干部应具备的素质

在班干部的培养过程中，对班干部的个人素质提出了较高的要求。班干部应具备的基本素质主要有以下几方面。

(1) 政治素质。有正确的政治方向和马克思主义基本理论思想，能正确理解党的路线、方针和政策，与党中央保持一致。

(2) 思想素质。在实际工作中要做到实事求是、发扬民主、以身作则、克己奉公、团结同学，勇于批评和自我批评。

(3) 道德素质。班干部要具有群体精神和合作意识，在生活上也要做到朝气蓬勃、彬彬有礼。

(4) 个性素质。班干部在遇到挫折和困难时，要努力做到保持冷静，头脑清醒，不能意气用事，要有一颗豁达的心。[1]

### 二、班干部应具备的能力

班干部要想胜任本职工作，使班级工作充满活力，就要具备以下几方面的能力。

---

[1] 郑兆基，何明升. 学校班级管理学[M]. 哈尔滨：哈尔滨工业大学出版社，1994.

### (一)决策能力

班干部要在民主决策的基础上，有自己的主见，对于学生的建议要取其精华去其糟粕，同时结合学校的中心工作，依据班级的实际情况和同学的兴趣爱好，决定具体的活动安排和计划。

### (二)表达能力

作为班干部，要具有良好的语言表达能力和文字表达能力，在班级组织活动的过程中，能制订出本次活动的书面计划，同时能准确无误地将活动的意图和要求传达给同学。

### (三)组织能力

在班级活动中，班干部不仅是活动的参与者，也是活动的组织者，因此班干部要有明确的目标，制定合理的分工，同时要善于调动起全班学生的积极性，要有协调班级各方面的力量开展工作、完成任务的组织能力。

### (四)社交能力

作为班干部，要有良好的社交能力，在与同学和教师交往的过程中，要注意举止言谈文雅、仪表仪态大方自然，体现当代青年学生良好的精神风貌，只有这样，在处理班级的相关事宜时才会得到来自各个方面的帮助和支持，这对班级所有学生都愿意积极配合班干部工作起着积极的作用。

## 三、班干部的职责

班干部具有以下职责。

(1) 配合班主任、其他教师教育学生努力学习，组织有关学习活动，介绍学习方法，交流学习经验，帮助学生解决学习中的困难，完成学习任务，提高学习质量。协助班主任和任课教师教育学生增强组织纪律性，遵守学生守则和执行《中(小)学生日常行为规范》，保证学校各项规定和措施的顺利实施，并组织开好班会，定期召开班干部生活会，经常开展批评与自我批评，保证班干部思想的纯洁性、行动的一致性。

(2) 坚持原则，敢于向坏人坏事做斗争，自觉维护社会秩序，遵纪守法，遵守社会公德。鼓励同学关心国家大事，协助班主任组织学生参加社会活动、义务劳动和工艺活动，提高同学的政治觉悟和道德水平，增强劳动观念。

(3) 组织学生开展文体、科技等第二课堂活动，丰富学生的文化生活，增进学生的身心健康。成立学习小组，选好小组长，能使各小组正常开展工作。

(4) 关心全体学生的生活，团结友爱，互相帮助，帮助家庭困难和学习基础差的学生解决学习和生活中的困难。维护同学的正当权益，反映同学的意见和要求，促进学生之间、学生与教师之间的团结，协助学校创造良好的教学环境和生活环境。[①]

班长的职责是掌握本班学生的学习、生活和思想情况，负责召开班务会，并监督和配合其他班干部的工作；学习委员主要负责学生学习和各项研究活动的组织工作，并在学生学习中遇到难题时给予帮助；生活委员主要负责学生的生活管理等有关工作的计划和实施；宣传委员主要负责全班学生的政治学习和各项活动的宣传工作；文艺委员的主要任务是组织和策划班级的文艺娱乐活动；体育委员主要负责学生课余体育活动的策划和顺利进行，并配合体育老师上好体育课。

## 四、班干部的培养

中小学生正处于身心发展的关键时期，他们在认识事情、与人交往、处理问题等方面难免会存在不够成熟的地方，即使是学生中较为优秀的群体——班干部也是如此，加上一些学生初任班干部，还有工作经验不足的问题。因此，班主任要对班干部进行有计划、有步骤的培养和指导，增强他们的工作意识，激发他们的工作热情，使他们懂得带领全班同学共同进步的意义。

### (一)充分了解班干部是培养班干部的基础

作为班主任，要想做到"知人善任，量才而用"，就要充分了解每个班委会成员的性格特点、组织能力和工作态度，这样才能发挥每位班干部的特长，才能最大可能地发挥他们在岗位上的才能，使班委会的每一名成员都具有鲜明的特色，体现他们的个人魅力，提高他们的工作效率。

### (二)落实岗位责任制

责任到人、独立自主的政策，已经被社会实践证明为行之有效的方法。在学校中，校长可以落实教师的岗位责任制，班级是个小社会，班主任也可以落实班干部的岗位责任制。关键是班主任要针对各个班干部的能力进行合理分工，使他们明确各自的职责，发挥主观能动性，更好地利用权力，为班级尽义务。

### (三)加强对班干部工作技能和工作方法的指导

班主任要鼓励班干部创造性地开展工作，可以定期开展班干部交流会，让每个班干部总结自己在这一阶段的经验和不足，其他班干部参照查看自身是否存在相同的问题，做到取长补短，相互学习。如果在工作中存在解决不了的问题，可以邀请其他班干部一同协商。

班主任要对那些担任班干部时间不长、欠缺班干部工作经验的学生加以指导，在任命班干部时，要把他的任务和职责明确一下，清楚应该注意的地方。如果在执行班干部权力的过程中有不足的地方，教师要及时给予指导和点评，只有这样，才能帮助班干部积累经验。

---

[①] 郑兆基，何明升. 学校班级管理学[M]. 哈尔滨：哈尔滨工业大学出版社，1994.

### (四)引入竞争机制

在班干部的选拔和任用过程中，班主任可以引入竞争机制，采取竞选制或轮换制。在采取竞选制时，班主任要注意体现竞选的公平、公开、公正的原则。此外，在明确了班干部人选和任期后，班主任可以用民主评议的方式把学生对这些班干部的意见及时反馈给他们，对于评为优秀的、合格的班干部，要给予表扬或奖励；对于不合格的班干部，班主任要根据具体情况，采取适当的方法予以帮助和教育；对于班干部在工作中的不足和失误，班主任要勇于承担教育责任，帮助学生总结经验教训。①

### (五)班级实践活动是培养班干部的主要方式

班干部工作方法的成熟，只能在实践中逐渐形成，因此，班级工作应让班干部自己去干。班主任应尽可能地为班干部提供锻炼成长的机会。例如，班级活动或班会等大型活动，都可以放手让班干部自己主持进行，让他们在班级舞台上充分展示自己的智慧和才能，班主任在其中只是起到适时指导的作用，这样既能锻炼班干部的能力，又使他们在实践中得到同学的认可和信赖。

## 体 验 练 习

### 一、名词解释

1. 班级组织目标
2. 非正式规范

### 二、简答题

1. 简要阐述班级组织建设的一般过程。
2. 在制定班级组织目标时应遵循哪些原则？制定过程中需要注意什么？
3. 谈一谈制定班级规章制度的策略有哪些？
4. 班级组织建设过程中，非正式群体的教育转化策略有哪些？
5. 如何选拔和培养班干部？

## 补 充 读 物

1. 张万祥. 给年轻班主任的建议[M]. 2版. 上海：华东师范大学出版社，2017.

本书结合精彩案例，用通俗易懂的形式，深入浅出地论述了班主任和班级管理的基本

---

① 李素敏. 新时期班主任工作技能强化训练[M]. 北京：中国林业出版社，2011.

理论及其在实际教育教学过程中的应用，对笔者自己从事班主任工作的经验进行了系统总结、提炼和升华。一名班主任，要成为学生的"朋友"，而不是学生的"敌人"；一个班集体，要成为学生心中的"乐园"，而不是学生心中的"地狱"。本书精选了86篇文章，多侧面、多角度地呈现了班级管理的诸多话题，有问题有对策，有科学的方法也有无私的爱，专治班级管理的各种"疑难杂症"，是年轻班主任必不可少的"修炼"宝典。

2. 林进材. 班级经营[M]. 上海：华东师范大学出版社，2006.

本书的特色在于以贴近教师现场的方式，将班级经营中的重要事项以及班级经营内涵，进行理论与实际两方面的结合，提供多所中小学教师班级经营的处方性策略，以实际例子引导深奥的理论，给教师提供在班级经营中的有效处理策略。

3. 李迪. 智慧应对班级棘手问题[M]. 上海：华东师范大学出版社，2018.

本书为全国知名班主任李迪结合自己多年的班主任工作经验、讲座培训经历，就一线班主任在班集体建设、学生成长、班级管理、师生关系四个方面经常遭遇的班级棘手问题所作的系统解答。从如何带后进生组成的班级，到学生早恋怎么办；从班干部不作为的对策，到家长不配合的分析；从手机进校园的应对，到学生狂热追星的疏导……既有对问题的专业分析，又提供可操作的解决方案，是班主任破解管理难题、提升育人技能、实现专业成长的得力助手。

4. 卡罗尔·西蒙·温斯坦. 中学课堂管理[M]. 2版. 上海：华东师范大学出版社，2005.

本书以真实的教学场景为基础，集合教育学者的研究成果，探寻课堂管理的艺术。

班主任不能做凌驾于全班学生之上的"权威"，也不能做事无巨细的"管家婆"，要坚信每个学生都是自己的助手，自己也是每个学生的助手。

——任小艾

# 第五章　班级日常管理

案例呈现 I

## 班级日常管理细则与"温馨提示"

为使班级管理科学化、民主化、制度化而制定本条例，班级采取红、黄牌管理制度，两张黄牌等于一张红牌，所有班级成员都必须遵守。

(1) 上课期间注意仪表规范，不穿奇装异服、不穿拖鞋、不化妆、不佩戴首饰、不染发、不烫发，违者，罚一张黄牌。

(2) 未按时到校、上课迟到一次做一天教室卫生并写检讨说明事由，在全班同学面前宣读；请假必须事前亲自向班主任说明理由，写好请假条并由家长签字或由家长打电话说明请假事由，否则不予准假，算旷课处理。无故旷课的同学要写检讨说明原因并向全班同学道歉，并罚一张黄牌。

(3) 严重违反校纪班规，故意挑起事端(如打架、抽烟、喝酒、打扑克等)请其家长到校协助教育，罚红牌一张。

(4) 预备铃响后，不得离开教室，课堂上不遵守纪律，故意捣乱、大声喧哗、起哄，严重扰乱课堂秩序，不服从任课教师管理者、课堂不经老师同意擅自出入者，罚黄牌一张。上课顶撞老师，出言不逊、污辱老师者，请其家长到校协助教育当众向该老师检讨致歉，罚红牌一张，经老师同意方可继续学习。

(5) 上课期间不得玩弄手机、MP3、MP4等数码产品，不得将小说、篮球、足球、游戏机、学习机等带入教室，一经发现，予以没收并罚黄牌一张。

(6) 不准进网吧，一经发现请其家长就地教育，罚红牌一张。

(7) 大扫除、教室和公共区卫生没有做好的值日生，罚一张黄牌。

(8) 每位同学的课桌底下保持没有纸屑等垃圾，喝过的空饮料瓶不要放在桌上或窗台上，一经发现由该同学负责打扫，并罚一张黄牌。

(9) 损坏班级荣誉者，罚一张黄牌。爱护公共财物，如有损坏照价赔偿。

(10) 所有的班干部应做好本职工作，若出现失职或处理不当的应该进行反思检讨，对错误的地方进行深刻反省。

(11) 团结同学，礼貌待人，不与同学发生冲突，不用不雅语言；尊重班干部，服从管理，不得辱骂、威胁班干部，违反者，写书面检讨一份，在全班同学面前宣读并罚一张黄牌。

(12) 作出危害自己、危害他人的行为者，写书面检讨一份并道歉，罚一张红牌。

为了更好地执行学校的管理规定，特对本班同学作出如下"温馨提示"。

① 7:30～7:50

为了能让我们在更加干净、舒适的学校里学习、生活，请值日生认真打扫包干区，并由值日班长检查个人卫生情况。

② 7:50～8:25

同学们，一日之计在于晨，早自修开始了，让值日班长带领你们早读吧。

③ 10:25～10:30

保护眼睛是对我们自己的身体负责，现在是眼保健操时间，请检查一下自己做眼保健操的姿势正确吗？

④ 11:00

午饭的时间到了，请生活委员赶紧安排抬饭吧！别把同学们的肚子饿坏了。吃完饭后，别忘了把饭笼拿回食堂。

⑤ 12:10～12:50

午饭后，休息一会儿。现在，你们可以开始自由活动了，活动方式可以自由选择。

(资料来源：班级管理实施细则. http://www.5ykj.com/Article/cygwgzzd/121754.htm.)

**问题与思考**

1. 什么是班级日常管理？班级日常管理有哪些作用？
2. 班级日常管理包括哪些基本内容？
3. 班级日常管理有哪些特点？

**分析与评价**

任何组织都是在日常工作中存在的，班级组织的运行也不例外。要想使班级组织良好运行，必须做好班级日常管理。班级日常管理是班主任必须具备的基本素养之一。上面的案例是一份班级日常管理规定以及特别的"温馨提示"。为了创设良好的育人环境，保证教育教学工作的顺利完成，文件从学生日常行为管理、学生环境卫生管理、学生安全及财产管理等方面进行了细致的规定，包括学生在这些方面应该做到的基本规范以及违反规定会受到的处罚等，都有详细说明。该文件是教师进行班级日常管理的依据，也是学生日常学习生活的依据。从文件中可以看出，班级日常生活极其琐碎，涉及学生学习生活的方方面面，任何一个方面出现问题，都会对学生成长、班级运行造成不良影响，因此班级日常管理是班级管理者每天必不可少的工作任务。

但是，班级不应只是纯粹管住学生、约束学生的地方，而应是学生的一个生活舞台、一个交流空间；是一个充满情趣、充满人文、充满活力、充满魅力、充满吸引力的地方；更应该是让学生身心得以舒展、个性得以发展、生命得以升华的地方。学校的一切都是为学生发展服务的，班主任在与学生的日常交往中不仅仅是管理学生，更多的是和学生共同生活、共同交往、共同欢乐、共同成长。因此，严肃的规定后附带的"温馨提示"，虽然同样是学生日常行为规范，但使用了充满个性化、人情味的语言，让学生感受到的不是强制和冰冷，而是亲切和温馨，使学生更加乐于接受，从而促成了教育资源的生成。

# 案例呈现 | 原理与对策

## 一、班级日常管理的含义与意义

### (一) 班级日常管理的含义

班级日常管理的内容.mp4

所谓班级日常管理，是指班级管理者每一天所开展的具体管理活动，具有经常性、相对稳定性和集体认同性等特点。从一定意义上来说，它是不以班主任的更换，不以时空的变化而转移的。[1]从理论上解释，班级日常管理是教育者从培养人的目标和班级工作的要求出发，对班级学生的日常行为与班级状况进行的经常性管理。所谓学生的日常行为及班级状况，是指学生个体和群体每日在自身的生命活动过程中以及在班级学习生活中表现出的最基本、最一般的行为表现及精神面貌，如到校出勤、课上学习、课间活动、同学交往、学生的心理和身体健康等状态。从实际工作出发解释，班级日常管理就是以《中(小)学生守则》和《中(小)学生日常行为规范》的内容要求为依据，结合学校、班级情况，每日进行的经常性管理与教育。

### (二) 班级日常管理的意义

班级是学校开展教育活动、传授科学文化知识的基层组织，班主任是通过班级的组织形式，组织和领导班集体实施对全班学生的教育工作；全体教师是通过班级的组织形式进行教育活动；家长是通过班级与班主任、学校进行联系，社会各方面也经常与班级联系，共青团、少先队基层组织也是设在班级中的。因此，班级的日常管理在学校教育中具有相当重要的意义和作用。首先，良好的班级日常管理有助于班级管理目标的实现。班级日常管理不仅是落实班级工作计划的一个个具体的环节，也是使班级集体能够正常运作的必要条件。忽视日常管理，会造成班级集体的某种混乱和不协调，这当然会影响班级管理目标的实现。其次，良好的班级日常管理有助于学生的健康成长。班级日常管理涉及学生在校学习、生活的每一个具体的方面，具体到学生是否能按时上课下课、是否讲文明礼貌、是

---

[1] 庞国彬，等. 小学班级管理[M]. 长春：东北师范大学出版社，2013：55.

否能保持班级安静整洁、是否能保持正确的站姿坐姿、是否能自觉维护正常的课堂纪律等。如果班级日常管理方法得当、全面到位，就能促进学生的健康成长。

## 二、班级日常管理的内容

班级日常管理内容极其繁杂，主要包括以下几个大的方面。

### (一)班级环境管理

班级日常工作是在一定的环境中进行，因此，班级日常管理离不开对班级环境的管理。班级环境管理包括班级规范环境管理和班级物质环境管理两个方面。

班级规范环境主要是指班级日常生活常规，包括日常必须遵守的行为规范等，如考勤制度、课堂秩序、考试管理等；班级物质环境是以物质为载体的环境，它是由人工创设的，能发挥育人功能的环境。班级物质环境一般包括教室的空间大小、色彩、灯光和照明，教室的布置和班级座位编排等几个方面。其中与班级日常管理密切相关的是教室的布置和座位编排。

### (二)班级教育性管理

班主任负有教育整个班级的任务，教育性管理是要促进班级成员的全面发展。全面发展体现的是人的生活的完整性，因而教育性管理的实质，就是生活指导。从人的德、智、体三个方面发展的要求出发，生活指导的内容体现在以下几个方面。首先，教师要对学生进行生活指导，包括集体物质生活指导、学生时间管理和集体社会生活管理三个方面。其次，教师要对学生的个人生活进行指导，主要包括人生规划和解决学生困惑两个方面。再次，教师要对学生进行学习指导。学习指导是班主任的重要工作。从班级管理的角度来看，学习指导不仅是指向具体学科和课堂教学，而且是着眼于全体，关注课外的学习，具体而言，包括关注学生非智力因素的发展和学习方法的指导两个方面。最后，教师要对学生进行健康指导，以促进学生健康成长。

班级管理作为教育性的管理，无论是从班级组织生活出发，还是从班级成员的个体发展出发，班级组织成员的个别问题都需要个别地解决。因此，班级日常管理中有个别教育的问题，如问题学生的指导。

### (三)学生的评价

在班级日常管理中，评价是一个重要的手段。评价不仅对班级成员个人行为起到调节作用，而且对于班级全体成员起到强化作用。换言之，评价可以促使学生改进不良的行为，有助于形成良好的班级氛围，以便教师更加有效地进行班级管理。一般来说，班级日常管理中学生的评价可以分为奖励与惩罚、操行评定。班级管理中的奖励与惩罚主要是运用语言对学生的行为所进行的肯定与否定的评价。操行评定是对学生在某个阶段思想道德等方面的状况进行评价，以帮助学生正确地认识自己，进一步促进学生的发展。

## 三、班级日常管理的特点

科学的班级日常管理应强调学生的主动参与、主动体验，尊重学生的权利，激发其创造性、积极性和主动性，实现教师和学生共同管理，引导班集体自我管理，从而实现学生的全面发展。具体来说，班级日常管理具有以下几个特点。

### (一)班级日常管理是目标管理

目标是集体、个体或组织前进的动力。目标管理是一种行之有效的班级日常管理方法，能使班级的工作更加科学化，教育手段更加有力。在日常管理中，班主任要根据教育目标和班级实际发展状况，不断地向全班提出明确的目标和要求，引导和激励班级学生为实现美好的期望和目标而奋发努力。

### (二)班级日常管理是有序的管理

无论什么班级，不加强管理，无序和混乱的程度都会增加，唯有规范的管理，才能增强有序性，建立正常的教学秩序。班级日常管理是一个针对本班实际，力求面向全体，立足个体，有序推进的管理过程。日常管理的有序性要求我们，在日常管理中分清工作的主次先后、轻重缓急，做到有条不紊。要理顺管理网络，使工作顺利开展。传统的班级管理网络是选出同学担任班干部，班干部作为班主任助手，起着信息反馈的作用。现代的班级管理模式可谓千姿百态，班级管理网络的设置和正常运行，使得班级管理更加有序、更加科学，不管是对日常工作，还是临时工作，或是紧急任务，都可以做到稳而不乱。

### (三)班级日常管理是精致的细节管理

日常管理要从细微处着手，从细节中生成。班级管理内容为日常行为，既具体又琐碎，看得见，摸得着。学生良好的学习品质、行为规范、思想品德，往往都是从具体的细节或情境中感悟、体验，日积月累而形成的。班级中，小到黑板报的布置、座位的排定，大到考试纪律、考勤请假、卫生习惯等，都需要根据本班学生的特点，对每一个细节巧于设计，统筹规划，以达到潜移默化的教育效果。班主任处处留心班级管理中的细节，就会从细节中了解学生，抓住育人关键，培养学生的良好习惯。

案例呈现 II

**不依规矩，不成方圆**

A 老师第一次担任某班的班主任。为了维持课堂纪律，费尽了周折。一开始他的思路是，要让学生上课认真听，要靠师生关系好。他想，我和学生做朋友，让学生喜欢我，如果他们喜欢我，就愿意听我的话，何愁不守纪律？即使偶尔违反，我提醒，他们冲着我的面子，也就改了，这不但能保证纪律，而且其乐融融。可能是学生看"冷面孔"已经看了无数了,现在突然看到了"暖面孔",不啻吹来一阵春风。于是最开始他们还真给班主任"面子",班主任暗暗高兴。可是好景不长,同学们不久就忍不住要"疏活疏活筋骨",在班上开始闹起来了。班主任一提醒,学生们就收敛一阵,但是坚持的时间越来越短,很快就又闹腾起来了。

B班主任与A班主任不同。她认为,要真正维持好纪律,就不能让学生习惯看老师的脸色。如果学生以看老师的脸色来决定遵不遵守纪律,那么班主任即使很凶,也只能保证其在场时纪律好,一旦离开,班里便乱了。要让学生真正遵守纪律,就得培养他们的规则意识。让他们自己体会,有了规则,他们可以活得更好,没有这些规则,不但妨碍别人,而且最终自己也要受影响。"规则是我自己的需要,而不是别人强加给我的束缚",当学生认识到这一点的时候,自觉的纪律才有可能形成。所以在每次接手一个新班时,她总是把制定班级公约作为一件头等大事来抓。一般由她倡导,由学生干部讨论制定、修改,全班学生通过。在制定过程中,她特别注意班级公约的针对性、教育性和可操作性。虽然制定班级公约是一件麻烦事,但是她看到,学生们在后来的学习生活中大多都能够按照公约行事,班级秩序良好,她反而从烦琐的日常管理工作中脱身出来了。

(资料来源:陆海富.班主任班级管理的艺术[M].哈尔滨:北方文艺出版社,2008:2~3.)

**问题与思考**

1. A、B两位班主任管理班级的理念有何不同?结果如何?
2. 什么是班级规范环境管理?主要包括哪些方面的工作?
3. 班级规范环境管理应注意哪些问题?

**分析与评价**

我们身边有许多像案例中A班主任这样的尽职尽责的班主任,开始带班时,对学生充满了期待,怀着满腔热情投入教育工作,希望用爱心、耐心感化每一位学生,他们"日理万机、呕心沥血",希望成为学生喜欢的班主任,不用管不用压,为学生营造一个良好的学习生活环境。但事实却不尽如人意,一段时间之后,很多班主任发现,他带的班级成为了一个"乱班"。

我们不禁要问:心中有爱,口中有理,为什么却不能管理好班级呢?

这是因为,班级管理不仅需要人治,还需要"法治"。班主任在班级管理中,除了付出爱心、耐心外,还需要借助班规班纪等日常规范的管理,来营造良好的环境。这也是案例中B班主任之所以成功的原因。

一个良好的班级环境可以陶冶学生的道德情操,塑造他们的人格,浸染他们的心灵,规约他们的行为,提高他们的学习效率和生活质量。班级规范环境管理就是班级环境管理不可缺少的重要内容。

# 案例呈现Ⅱ原理与对策

## 一、班级规范环境管理的主要内容

班级规范环境管理中应注意的问题.mp4

班级规范环境管理主要是指班主任和教师以《中(小)学生守则》和《中(小)学生日常行为规范》以及师生依本班奋斗目标共同制定的班级公约等的内容要求为依据，结合学校、班级的情况，每日进行的经常性管理与教育。具体而言，主要包括以下几个方面的内容。

### (一)教学常规管理

教学常规管理是指日常教学活动中必须遵守的行为规范。教学是学校的中心工作，教学是教师的教和学生的学的统一，其实质是交往、互动、共同发展，形成"学习共同体"。要建立起这样的"学习共同体"，必须创设良好的环境与秩序，建设一个稳定的教学环境，从班主任的班级管理和学生的发展来看，教学常规管理主要包括考勤管理、课堂秩序管理和考试管理。

#### 1. 考勤管理

考勤管理就是班主任或任课教师依据考勤制度对学生的出勤情况进行考核，是提高学生在课堂、考试、各项活动中的出勤率所采取的重要措施。考勤制度是指考核学生出勤情况所采取的一系列方法、程序、规章的总称，一般包括考勤范围、考勤的标准、考勤的计算、考勤程序、考勤审批手续、考勤奖惩、考勤注意事项等。

班主任和任课教师应按照《中(小)学生守则》和学校制定的考勤制度的要求，督促学生遵守作息时间，按时出勤，不缺勤、不迟到、不早退，为教育教学以及班级管理创造良好的环境。

#### 2. 课堂秩序管理

课堂学习是目前学生学习的主要形式，为了保障课堂学习的有序进行，维护课堂秩序是班级管理的重点。课堂学习中常见的问题行为有中断教学、反抗行为、分心行为、攻击行为等。不良的行为会影响课堂的学习秩序。课堂秩序包括听课秩序和作业秩序。听课秩序的具体要求为：上课预备铃声响后，学生应该迅速进入教室，准备好上课用品，静候上课；凡迟到者要打报告，得到老师允许后方可进入教室；上课时未经老师同意，不得擅自离开座位；上下课应听班长口令全体起立，向老师致敬、问好；上课要专心听讲，积极思考，认真做好笔记；提问先举手，回答问题应该起立，声音洪亮；上课不干扰正常课堂教学，不看与课程无关的书籍；课堂交流要在老师安排的时间内进行，交流中不谈与主题无关的话题。作业是学生复习、巩固应用知识的重要形式，作业的基本要求是课前预习，课后认真复习，按时完成作业，书写工整，卷面整洁。[①]

### 3. 考试管理

考试是主考者根据一定时期的社会要求，在一定的场所，采取一定的方法，选择一定的内容，对应试者的德、才、学、识、体所进行的有组织、有目的的测度和甄别的活动。考试不仅是对学生知识的考查，更是对学生人格的检验。因此班主任要做好考试管理工作。一般而言，考试前，班主任和任课教师要对学生强调考试的意义以及基本要求，使学生明确考试的价值和应该遵循的考试规范、考场制度等；考试中，要严格执行考场纪律，严禁各种考场舞弊行为；考试后，要公平合理地处理好考试成绩，并向学生及时反馈。

## (二) 日常行为规范管理

没有规矩不成方圆，没有规范就没有秩序。日常行为规范管理就是通过对中小学生日常生活和学习中必须遵守的规则、准则的管理，使学生能够遵守文明礼仪规范、学习行为规范、作息制度常规、工作职责常规和体育卫生常规等。

### 1. 文明礼仪规范管理

礼仪是人类为维持社会的正常运转而要求人们共同遵守的最基本的道德规范，它是人们在长期共同生活和相互交往中逐渐形成，并且以风俗、习惯和传统等方式固定下来的。中小学生礼仪教育的内容涵盖着他们生活的各个方面，从内容上有仪容、举止、表情、服饰、谈吐、待人接物等；从对象上有个人礼仪、公共场所礼仪、待客与做客礼仪、餐桌礼仪、馈赠礼仪、文明交往等。加强道德实践，提高德育实效性，应加强中小学生礼仪教育，告别不文明的言行。

### 2. 学习行为规范管理

班级是学生参加学习活动的主要阵地，学习生活常规管理得好，可以培养优良的学风，促进学习质量的提高。在班级中，每个学生要努力做到先预习后上课、先复习后做作业；上课要专心听讲，积极回答老师提出的问题，善于发表自己的见解；作业要独立完成，要符合作业规格，错的要及时订正；要认真参加考试，严禁作弊；自习课时不讲话，不擅自离开座位；实验时，保持实验室整洁，听从老师指导，爱惜实验用品；要遵守图书馆管理制度，损坏、遗失应照章赔偿。

### 3. 工作职责常规管理

班级内部各类学生干部及所有成员都要明确自己在建设班集体中的工作职责，这样全员参与，人人有责，就能加快班集体的建设步伐，让学生在实践中得到锻炼，班主任自己也能从烦琐的事务中解脱出来，真正从"保姆"变为"参谋"。在每一个具体的小学班级中，有队委、班委工作职责，有各科代表的工作要求，有班级管理岗位制度、值日班长制

---

① 张作岭，宋立华.班级管理[M]. 北京：清华大学出版社，2019：109.

度、学生干部轮换制度。这些工作职责和工作制度的实施，有利于学生在班集体中自我管理、自我教育、自我完善。

#### 4. 体育卫生常规管理

班主任要重视培养学生良好的体育卫生习惯，要引导学生认真参加两课、两操、两活动，保证每天有一个小时的体育锻炼时间，努力达到青少年儿童体育锻炼的标准。体育不及格的学生，不能被评为优秀学生。中小学生的卫生行为包括个人卫生行为和公共卫生行为，每个学生都要努力达到《中(小)学生日常行为规范》中提出的卫生要求，具体包括卫生值日工作的安排与督察、眼保健操、良好的集体卫生与个人卫生习惯的培养与检查、常见病的预防、学生身体检查等。

## 二、班级规范环境管理的功能

班级规范环境管理是通过制定和执行一系列的规范来管理班级工作，是班级管理工作有效运行的保障，对营造良好的班级环境具有不可替代的作用。

### (一)约束作用

约束即限制、管束使之不超越范围。规范的约束作用是通过一定的规则、制约、限定人的行为，使其符合组织的要求。班级规范的一个显著特点就是具有一定的约束力和示范性，可以有效地矫正学生的不良行为。当班级成员遵守制度规范时，在规章制度背后潜在的价值取向与认知模式，也会潜移默化形成班级成员的意识，成为班级成员行动的主要依据。班级学生的个性千差万别、行为千变万化，只有用统一的规章制度来规范和约束学生的行为，协调学生之间的差异和矛盾，才能使班级学生在行为上保持一致，形成良好的班风、班貌，保证班级健康、稳定地向前发展。

### (二)导向作用

导向即指导、引向。班级规范的导向作用是指班级规范能提供给学生判断和评价事物的统一标准，规定具体行为的统一尺度，使学生明确什么该做、什么不该做，应该怎样做、不应该怎样做，从而引导班级成员按班级管理的要求不断地完善自我，培养群体意识和整体观念。班级规范还可形成一种群体舆论的压力，引导和矫正学生的行为，增强其责任感。

### (三)激励作用

激励是指运用各种手段去刺激人的需要，激发其动机，使其朝自己所期望的目标前进。通过规范的制度安排来引导和约束班级成员，为实现班级共同目标而努力。合理的班级管理规范对学生积极性的发挥有强大的激励作用。班级规范中有关奖励的条例、规定，如果满足学生的需求，从而激发其动机和潜能，充分发挥学生的积极性和主动性，有利于班级目标的实现。班级中所形成的良好的舆论、风气、习惯等，也会对学生产生激励作用。

## 三、班级规范环境管理应注意的问题

班级规范环境管理作为一种有效的管理手段,能够提高班级工作的效率和质量。它的优点是规范统一、效率高、可操作性强;但也存在某些缺陷,如缺乏弹性、不够灵活。班级规范一旦确定就相对稳定且呈刚性,要求学生严格遵守。但由于环境的复杂多变以及学生身心的不断发展,要求随机应变,灵活处理,否则就难以进行有效的管理。班级规范在执行过程中也容易受主观因素的影响,所以在管理过程中要注意以下几方面的问题。

### (一)宽严有度

要严格执行各项规定,做到赏罚严明,保证规范的刚性;同时又要针对现实问题,特别是对待涉及惩罚的问题,与学生共同分析问题产生的原因,必要时根据情况,争取学生的意见后可以对规范作适度修改,将规范的刚性与弹性有效地结合,力求使规范发挥育人作用。

### (二)坚持公正

在规范的执行过程中,一定要坚持公正的原则,不能有偏袒的现象。规范的弹性变动要由全体成员共同讨论通过,教师不能根据自己的喜好、与学生的个人关系及对不同学生的看法擅自变动相关的内容。

### (三)以身作则

作为班主任,对班级规范与自己相关的部分,要认真遵守,做学生的表率。所谓"学高为师,身正为范",班主任既然是班集体的一员,就理应和学生一样遵守班级的各项规章制度。班主任要自觉地把自己融入到班集体中去,并接受学生的监督,为学生在各方面树立典范。一旦教师由于观念或者其他方面的原因出现错误,就会成为学生错误思想与行为的暗示。

**案例呈现Ⅲ**

**美化教室**

新学期开学后,作为班主任的我,一直在思考着如何为学生营造一个和谐、温馨的教室环境。为了体现学生的主体地位,关注学生的情感,使学生乐于在自己制定的各项评比中严格要求自己,以便更快地形成良好的班风、学风,我打算让学生讨论如何美化教室。

8月31日学生返校的那天,我问同学们:"你们愿意亲自讨论、设计、美化咱们班的教室吗?"同学们异口同声地说:"愿意!"并且个个都特别兴奋。于是,我在黑板上写下了讨论的题目。你打算为你们小组起一个怎样富有诗情画意的名字?如何设计符合我们四年级(3)班特色的班徽?怎样用简练的文字体现班训?评比台和展示台应起什么名字?里面应展示哪些内容？收集一些催人奋进的名人名言……看到这些，学生们在下面议论得热火朝天！我把这些留作学生开学第一天的作业，回家可以查阅相关资料。

9月1日那天，我们利用班会的时间进行汇报、讨论，最后达成共识，拟订美化教室的方案如下。

班训：勤奋守纪、团结创新。

班徽是圆形的，主色调是蓝色(象征着知识的海洋)。由幼苗、星星火炬、彩虹、旭日4部分组成。象征意义：我们56名小朋友在知识的海洋里遨游，一棵棵幼苗在阳光下茁壮成长。彩虹象征着孩子们金色的童年。

评比台的题目为"星光闪烁"。里面贴上同学们自己最喜欢的相片。当然，这里的同学都是在各个方面表现比较突出的同学，通过月评或竞赛得出。如：卫生星、纪律星、计算星、拾金不昧星、助人为乐星、体育之星、音乐之星等。在相片的下面有标识。

在教室后面的右侧设计"红花擂台赛"栏目。这里主要针对学习，对平时各科测验得满分的同学，获胜一次奖励一朵红花。对学习水平在中下等的同学，根据他们进步的不同程度，也奖励一朵红花。

"青青芳草地"栏目，定期展出学生的优秀作品和独特想法。

方案确定后，我们师生共同准备材料，有的同学从家里拿来彩纸板，有的同学拿来胶水，有的从家里拿来大白纸……准备工作就绪后，我将对美术和书法较好的同学进行分工，每4人一组，每组负责一个栏目。接下来我们就开始布置教室了。星期六那天，我们师生同往常一样早早地来到了学校。看，同学们有的剪，有的画，有的在设计精美的图案……个个忙得不亦乐乎！

此情此景，心里有说不出的高兴，我的学生真的长大了。

(资料来源：陆海富. 班主任班级管理的艺术[M]. 哈尔滨：北方文艺出版社，2008：60~62.)

**问题与思考**

1. 班主任为什么开学伊始即思考如何布置教室？
2. 班主任让学生们从哪些方面去布置教室？
3. 班主任为什么让学生们自己布置教室？这体现了教室布置的什么原则？

**分析与评价**

教室是学校的一个重要组成部分。它不仅是学生日常学习的场所，更是一个集体团结奋进的阵地，是同学们交流、互助、促进发展的平台。教室的环境直接或间接地影响到师生的健康、安全和舒适。干净整洁，富有内涵的班级环境能在育人路上发挥"润物细无声"的功效，潜移默化地陶冶学生的情操，净化学生的心灵。苏联教育家苏霍姆林斯基曾说："教育的艺术在于使器物——物质和精神财富起到教育作用。用环境，用学生自己周围的情景，用丰富集体生活的一切东西进行教育，这是教育过程中最微妙的领域之一。"这就告诉我们，班主任必须重视作为班级物质环境管理重要内容的教室环境布置。

这也是案例中班主任开学伊始，就思考如何为学生营造一个和谐、温馨的教室环境的原因了。

案例中班主任发动全班学生积极参与教室布置，并通过在黑板上布置讨论题目的方式，让同学们思考如何设计班训、班徽、评比台、展示台等。其实，这些都是教室布置的主要项目。班主任带领同学们通过自己的思考设计、材料收集、剪画操作等，一起完成教室布置，整个过程体现了教室布置的基本原则。

事实证明，只要用心、付出努力、遵循原则、讲求方法，就能营造一个和谐、温馨、有助于学生成长的教室环境。

# 案例呈现Ⅲ 原理与对策

教室布置应遵循的原则.mp4

## 一、班级物质环境管理的主要内容

班级物质环境，实际上指的是以物质为载体的环境。在人们生活的环境中，并没有纯粹的物质环境，人们生活的物质环境总会打下人的烙印。正因为如此，反映了人的思想意识的物质环境对人有着重要影响。班级物质环境管理就是使物质环境能够符合班级组织生活的条件，主要包括教室布置、座位编排等的管理。

### (一)教室布置

苏霍姆林斯基曾经说："无论是种植花草树木，还是悬挂图片标语，或是利用墙报，我们都将从审美的高度深入规划，以便挖掘其潜移默化的育人功能，并最终连学校的墙壁也在说话。"① 教室是学生学习、生活、交际的主要场所，是教师授业、育人的阵地，是师生情感交流的地方。优美的教室环境能给学生增添生活与学习的乐趣，消除学习后的疲劳；更重要的是，它有助于培养学生正确的审美观念，陶冶学生的情操，激发学生热爱班级、热爱学校的感情，促进学生奋发向上，同时还可以增强班级的向心力、凝聚力。因此班级物质环境管理首先要抓好教室的环境布置。

教室环境可分为"硬环境"和"软环境"。所谓教室的"硬环境"，是指教室里的设施，如黑板、门窗、桌凳等。所谓教室的"软环境"，是指教室里的一些装饰物，如照明、温度、图片、绘画、图书角等。我们所说的教室布置就是指对教室"软环境"的设计和管理，使教室成为有助于学生学习的环境。

### (二)座位编排

座位编排是指学生日常座位次序的排列方式。座位编排主要包含两个方面：班级座位排列以及学生座位安排。班级学生座位排列的空间形式，潜在地影响着整个课堂气氛，并

---

① 张万祥，等. 苏霍姆林斯基教育名言[M]. 天津：天津教育出版社，2008：356.

对学生的学业成绩、学习态度和课堂参与产生着不同程度的影响。尤其是在新课程理念下，班级座位排列对于实现课程改革的目标、实现班级日常管理的转型具有重要价值。因此，班主任既要科学地安排座位，又要注意方式方法。

## 二、教室布置的内容及操作原则

### (一)教室布置的内容

一般而言，对于教室的布置主要涉及如下几方面。

**1. 班训与班徽**

班训和班徽一般张贴在黑板的正上方，起到提醒、告诫和激励作用。班训一般由全班共同制定，字数不宜过多。班徽由班级学生共同讨论决定，具有一定的价值内涵，是班级思想的精华。

**2. 管理园地**

管理园地的设立不仅可以杜绝学生在教室里胡乱张贴的现象，同时可以保证对班级规范化的管理。管理园地可以张贴如下一些内容：《学生守则》《班级公约》《干部名单和职责》《分组名单》《值日表》《课程表》等。它一般设置在教室前墙黑板右侧或前门进门处。

**3. 公布栏**

公布栏主要张贴一些临时性内容，如各种通知、获奖情况、检查评比结果以及出勤竞赛情况等。也可以将每天的注意事项以及叮嘱同学完成的事项，以和缓非命令式的表达方式贴于公布栏上。如明天换季，记得把你们美美帅帅的冬季校服穿过来。

**4. 荣誉栏**

荣誉栏一般设置在教室后墙上方，一般会张贴班级荣获的各种荣誉和奖牌。

**5. 板报或者墙报**

教室后墙的墙报或者板报占据的空间比较大，在教室布置中占有重要的地位。板报或者墙报的设置要选择好设计版式、主题，而且要装饰美观。

**6. 学习园地**

学习园地一般是配合教学来设计的。如规划出单元重点，以分科分节的形式将各科的重点明显地展现出来，让学生在学习时，有要点可循，即使老师没有在班上授课时，学生仍然能依此布置的提示自动学习。学习园地还可以开辟出很多专栏，比如"五色土""金手指""百草园"等，定期更换合适的内容。

### 7. 其他

其他内容主要是指壁柱布置、阅读栏等。这些布置也是教室布置的重要组成部分，发挥着重要的教育功能。

## (二)教室布置应遵循的原则

### 1. 健康性与教育性

健康性是教室布置的基本原则，主要从空气、光线等环境因素出发，利用各种手段创造一个有利于同学们身心健康发展的教室环境。它包含整洁和安静两个方面的要求。如可以提出"绿色教室"的概念，以摆放四季常开、清幽脱俗且具有提高环境质量作用的兰花和色彩和谐的盆景为主，这些丰富的绿色植物，在净化空气、减除噪音、调节室温、柔化光线、维持教室环境稳定的同时，也美化了环境，陶冶了人的情操。

教育性是指教室布置的内容要符合其中某一项教育目标。如是否具有道德性，是否承载了一定的知识量，是否反映了一定的教育理念，是否具有一定的审美教育性，内容是否鼓励个性化和创新性，是否体现了一定的互动性(互动包括学生指向环境和环境指向学生两种不同方向的互动)，是否体现合作性与生成性，等等。

### 2. 经济性与实用性

教室布置要具有经济性。教室布置由于要经常更换，所需材料和经费应考虑其经济性，原则上鼓励废物利用，由师生共同设计，减少成品购置，达到经济实用之效果。如用不完的墙报纸和图画纸等可统一收藏，当下次再重新布置教室时，便可拿出来再次使用。

教室布置要具有实用性。教室布置不能只是装饰与点缀，应配合教学单元内容之需求，适时地布置与教材有关的辅助教学资源，以符合时效及达到实用性。如上课上到中国地理时，老师可贴一张中国各地理区的分布图在教室后面，每当上完一章时便提醒学生到后面观看该章所教的地理区，有时也可随机让学生到教室后面把该地理区指出来，并作简短的摘要。

### 3. 主体性与创造性

教室是学生的"家"。因此，要充分发动学生参与教室的布置，强化学生的主人翁意识，给予学生一定的创造思考的天空。学生参与的程度，要依据学生的年龄特点而定。在小学低年级，由于学生的自理能力差，因此参与的程度就应低一些，可也有办法体现学生的参与性。比如，可以把学生的"作品"(作业、绘画、小制作等)作为布置的内容，或者把学生参加某些活动的照片、获得的奖品等布置在教室中。这些都会给学生一个"我是班级小主人"的暗示。对于高年级的学生，特别是中学生，从设计、采购到制作、张贴，都可以发动学生广泛参与。发动学生参与并不意味着放弃教师的主导作用，教师要对整体设计进行科学把关，而不能放任自流。为了更好地体现教室布置的创造性，教室中可以保留一块可供学生自由发挥的角落，如涂鸦区，供学生任意彩绘图案；心得感想区，供学生把当天所学的心得与感想写出来和同学分享。

#### 4. 个性化和针对性

教室的布置要体现个性化，也就是要能体现教师的价值追求、班级文化的取向、学生个性的张扬等。由于教学条件的局限，每个班级的硬件设施都差不多，很容易导致各个班级环境的雷同，不利于班级自身特色的建设。教师应该在现有的硬件基础上，充分发挥学生的创造力和动手动脑能力，通过细节营造班级特色环境。比如教师发现班上的学生很喜欢阅读，就可以考虑围绕这个主题，整体设计教室的布置，以便突出这一特色。

教室的布置还要具有针对性。要减少传统口号性、教条性的标语，代之以生动活泼化的语句。如初三和高三的学生正是处于如火如荼准备联考的阶段，此时教室布置可贴一些激励性的标语如"努力！努力！再努力！成功的坦途已离我们不远了！"等，来勉励学生。

## 三、座位编排方式及操作原则

### (一)常用座位编排方式

座位编排方式通常有秧田式、新月式、圆形或者方形、模块型、分组编排、自由式编排等几种。

#### 1. 秧田式

这种编排方式比较适合班级授课制。在这种座位排列中，学生左肩邻右肩，后面学生面对前排学生后背，横排和竖排对齐，因其酷似秧田而得名。秧田式的座位编排方式体现了教师中心的思想，便于教师对学生的管理和监控。它的主要弊端在于：不利于学生个性的发展，不能关照到全体学生。随着社会的发展，秧田式座位编排样式出现了几种形态：4×2样式、队列式以及扇面式。

#### 2. 新月式

这种编排方式也称为马蹄形、U字形。这种座位编排方式比较适合学生讨论，便于学生之间交流。教师位于U字形缺口的顶端，可以直接进行板书，也可以进行相关的讲课活动。而U字形中间的部分学生，可以从事角色扮演等相应的活动。这种座位编排方式的缺点是增加了学生对视行为，容易影响课堂纪律。受到人数的限制，如果学生人数超过30人，可以采用双马蹄形编排。

#### 3. 圆形或者方形

这种编排方式主要便于学生相互学习与开展讨论，学生可以组成环形小组。由于这种编排方式容易受到对视以及非言语交流的影响，教师可以采取如下策略：①把具有领导潜力的小组长安排在醒目的位置。②把特别安静的人安排在小组长对面，或者安排在健谈学生的对面。③把特别愿意说话的学生安排到小组长旁边。教师可以坐在角落，也可以坐在学生中间，这样便于监控，避免学生左顾右盼，扭动身体。

#### 4. 模块型

模块型编排方式的主导思想在于学生都有自己的活动空间，避免相互干扰。这种设计方式主要用于学生自学、个别化教学。

#### 5. 分组编排

这种编排方式是根据新课程改革中学生自主学习、合作学习和探究学习需要而设计的一种排列方式。每个小组有3~5个人，学生可以讨论、探究、发表意见，为学生个性化发展提供了条件。

#### 6. 自由式编排

这种编排方式需要教室内装有"万向轮"的课桌，平时采用单人行列编排方式。一旦有需要，可以把课桌随意组合成任何一种方式。

### (二)学生座位编排的原则

学生座位编排的主导思想是以人为本。以人为本的座位编排不仅能够促进良好班风的形成，而且有助于培养学生的交往能力和团队合作精神，为学生的全面发展营造健康的教育环境。从以人为本的角度出发，学生座位编排应该遵循下列原则。

#### 1. 互补性原则

所谓互补性原则，就是要打破传统的座位格局，达到优势互补，为学生提供一个能够充分地发展自我的环境。它主要包括以下几个方面。

(1) 品行互补。把不同性格、气质、品德的学生安排在一起。结合学生综合情况，教师可以做出如下的搭配：独立性较强的学生与依赖性较强的学生，脾气急躁的学生与稳重有耐心的学生，意志不坚定、缺乏顽强刻苦精神的学生与勤奋踏实、孜孜不倦学习的学生等。这种互补效果胜过教师的直接教育，并且可最大限度地减少性格冲突，有利于营造宽松和谐的人际关系。

(2) "智能"互补。要尽量把知识和能力不同者编排在一起，实现智能互补，达到优化组合、共同进步的目的。

(3) 环境互补。不同环境培养出来的学生会有不同的个性。如城镇与农村、生活富裕家庭与生活贫困家庭、幸福家庭与不幸家庭之间的差异会给学生造成一定的影响。因此，在编排座位时，也要有所顾及，使学生都能健康、和谐地发展。

(4) 性别互补。性别因素同样具有很大的互补和诱导作用，如女生的含蓄和善于观察与男生的粗犷和喜欢表现，女生的形象思维、注重感情与男生的抽象思维、注重理性，女生的认真细致与男生的坚毅敏捷等，均可优势互补。

## 2. 灵活性原则

所谓灵活性，就是教师要根据教学实际需要灵活选择座位编排方式。因为不同的教学活动、不同的互动形式对学生的学习以及管理会有不同的影响。Sommer 研究指出，学生活动中所选择的互动类型和座位有很大关系。①个别的工作。此类型的学生选择远离别人的座位，或是以各种幕布隔开别人的视线，在不能避开他人的时候，也常选择桌子的尽头，或者远离教室中心、靠近墙的位置，并试着保持距离来保护自己的隐私不受干扰。②分工的工作。此类型的学生在进行合作性质的工作时，通常会选择靠得很近，以方便相互讨论，所以教师在安排座位时应该考虑分工的情况。③竞争的工作。当工作本身具有竞争性时，一般人会选择坐在比较靠里的座位，以了解别人的进行情形。学生在参与竞赛时，比较喜欢坐在对手的对面，如此可以增加彼此目光的接触，窥探彼此的心理。

从上述观点出发，教师需要根据不同学科、不同课程类型的需要，灵活选择座位编排方式。学生排列好座位次序之后，需要定期变动。变动的方式主要有两种，一种是采用座位轮换方式，另一种是定期重新排列座位。

### 案例呈现 IV

#### 把目光投向人群

孩子们说："班里有一个人，是用鼻孔看人的。"

"用鼻孔看人？"我问。"是的，"一个孩子轻轻地仰起头，眼睛看着天花板，目光里显出傲然的神色，然后说，"喏，就是这样的！"

我心念一动，突然想到了："你们说的是小俊吧？"

孩子们说得没有错，小俊用鼻孔看人已经不是一天两天的事了。即使此刻，站在我面前的他，也依然习惯性地仰着头。

我伸手在他面前晃了晃："小俊，天花板上有大戏看吗？"

"大戏？"他依然仰头道。

"没有大戏看，你老看天花板干什么？"我笑道。

"嘿嘿，"他终于把视线从天花板上移下来，看着我的眼睛，明朗地笑了，"老师，您怎么也来取笑我？"

"'也'是什么意思？"我浅笑道。

"哼，班上有一些人，尽编瞎话来取笑我，这我是知道的。"他气鼓鼓地说。

"你怎么知道是瞎话？"我笑出声来，"说你用鼻孔看人，没冤枉你呀！"

"老师，您不知道，"他并不生气，"不是我看不起他们，实在是他们太浅薄！"

"这话怎么说？"我接道。

"他们连 F1 都不知道，不是太浅薄吗？"

"你是说 F1 方程式？"我轻笑道。

"咦，您居然知道？"他惊奇地说道。

"略知一二。"我露出淡淡的表情，心里却暗自庆幸：好在事先我已经了解到他是一个赛车迷，提前做了准备。

"您知道兰博基尼吗？"他神采飞扬起来，"兰博基尼蝙蝠，我最喜欢的赛车！"

"就是那个由费鲁吉欧·兰博基尼创立的品牌？"我在记忆里搜索着，"为什么又叫蝙蝠？"

"呵呵，"他兴奋得眼睛发亮，"因为它的车门打开的时候，就像张开双翅的蝙蝠呀！"

"难以想象！"我感兴趣起来。

"嗯——"他皱着眉头，思量半天，终于下了决心，"我爸爸给我买了一个兰博基尼蝙蝠的车模，改天我带来给您看一看，您就知道它有多酷啦！"

"真的吗？太好了！"我看着他，"不过这么酷的东西只给我一人看未免太可惜，为什么不让大家都开开眼呢？"

"他们？"他又看天花板了，"他们怎么能理解……"

"你不试试，怎么知道他们不能理解？"我打断他。

"也是，"他踌躇起来，"可是……我实在太喜欢那个车模了……"

"你怕他们把车模弄坏了？"我替他把话说完。

他尴尬地冲我笑笑，轻轻点了点头。

"那你就想一个既可以保护你的宝贝车模，又能让大家了解这些知识的方法呗！"我慢慢地说，"喜欢一件东西，是一件快乐的事。与他人分享这种快乐，你的快乐就会加倍。为什么不试一试呢？"

小俊盯着我看了差不多一分钟，终于点了点头。

足足用了两个星期的时间，小俊的"十大赛车"介绍资料才准备好。班队会上，他很开心地向大家介绍了他喜爱的那些赛车，更让大家高兴的是，他还把那个精致的车模拿出来向大家详细地介绍了一番。

整个过程中，他都是真诚的，眼睛看着班上的每一个人。

下课了，同学们围了上来，几个男生甚至伸手摸了那个往常他从不给人看的车模，笑声在教室里回荡了很久很久……

周末，我拜访了小俊的 QQ 空间，发现小俊以分享快乐课为名记载了这次介绍会的全过程，字里行间充满了快乐的情绪，日记的结尾，他用一句话概括了全文："当我把我的爱好和班里的 63 名同学分享时，我发现我的快乐不再只是埋在我一个人的内心，而是充满了整间教室，这种感觉真是太美好了。"

我的心瞬间变得轻松了，我知道那个用鼻孔看人的孩子已经消失了。如果可以把目光投向人群，谁还会去看那单调的天花板呢？

(资料来源：优才教育研究院. 班主任实务案例大全[M]. 北京：北京教育出版社，2013：71～73.)

**问题与思考**

1. 小俊的生活状态正常吗？

2. "我"为什么要开一场赛车介绍的班队会？
3. 班会之后"我"为什么瞬间变得轻松了？

**分析与评价**

陶行知说："集体生活是儿童之自我向社会化道路发展的重要推动力，为儿童心理正常发展的必需。一个不能获得这种正常发展的儿童，可能终其一生只是一个悲剧。"在班级里，纵容某一个学生孤立自己的方式则更不可取。哪怕这种孤立是他自己的选择，哪怕这种孤立是缘于他的出类拔萃。因为真正的教育必须让孩子拥有一种足以应对整个人生的健康心态，而集体精神的缺失，必将成为他今后人生中最大的绊脚石。所以，更多的时候，我们要记得做一项工作，那就是：为每一个孩子打通那面把他与周围世界隔开的厚墙。

案例中，小俊用鼻孔看人，将自己与他人孤立起来，不屑于与同学交流，不能更好地融入集体生活，这对他的成长是极其不利的。班主任通过与其耐心沟通，找到他的兴趣点，通过一场"分享快乐课"，打开他与其他同学沟通的桥梁。

学生在学校的主要任务是学习与生活，与此对应教师的职责是教书育人。因此，班级的教育性管理是班级日常管理的重要内容。这种教育性管理体现在对学生的集体生活、个人生活、学习生活和身心健康等多个方面。班主任通过自己的教育工作，使小俊体验到与人交流的快乐，从而更好地进行集体生活，这也是他瞬间轻松的原因。

# 案例呈现Ⅳ 原理与对策

班主任负有教育整个班级的责任。班级教育性管理的实质，就是要促进班级成员的全面发展，而全面发展体现了学生生活的完整性。学生是处于不断发展中的人，需要教师在生活、学习和健康等方面给予必要的教育与指导。

## 一、生活指导

就学生在学校的班级组织中的生活而言，学生的发展是在班级生活中实现的。学生的发展，并不只是知识的获得等，而是作为一个完整的人的发展，完整的人的发展只能在完整的生活中实现。学生在班级组织中的发展，也正是在班级生活中实现的。从这个意义上说，学生在班级组织中的发展，就是通过学习班级生活而实现的。帮助学生如何学习和生活的工作，就是"生活指导"。

### (一)教师要指导学生的集体生活

班级是以年龄或者能力为标准组成的一个特殊群体。由于学生来自不同的家庭，有着不同的爱好，在班级中难免会发生各种各样的冲突。因此，在日常工作中，班主任要指导学生了解人际交往的相关知识，并培养他们相关的人际交往技能和技巧；还要对学生进行集体纪律方面的引导和教育，让学生愿意参与集体活动并养成自觉遵守集体活动纪律的习惯。班主任加强学生集体生活的指导时有以下几点。第一，班主任要通过制度、规范等手段，对班级公物、学生着装以及宿舍等进行管理，使学生形成基本的规范，保证班级稳定运行。第二，班主任要使学生养成合理规划和利用时间的习惯。既要合理利用自己的时间，同时又要尊重其他同学的学习时间。第三，学生在集体中生活，必须学会正确与人交往，积极参与集体活动。

### (二)教师要指导学生的个人生活

教师就学生个体人生的整个生活领域，结合生活实际给他们的学习和生活以具体引导和帮助，使其获得尽可能充分和全面发展，并通过生活实践的磨炼，帮助他们形成自我选择和自我决定的能力。[①]一方面，班主任要指导学生正确认识自我，进行自我定位，根据个人需要和特点做好人生规划。另一方面，学生在学习生活中会遇到各种各样的困惑，班主任要给予指导和帮助。

## 二、学习指导

各种科目的教学活动是由各任课教师承担的，班主任没有必要也不可能去代替任课教师开展教学活动。所谓学习指导，这里主要指的是智育的方法指导。班主任的主要任务就是发展学生的非智力因素，同时也要注意学生学习技能的指导。促进学生非智力因素的发展重点要做好以下工作。第一，激发学习动机。学习动机是直接推动学生进行学习的一种内部动力。学习动机对促进学习活动，提高其活动的积极性和主动性有着十分重要的作用。班主任应该尽量激发不同学习水平的学生的学习动机。第二，帮助学生明确学习目标，提高学生的学习积极性。第三，要善于激发学生的学习兴趣，增强学生的求知欲。兴趣是个人对认知活动所需的表现，是积极探索事物的认识倾向。学生有了学习的兴趣，自然能开展有效的学习。班主任要有意识地在班级教育和教学中激发学生的认知兴趣与好奇心。第四，要引导学生体验成功的喜悦，看到自己的进步。第五，要重视培养学生的意志品质。学习毕竟是一项艰苦而又持续的脑力劳动，要学有所得，必须坚毅顽强、刻苦钻研。

指导学生掌握学习的方法主要有以下几种。第一，班主任要帮助学生制定适合自己的学习目标，进行学习的自我规划，正确开展自己的学习活动。第二，指导学生掌握具体的学习方法。从课程的学习来看，我们可将班级学习方法划分为预习的方法、听课的方法、复习的方法、作业的方法。班级管理者要在教学和教育过程中有意识地引导学生掌握基本的学习方法。例如，由于中小学生记忆力强的特点，教师就应该在教学过程中教给学生一些有效的记忆方法——明确告知学生记忆内容、记忆要求；采用多种形式进行记忆的结果检查；讲述有关的记忆故事，激发学生的自我认知能力。第三，指导学生学会思维。第四，

---

① 侯毅. 班主任行为规范常识[M]. 长春：东北师范大学出版社，2010：200.

培养学生良好的学习习惯。习惯是在经常性的活动中形成的，是不经意而采取的行为方式。习惯性的行为具有重复性、强制性。习惯一旦形成，就难以改变甚至影响学生的一生，因此班主任要注意引导学生形成良好的习惯。其中尤其要注意引导学生学会合理地安排时间。第五，指导学生养成参与实践活动的习惯。读书是学习，实践也是学习。中国古训"纸上得来终觉浅，绝知此事要躬行""纸上得来终觉浅，心中悟出始知深"。班主任要有意识地指导学生养成参与校内外实践活动的习惯。①

## 三、健康指导

保护学生的健康是班主任的责任。1984年世界卫生组织成立时在宪章中把健康定义为"健康乃是一种生理、心理和社会适应都完满的状态，而不仅仅是没有疾病和虚弱的状态"。健康并不能简单地通过教学获得，而是要在生活中获得，在健康的生活方式中获得。

班主任担负进行健康指导的任务。班主任对中小学生实施生理健康的指导，自己首先要养成良好的生活习惯，以自己健康的生活习惯来影响中小学生的生活习惯。其次，班主任要能够及时发现学生生理上的问题，及时予以帮助。最后，班主任要注意做好与学生家长的联系与沟通。学生的心理健康的指导应该从两个方面进行。第一，帮助学生学会正确的自我认知，能够正确地认识他人、认识环境、认识自己与环境的关系。第二，班级管理者应该为学生努力创造班级的良好心理氛围，让他们健康愉快地生活与学习。

**案例呈现Ⅴ**

### 让调皮的手不再频频举起

新学期，令数学老师兼班主任陈悦感到头疼的是班上有一个姓李的男生特别调皮。每堂课上，他总是要打断学科老师的教学，时不时地提出一些与教学主题无关的古怪问题，还喜欢打破砂锅问到底，影响了老师的正常教学。

有一次，陈老师在上课时正讲到"对称"，突然被小李的声音打断了。

"老师，什么叫对称(chēng)呢？是两个人你称称我的体重我称称你的体重吗？"

全班学生顿时笑出了声。

此时，陈老师心里纠结开了：小李虽然不是故意的，但影响了教学秩序，是否马上批评他呢？

让学生们感到意外的是老师并没有生气，而是平静地在黑板上写了两个大字"对称"，并请其他同学朗读词语，对其进行解释。之后，课堂秩序恢复了正常。

遗憾的是，小李并没有因此而感到羞愧，老毛病还是不改。其他学科老师也经常到班主任那儿告状。

---

① 李如齐，王德才. 教育学[M]. 北京：中国矿业大学出版社，2009：241.

经过反复思考，陈老师在一次班会课上专门设了一个主题为"我最爱的是什么"，很多同学说喜欢音乐、舞蹈、画画等。轮到小李时，他说："我最爱唱歌。"

"你能上台为同学们唱首歌吗？"老师和蔼地说。

瞬间，一首动听的歌曲在教室里飘荡。

"小李，你能告诉我这首歌的歌名吗？"陈老师突然打断小李的演唱。他只好停下来把歌名告诉老师。

小李在回答老师后继续演唱。

"小李，这是谁原唱的，从哪个网站下载的？"不一会儿，陈老师第二次打断了他。

小李很不情愿地停下来回答了老师的第二次提问。

在小李继续演唱的时候，陈老师又第三次打断他："歌词很美，你能把歌词的作者告诉我吗？"

演唱兴头正浓的小李被老师的多次打断气得蹲了下来。

"我不是故意的，请你原谅。"陈老师真诚地向小李同学表示歉意。

这时，班会继续进行着，小李和全班同学似乎都感悟到了什么……

会后，小李低着头，向老师道出了心声："老师，课堂上打断老师讲课是我的错，但我不是故意的，因为我控制不住自己，况且我的各科知识确实学得不好，不懂的地方我很想知道。"

陈老师轻轻地拍拍小李的肩膀，微笑着说："我知道你不是故意的，请放心，老师会帮助你的，请相信老师。另外，有些该问的问题还是欢迎你在课堂上提。"

这以后，小李不再随便打断老师的教学了。当然，遇到不懂的问题时，他还会在课堂上问，老师也高兴地去解答，并与其对话。

(资料来源：让调皮的手不再频频举起. http://www.weihaiedu.cn/xuexiaojiaoyu/ShowArticle.asp? ArticleID=31702，2009-5-13.)

**问题与思考**

1. 分析李同学产生违纪行为的原因及对课堂教学的影响。
2. 你认为陈老师的处理方法如何？为什么？
3. 班主任应如何对特殊学生进行个别教育？

**分析与评价**

班集体中总有一些比较特殊的学生，他们或是学习差，或是性格孤僻，或是调皮捣蛋。班主任必须做好对这些特殊学生的教育工作。这个案例中的李同学就是一个喜欢频频举手打断老师正常教学的特殊学生。对他的教育，陈老师的处理方法还是比较成功的，在多数情况下，一些教师习惯于用预设的教案施教，一旦遇到学生提出教案以外的问题时，不是手忙脚乱、不知所措，就是不假思索、感情用事，或不理不睬，或严厉批评。这不仅不利于解决问题，还会扩大事态，进一步影响课堂教学秩序。所以，冷静应对突发事件，理智和宽容地对待学生，是处理此类问题的上策。案例中调皮的李同学提了一个与教学内容毫不相关的问题，陈老师抑制住自己的冲动，以宽容的心淡化了李同学的"无知"提问，并请其他同学解答了他的提问。课堂因此恢复了平静。由于故意打断老师正常课堂教学这类行为在李同学身上时常发生，严重影响课堂秩序，必须采取有针对性的教育措施，给予很好的解决。陈老师之所以成功地解决了这一问题，主要在于遵循教育规律，发现李同学还没有意识到自身的行为给别人带来的负面影响，便利用班会课的契机，巧设班会主题，使他亲身体验到自己专心表演才艺时被人打断所带来的不快，最终感悟到在课堂上时常提一些不该提的问题，同样会影响教师教学和同学们听课的效果，引起师生的不满。所以，对于特殊学生的个别问题，在许多情况下，教师要采取恰当的方式，给予有针对性的个别教育。

## 案例呈现Ⅴ 原理与对策

对学生进行个别教育
应注意的问题.mp4

个别教育是班主任班级教育性管理的内容之一，它是根据班级成员发展的个别特点，给予特别的指导，以帮助每一个学生都获得可能的发展。

## 一、班级成员的差异类型与个别教育

在班级的教育性管理中，对班级全体成员从素质教育的全面发展目标出发，有统一的要求、统一的指导任务，这就是我们在班级生活指导中提出的任务。但是班级成员的发展是有差异的，因此，班级统一要求的生活指导，要同班级成员的个别教育相结合。

### (一)班级成员的差异类型

认识班级成员的差异是开展个别教育的基础，我们可以通过对班级成员的类型进行分析，把握学生的个别差异。班级成员的差异有发展的差异和个性的差异之分。

#### 1. 发展的差异

发展的差异，是以发展目标来确定的。一所学校的定期培养目标，就是学生的发展目标。用这个目标来衡量，就有我们一般概念上的所谓"先进生""中等生"和"后进生"等。所谓"先进生"是指那些思想进步、学习成绩突出，身体健康的学生。"中等生"一般是指各方面均表现平平的学生。他们既不会因成绩突出而被老师看重，也不会因成绩差而被老师家长批评，这些学生默默无闻，容易被班主任忽视。"后进生"是与"先进生""中等生"相对而言的，是在思想、成绩等方面相对落后的学生，对"后进生"教育和管理是班主任工作的难点。

2. 个性差异

个性是在个人自然素质的基础上，由于社会的影响通过人的活动形成的稳固、区别于他人的心理特征的总和。个性差异是个体之间在稳定的心理特点上的差异，包括性格、能力或兴趣等方面的差异。在学校环境中，学生的个性差异主要表现为学生家庭文化背景带来的差异、志向水平的差异、智力的差异、学习风格的差异等，做好班级工作，必须充分考虑学生自身的一些特点，做到因材施教。

### (二)个别教育的必要性

教育的要求是统一的，对班级全体成员提出的生活指导要求，也是根据统一的教育要求提出的。班级成员的发展差异，是不符合统一的教育要求的。当我们谈到发展上的差异时，尤其是当我们认定这种发展差异是主观努力问题造成的时候，就更有理由去消除这种差异。提出个别教育要求，就是要消除班级成员中的发展差异。

班级成员不仅有发展水平的不同，还有个性的不同，而个性并不具有价值判断上的意义，那么这种个性差异为何也成为个别教育的基础呢？这是因为班级成员个性的不同，要求班级教育活动中要采取有差别的教育方法，用不同的方法去教育不同的人。

## 二、对学生进行个别教育的方式及应注意的问题

### (一)对学生进行个别教育的方式

个别教育也是一门学问，是班主任必备的基本功。班主任对学生进行个别教育的方式是多种多样的，各种方式之间是互相联系的，在运用中应该相互补充，不能孤立运用。人们总结归纳出来的个别教育方式有下面八种。

第一，直接式。就是开门见山地说，这种方式常用于勤奋好学、成绩优秀的学生。

第二，接近式。先与学生从感情上融洽，然后由浅入深，有层次地涉及教育内容。这种方式对缺点多、自尊心较强的学生比较适合。

第三，提问式。教师先采取提问的办法进行，让学生自己去思考，在思考中达到"自我教育"。

第四，启发式。教师针对学生的某一问题，在教育时加以说明，进行启发诱导，使学生在思想上达到"发现"，使学生体验一种"顿悟"的快乐。这种方式适用于不善言谈、有紧张心理的学生。

第五，鼓励式。教师首先对学生的学习成绩、优点、长处等给予充分的表扬，其次有分寸地提出存在的缺点，再进行循循善诱的教育。

第六，参照式。教师运用对比方式提出要教育的内容，使学生在参照物的对比上，感到心理上的某种压力，促使自我认识。这种方式适用于"中等生"。

第七，商谈式。教师在进行教育时，以带有商量的语气提出问题和学生共同解决问题。

这种方式对那些产生对抗性心理的学生较合适。

第八，触动式。教师在教育学生时采取一种措辞比较尖锐、语调比较激烈的方式进行教育。这种方式适用于行动懒散，不能正视自己缺点的学生。

### (二)对学生进行个别教育应注意的问题

在班级管理中，有的教师找学生个别谈话进行教育一说就通，有的教师却一说就崩，这就是个别教育的技巧问题。

#### 1. 深入了解，解除心理防线

班主任进行个别教育时，学生大多心理复杂，班主任应当帮助他们消除这种心理。消除这种心理最好的方法就是用真诚、坦率的态度，打消学生不必要的顾虑，解除心理防线，进行教育。班主任在个别教育之前要对教育对象有深入的了解，走到学生中去。例如对于后进生的教育，班主任首先要了解这名学生的爱好、性格，在平时的管理中要多与其接触，消除他的抵触情绪，这样开展工作就会事半功倍。

#### 2. 抓住契机，适时、适量教育

在个别教育中，我们要善于抓住契机。当学生出现问题时要及时发现问题，找准问题进行教育。这要求班主任要有敏锐的洞察力，时刻关注班级的每一位学生。在找准问题后，班主任的教育应该是适量的。我们经常发现，有些班主任在发现学生出现问题后，就对他们进行反复"轰炸"，不停地进行教育，但效果并不好，甚至全无效果。这就是因为在教育中不注意把握尺度，过多地重复使学生厌烦，产生逆反心理，当然就没有效果了。特别是对于"后进生"的教育中，班主任更应该注意这个问题。"后进生"大多逆反心理强，追求个性，对他们的教育更是要抓住契机，适时、适量进行。

#### 3. 找准问题，采取不同方式

每个学生出现问题的原因都是不同的，所以班主任要找准原因，进行具体分析，采取不同的方式。比如，对于"后进生"可以分类对待，对于基础好，想干干不好的，班主任找出的问题是学习方法是否得当；对于甘居中游的，班主任要找准的问题是他们缺乏兴趣是因为什么；对于成绩忽上忽下的，学生容易受情绪波动影响，情绪变化大。班主任只有找准他们各自的原因，才能做好教育。如果采用一刀切的方法，只会其中的一部分受益，得不到很好的整体效果。

#### 4. 注意场合、地点、时间和态度

在个别教育中，班主任应该注意场合、时间、地点和态度，这对教育是否成功有重要作用。细节决定成败，在进行个别教育中，班主任要注意这些细节。特别是对于"优等生"的教育中，更应该注意这些问题。"优等生"自尊心强，在对他们的教育中要注意场合，不要在大庭广众之下批评，要选择适合的时间、地点、场合，注意保护他们的自尊心。在交流的态度上，要进行民主平等的交流，这也是在保护和尊重他们。

要创建一个优秀的班级，班主任就要重视个别教育。个别教育是集体教育的补充，是创建一个优秀班集体的有效手段，也是帮助学生树立正确的人生观和价值观的好方法，还是衡量班主任是否关心学生、爱护学生的标尺。要树立好的班风，要培养好的学生，班主任应该抓住个别教育这一法宝。

案例呈现Ⅵ

### "巧用表扬，扭转乾坤"事例两则

特级教师钱梦龙曾经教过一个差班的语文，当时班上很大一部分同学的语文不及格，平均成绩只有40多分。钱老师第一次教学生写作文，题目是"我的一家"，只提两点要求：一是题目写在第一行的中间；二是要分段，家里有一个人写一段，要大家放手写。作文批好后发下来了，学生们都大吃一惊，差不多个个都是八九十分的高分，感到十分意外。钱梦龙老师说："你们的作文都符合老师的两个要求，当然应该得高分。以后每次作文我都提一两个要求，只要你们能做到，就都能得高分。大家只管大胆地去写。"以后同学们按照钱老师的一个个要求，一步步地放手去写，作文水平有了很大的提高，最后毕业时的语文成绩竟超过了原先的优秀班。

江苏省著名特级教师、国标本苏教版主审沈重予在《实施新课程需要改变学生的学习方式》的报告中曾举了一个例子：毕业班的一位学生非常好动，上课时简直就没有一刻是安静的，成绩也不理想，老师们都很头疼。于是班主任就把这位学生的妈妈叫到学校，告诉她这孩子有典型的"多动症"，已到了无可救药的地步。晚上放学回家，孩子的第一句话就问妈妈："妈妈，老师怎么说我？"妈妈说："老师说你的脑袋瓜挺聪明的，如果上课时你能有五分钟的时间在听讲的话，那你的成绩肯定会上来！"孩子一听，高兴得一蹦三尺高："行，我一定能做到！"这位学生果然上课时开始定神了，逐步改掉了上课乱动的毛病，一开始只有几分钟时间，慢慢地就变成了十几分钟的时间，最后发展成整堂课都能保持认真听讲。过了一段时间，老师又把孩子的妈妈叫到学校，这回是因为孩子的学习成绩不怎么样，老师说这孩子的智力可能有问题，恐怕毕业都困难，让家长有充分的心理准备。回家后，孩子又问他的妈妈老师怎么说他。妈妈说："老师说你改掉了上课乱动的毛病，如果学习再努力一点的话，成绩肯定会上来！"孩子一听，非常高兴，通过自己的刻苦学习，成绩果然上去了。临近升学考试了，老师又找来这位学生的妈妈，告诉她孩子的成绩的确是进步了，但最多只能考一个普通中学，重点中学绝对是没有任何希望的。回家后，孩子问妈妈今天老师都说了些什么。妈妈说："老师说你进步太快了，都快赶上好学生了，说你考重点中学不成问题！"孩子听后，又非常高兴。后来，这孩子果真考上了重点中学，以后又考上了名牌大学。在一次座谈中，他坦率地说："我知道我并不聪明，是妈妈在鼓励我！"

(资料来源：评价学生需要爱心、耐心和鼓励——从两则事例说开去.
http://www.3edu.net/lw/kgal/lw_34275.html.)

**问题与思考**

1. 评价在班级日常管理中有什么作用？
2. 班级日常管理中常用的评价方式有哪些？
3. 给学生评价时应注意哪些问题？

**分析与评价**

评价的目的是什么？明确目的，才能使过程不至于偏离方向，才能使方法直接指向目的。上面两则例子都涉及评价这个问题，而且都印证了《基础教育课程改革纲要》中所指出的："评价不是甄别和选拔学生，而是促进学生的发展，挖掘学生的潜能，尊重个性，鼓励创造，使每一个学生都具有自信心和持续发展的能力。"这是每个教师需要明确并做到的。

美国心理学家威廉·詹姆斯的一项研究表明，当人们没有受到激励时，只能发挥其能力的 20%～30%，但人们受到激励时，就能发挥其能力的 80%～90%。①对学生的肯定可以最大限度地激发学生的潜能，调动他们的主观能动性，让他们体会一把赴汤蹈火、在所不辞的感受。另外，对学生的否定会降低学生的自信心，会使学生心灰意冷，丧失奋斗的勇气。如果案例中的妈妈照实转述老师的意见，很难想象孩子的未来是怎样的。事实上，现实中的许多家长更会严厉批评并变本加厉，殊不知每个学生都从内心里期望得到的是老师和家长的关注与肯定。老师的评价是传递教师期望的桥梁，根据皮格马利翁效应，若是学生受到了肯定和鼓励，很多不可能的事都会变成可能，或许又会有很多美丽的雕塑复活了。每个孩子都有内心最光明最清静的地方，都有最强发展区，教师的工作就是将此挖掘出来，并加以呵护和灌养，使其茁壮成长，最终开枝散叶。

# 案例呈现Ⅵ 原理与对策

惩罚的方式、作用及应注意问题.mp4

班级日常管理工作中的评价分为奖励、惩罚与操行评定。

## 一、班级管理中的奖励与惩罚

班级管理中的奖励与惩罚主要是运用语言对学生的行为所进行的肯定与否定的评价。

### (一)奖励

奖励指向那些被认为是正确的、积极的、带来正价值的行为，以确保此种行为重复出现或得到加强。

---

① 张洋洋. 影响孩子一生的 36 个习惯. http://ylxx.cixiedu.net/show.asp?typeid=42&id=192.

1. 奖励的方式

按照不同的标准，奖励可以划分为不同的类型。按照内容划分，奖励可以分为物质奖励和精神奖励；按照形式划分，奖励可以分为外部奖励和内部奖励。一般而言，中小学教师常常采用的奖励方法主要有赞许、表扬、奖赏。

①赞许是班级管理中即时性的评价方式。它主要是借助管理者的口头语言、体态语言对学生行为给予的评价。②表扬是对人的思想品德行为给予积极的评价，它是班主任最常用的一种方法，对促进学生心理健康发展、良好品德的形成具有重要作用。表扬的一般形式有授予荣誉、评价赞扬、默许赞同、图文表扬等。③奖赏是物质奖励的一种形式。它往往会根据相关制度规定以物化的形式对学生的行为给予肯定。奖赏比表扬的程度更高，价值更大，因此班主任与学生都非常重视这种奖励方式。

2. 奖励的作用

一般来说，奖励具有如下作用。第一，奖励的暗示作用。在班级中学生个体行为与集体行为之间会存在一定的矛盾。有时候个人行为会对集体行为产生不良的影响。班主任可以通过奖励的方式暗示学生哪些行为是好的，哪些行为是不正当的，从而促使学生养成良好的行为习惯。第二，奖励的引导作用。在班级管理中，教师通过奖励这样一种方式，引领学生提高思想认识，促使学生形成符合社会规范的行为。第三，奖励的激励作用。奖励是对学生行为的一种正面的肯定，这种肯定将有助于学生提高自信心，保护学生的自尊心，对其发展起到激励作用。当然，当学生完成一项任务后，适当的奖励会成为学生追求下一个目标的强大推动力，使学生向更好的方面发展。第四，奖励的强化作用。通过奖励可以提高学生的认识能力和明辨是非能力，明白什么是好的、值得赞赏的行为，什么行为是被禁止的，要坚决改正。奖励就是强化学生的好行为、抑制学生的不良行为，发挥促进学生发展的作用。

3. 实施奖励时应注意的问题

在实施奖励时要注意以下问题。第一，奖励要做到实事求是，公正合理。班主任要深入了解具体情况，当学生确实有好的表现时，就应该及时给予恰如其分的表扬和奖励。第二，奖励要有教育性。奖励是一种手段而不是目的，不应该使奖励本身成为学生追求的目标。第三，奖励要得到学生集体的支持。只有当教师对学生的评价与学生集体对个人的评价相符合，并得到学生集体舆论的支持时，才会对个人和集体都产生教育的作用。第四，奖励要着眼于未来。在奖励的同时要对被奖励的学生或者集体提出更高的要求与建议，以便于学生更好地成长。

(二)惩罚

惩罚指向那些被认为是错误的、消极的、带来零价值或负价值的行为，以便使这种行为消除或降低其出现频率。班级管理中的惩罚一般是以教育为前提，以惩罚为手段，主要目的在于制止学生一些错误的思想和行为。

### 1. 惩罚的方式

惩罚包括批评、检讨、取消某种奖励和斥责等形式。按照内容形式划分，惩罚可以分为物质性惩罚和精神性惩罚；按照方式划分，惩罚分为代偿式惩罚和剥夺式惩罚。在班级管理中常用的惩罚方式是批评和处分。

批评是用口头语言以及其他暗示行为对学生不正确的思想或者行为给予制止的一种惩罚方式。批评主要针对情节比较轻微的行为，一般不会给学生带来太多的伤害。批评作为一种常用的教育手段，运用的效果如何主要取决于教师批评的方式、语言的选择和运用。批评可以分为直接批评和间接批评。直接批评是直截了当地指出学生的错误，进行教育，敦促改正。间接批评是采用比较艺术的方式让学生改正错误。

处分是根据有关政策、法律规章制度等对学生严重错误行为进行处理的一种惩罚方式。按照处分的程度不同可以分为警告、记过、留校察看和开除等。在班级管理中，除非学生所犯错误造成的后果相当严重，一般情况下学校进行处分情况是极少的。

### 2. 惩罚的作用

一般来说，惩罚具有如下作用。第一，惩罚有助于学生改正不良的行为。当一个人知道自己犯错误的时候，内心都有一种要接受惩罚的准备，这是一种心理需求。儿童犯错误时，恰恰是教育的良机，因为内疚和不安会使他急于求助，而此时明白的道理可能会使他刻骨铭心。第二，惩罚有助于培养学生的社会责任感。人们做任何事情都要付出代价。惩罚是儿童在犯错误时被给予的一种他不想要的东西或使其产生不愿意体验到的消极情绪。让儿童知道做错了事就要付出代价，有过失时就要对此过失负责任，有助于培养儿童对自己行为负责的社会责任感。第三，惩罚有助于学生适应社会生活。在社会中，人们通过规则处理好人与人之间的关系，维持社会的稳定。惩罚就是对违背规则的行为作出相应的处理，因此，惩罚有助于学生适应社会，在社会生活中尽量按照规则做事。

### 3. 实施惩罚时应注意的问题

实施惩罚时应注意以下问题。第一，尊重学生的人格，不损害学生的身心健康，对于学生的缺点和错误，教师要用一种发展的眼光来看待。批评或者惩罚学生时不能全盘否定，既要帮助学生找出错误的原因，又要耐心鼓励，指出其努力的方向。第二，惩罚要公正合理。在对学生进行惩罚时要用统一的标准去评价，但是也要注意学生之间的差异，因人而异地进行教育。第三，惩罚要讲究艺术。惩罚是手段而不是目的，因此惩罚要讲究艺术。惩罚时要注意场合和时机，缜密考虑惩罚的效果；做好惩罚后的教育引导工作；惩罚前应该与家长取得一定的联系，达成对教育的共识，避免造成对学生不必要的伤害。

## 二、班级管理中的操行评定

在班级管理中，操行评定是对学生在某个阶段思想道德等方面的状况进行评价，以帮助学生正确认识自己，进一步促进学生的发展。操行评语是对学生阶段性表现的总结性评价。每学期期末，给学生写评语是班主任的常规工作之一。通过评语，家长可以了解自己的孩子在校的表现，学生可以了解自己这一学期以来的优点与不足。好的评语是学生的一面镜子，是学生上进的动力，是师生沟通的桥梁，是家校联系的纽带，是学校向家长、社会展示的机会。撰写评语时，班主任一定要避免千篇一律、千人一面的评语模式，要根据学生的个性、气质、爱好、特长等心理特点，在平时全面了解的基础上，力求把评语写得准确鲜明，富有针对性，充分发挥评语的评价、反馈与激励作用，使学生既能看到自己的优点、成绩与进步，又能从中看到自己的不足，并受到教育和启迪。

### (一)操行评定的依据与内容

操行评定的主要依据是培养目标。培养目标是依据素质教育需要、社会对人才的基本要求、学生发展的现实需要提出的。操行评定是社会对学生发展素质要求的一种反映。操行评定的主要内容包括：思想道德；学生的学习态度、能力、兴趣、方法等；身心健康。身体方面主要考查学生是否养成良好的体育锻炼和卫生习惯。心理方面关注学生意志品质、社会适应能力等方面的发展状况。

### (二)操行评定的原则

教师对学生进行操行评定应遵循如下原则。

#### 1. 公正性原则

操行评定是针对学生在学校中各个方面的表现进行的评价。因此，教师在评定时应该从实际出发，真实地反映学生状况，防止戴有色眼镜看学生。因为只有从实际出发，客观地反映学生的表现和特点，才能使操行评定具有说服力、教育力和影响力。

#### 2. 全面性原则

依据多元评价理论，对学生的评价必须是全面的、公正的，而不能是片面的、狭隘的。只有这样，才能使学生全面清楚地了解自己各方面的表现，感受到教师在各方面对自己的关怀，从而更好地发展自己。这一原则在对学生较长时期(如期末)的评价时必须坚持。

#### 3. 激励性原则

操行评定的目的不是对学生进行甄别和选拔，更不是给学生贴标签和分类。它的主要目的在于促进学生的发展。因此，教师在进行评定时应该以激励为主，发挥学生的优势，做到长善救失。

**4. 期望性原则**

期望性原则对学生好学上进、自强自信的心理品质的形成具有重要作用。它使学生得到了理解和支持，感受到了尊重和信任，有利于树立起实现远大理想的信念。

**5. 个性化原则**

社会的进步和发展需要多规格的人才。培养多规格的人才，首先要观察、发现、培养学生的爱好和特长，加以正确指导，使人人具有自己的特点和个性，适应社会各方面的需要。为此，评语撰写就要对学生的特长和爱好给予充分肯定和支持，使学生得到生动活泼自由的发展。

### (三) 操行评定的撰写

随着素质教育的推进，传统操行评定的写法发生了一些变化。这些变化主要表现在以下几方面。第一，平等对话成为评语主导。评语一改往日教师权威的形象，代之以平等对话。在文字的对话中，采用的是平等的"我与你"的关系，不是"我与他"的关系。第二，个性化和针对性成为内容的主体。操行评定改变了传统的"大一统"的方式，针对学生的个性特点，力求凸显个性化。这种富有人情味的评定方式能起到激励学生的作用。第三，追求形式的多样性。如赞美式，这种形式主要关注学生优点，用赞许的方式鼓励学生发扬优点，克服不足；忠告式，忠告包含对学生的热爱，通过对学生忠告，让学生感受教师的关心与爱护；宽容信任式，教师的操行评定中包含对学生的宽容和理解，同时也体现对学生的信任和期待。

班主任撰写操行评定的形式有很多。评定的核心是促进学生发展，教师要以此为出发点，在教育改革中不断完善操行评定。

## 体 验 练 习

### 一、选择题

1. 班级日常管理的内容有(　　)。
   A. 环境管理　　　　B. 教育性管理　　　　C. 活动管理　　　　D. 学生评价
2. 班级教育性管理包括(　　)。
   A. 集体生活指导　　B. 个人生活指导　　　C. 学习指导　　　　D. 健康指导
3. 学生评价的主要方式有(　　)。
   A. 奖励　　　　　　B. 惩罚　　　　　　　C. 操行评定　　　　D. 说服
4. 中小学教师常用的奖励方式有(　　)。
   A. 赞许　　　　　　B. 表扬　　　　　　　C. 奖励　　　　　　D. 暗示

5. 班级管理中的惩罚包括( )。

    A. 批评                          B. 检讨

    C. 取消某种奖励             D. 斥责

二、请结合下面的案例谈一谈你对班级管理中运用惩罚的认识

## "罚"出来的文学少年

那是几年前的事了，小N降级转到我的班级：顽皮、任性的他不到一个月就多次违纪，扣了班级不少分，我多次教育，效果都不明显。

一天早上，我刚走进办公室，就见小N垂头丧气地拿着一张纸站在我面前，我预感到他又违纪了。果然他主动向我承认错误："老师，对不起。昨天晚自习，我写了一首诗，正在给其他同学看时，被值班老师逮着，扣了2分。"

我很生气地从他手中"抢"过那张纸，只见上面写着："床前明月光，床后没有光。举头望明月，低头想电灯。"我越看越气愤。

"你不认真学习，写的都是些没有用的东西。我说你几次了，你就是不改。那好，你不是爱写诗吗？那你在中午放学前，把张若虚的《春江花月夜》背下来，否则我请你家长来。"

我是想用这个办法惩罚这个爱惹是生非的学生。上大学时我修过《唐诗纵论》，记得当时费了很大工夫才把这一鸿篇巨制背下来。但是，想不到第三节刚下课，小N就高高兴兴地来找我："老师，我背下来了。"

"你背下来了？那就背给我听。"我有些不相信。

"春江潮水连海平，海上明月共潮生……"

小N真的一字不差地、非常流畅地背完这首诗，然后满怀希望地问我："老师，你看行吗？不用请家长了吧？"

看着他那双渴望宽容的大眼睛，我的心也软下来了，我在心里暗想："难道这小家伙在文学上真的有天赋吗？那么长的诗他很短时间就背下来。如果他能改掉坏毛病，集中精力发挥特长，该多好啊！"

于是，我想出一个办法，对他说："老师可以原谅你，你今后要改掉坏毛病，努力学习，下午你若能把李白的《蜀道难》背下来，我就不请你家长了。"小N感激地向我许诺一定完成。

果然，下午我又一次见证了一个"奇迹"。我相信，只要小N自己努力，只要我教育方法得当，他一定是个可塑之才。于是我制订了一个造"星"计划，不断地向他渗透历史、文学、写作方面的知识，不断地"刁难"他背古诗词、看名著。

小N开始变了，不但勤奋学习，遵守纪律，而且对文学写作产生了深厚的兴趣，还经常向我借阅一些文学书籍，有时甚至是供不应求。久而久之，小N写出了一篇又一篇

好文章。到初中毕业时,他已在省内外各种刊物上发表了 30 多篇文章,俨然一个"小作家"。

(资料来源:韩晓芳. 中学班主任精彩工作案例[M]. 桂林:漓江出版社,2011:58.)

# 补 充 读 物

1. 〔美〕迈克尔·林辛. 打造优秀班级的 15 个秘密[M]. 安俊,付稳译. 北京:中国青年出版社,2013.

在《打造优秀班级的 15 个秘密》中,美国优秀教师迈克尔·林辛通过独特的视角揭开了教师打造理想班级的 15 个伟大秘密——设定界限、刚柔并济、培养独立、解决问题、承担责任等。林辛老师非常善于讲故事,书中寥寥几笔就勾画出优秀班级简单而有效运行的关键。每个有抱负的老师都应该读读《打造优秀班级的 15 个秘密》——优秀教师不仅是传授知识者,更是激励者和践行者。这 15 个方法会让课堂更人性化、更高效,学生更自信、更快乐,且在成长中长久受益。

2. 黎晓敏,王村发. 班级创意管理的智慧[M]. 上海:华东师范大学出版社,2019.

《班级创意管理的智慧》精选班级管理的 36 个实践案例,帮助班主任掌握五大班级管理技巧,走出不会管理、不愿管理、管理无效或低效等现实困境。兼具专业性与可读性,既有"高大上"的管理理论,又有"接地气"的实践案例,二者相结合,为一线教师提供36 道兼具"营养"与"美味"的班级管理佳肴。

3. 关承华. 凭什么让学生服你[M]. 北京:中国青年出版社,2017.

《凭什么让学生服你:极具影响力的日常教育策略》是一位教学 30 多年的一线教师,对自己教学经历和师生关系思考后做的总结。全书用最平实的语言,最丰富的案例,为师生关系、课堂教学、班级管理以及如何做班主任倾情支招,提出了很多全新的观点。有助于教学一线教师和教育专业学生理解教育,赋予全新的力量,让教育的复杂问题变得简单,让学生信服、佩服、折服、心服,更顺利地做好教师和班主任工作。

4. 葛明荣,孙承毅,王晓静. 班主任工作艺术——从案例中学习[M]. 北京:科学出版社,2000.

该书从理论联系实际的角度出发,详细地阐述了班主任工作的历史发展、意义与职责、班主任的素养、班主任了解研究学生的艺术、班主任组建班集体的艺术、班主任建立良好班级人际关系的艺术、班主任组织主题班会的艺术、班主任转化"后进生"的艺术、班主任处理偶发事件的艺术、班主任进行班级公共安全教育的艺术、班主任进行班级心理健康教育的艺术、班主任形成班级教育合力的艺术等内容。《班主任工作艺术——从案例中学习》可作为大专院校教师教育类学生教材,也可作为广大中小学班主任继续教育的参考资料。

5. 吴小霞. 班主任微创意 59 招让班级管理脑洞大开[M]. 上海：华东师范大学出版社，2018.

如何传承班级文化？如果消除学生对惩罚的抵触情绪？如何让学生开学不欠交假期作业？如何组建班干部队伍？……本书以微创意积累的方式，以学期工作过程中老师遇到的一般问题为线索，聚焦真实问题，呈现具体的做法与思考，涉及开班准备、班干部培养、家校沟通、早恋处理、应考技巧等十个方面。作者深谙一线班主任工作中棘手的常规问题，在书中对各类问题作出了有序、系统而有实效的探索，兼具创意与实用，对班级管理工作具有现实指导意义。

如果一个学生的智力兴趣的世界仅仅局限于准备功课,如果除了必修课的知识以外别的什么东西都没有,如果智力生活只局限在学习的圈子里面缺乏创造性的活动,那么,学校对一个人来说就会变成沉重的、枯燥的、单调乏味的事。只有在学校里充满生气蓬勃的多方面的精神生活的情况下,掌握知识才能变成一种吸引人的、使人愿意去做的事情,这种事情就是到了学生毕业参加劳动以后也还能够继续下去。

——苏霍姆林斯基

# 第六章　班级活动管理

案例呈现 |

## 夸赞的力量

这个班都是小升初考试落榜、上重点初中摇号没摇上、自费没有钱的学生。他们在心理上自卑,难以接近,调皮、厌学、基础差,早已习惯被师长歧视和责骂;他们在行为上表现为抵触、不服从教育。有些学生由于家庭破碎、生活无人问津,更使他们待人冷漠。由于家庭教育的失衡,许多学生性格变得孤僻、怪异,难以管理。这是一个特殊的群体,在他们的体验中,失败多于成功,自卑多于自信,得到的训斥多于掌声。他们是学生中的弱势群体,更需要心灵的抚慰。

面对这样的群体,班主任要通过班级活动让学生感受温暖、再造自信、重塑人生。在这个班上,26个孩子每个人胸前都别着一个"笑脸"徽章,这是班主任吴老师专门颁发的班级特别标志,她希望这些被人歧视的"丑小鸭"能用笑脸迎接每一天。每一个看似平常的班级活动都蕴藏着班主任的良苦用心,让26个孩子在笑容中绽放着自信。

(1) 夸奖行动。夸奖只需一句话或一张留言条,却可以使人感到温暖,特别是对这些受到歧视的孩子。夸奖行动夸得家长乐开了怀,夸得老师笑眯眯,夸得同学心中充满阳光。真诚地夸奖身边的人成了他们的习惯。

(2) 营造班级文化——复活彩蛋。为了配合学校搞好红领巾商贸活动,帮助困难学生,吴老师带领他们亲手绘制了一个又一个漂亮、充满浪漫气息的复活彩蛋,并把它作为班级的文化标志。孩子们自豪地说:"我们的美工也不错,我们的生活也很灿烂。"

(3) 竞选班委。因为是小班,吴老师希望每一个孩子都有锻炼的机会,都有表现的欲望。在班委竞选活动中引入竞争机制,确立竞选原则;培养同学们的自我表现能力与管理能力;毛遂自荐加群众推选、民主评定;上届班委不再担任原职;参选者要发表几句简短的演说，说清自己的长处与管理措施，以及如何扬长避短，最大限度地发挥自己的优势；老班委要做好新班委的指导工作，新老班委要搞好衔接；各班委除做好本职工作外，要有创新之举；工作失误不要怕，只要及时调整就可以了；有试用期。由于班级氛围好，在这个只有26名学生的班级中，竞选劳动委员这一职位的人就有7个。孩子如是说："我也能当班委了。"

（4）这里的外语课真热闹。这个班学生的英语基础差，刚入学时，有的学生竟然连26个英文字母都写不全。为了培养学生对英语的兴趣，吴老师虽然任教的是地理课，但是每天中午与学生一起学习半小时"疯狂英语"的行动，充分调动了孩子们的学习积极性，每天学生都围着老师背外语，外语课上他们最热情、最自信。

（5）这里的图书最"畅销"。苏霍姆林斯基曾说过：不论哪类书籍的阅读，都是课堂教学的智力背景；课外书籍的阅读，是了解和影响学生个性的门径，它还能够减轻学生的课业负担……应该让学生走进图书馆，让书籍成为孩子们的挚友！倡导读好书，上图书馆借高质量的书成了他们周五的习惯性动作。这个班学生不多，但借书量却是全校最高的。同学们自豪地说："我们学会了通过书本，与名人对话；通过书本，纵观历史；通过书本，了解科技；通过书本，净化心灵；通过书本，树立理想。"

（6）这里的班会别开生面。孩子们围坐在跑道上，分享着被表扬学生的奖品——酸劲十足的"秀豆"糖；诉说着心中的不快；畅谈着各自的理想。不快在此消失，理想由此起飞。

（资料来源：齐学红. 今天，我们怎样做班主任——优秀班主任成长之路. 上海：华东师范大学出版社，2006.）

**问题与思考**

1. 什么是班级活动？班级活动有哪些特点？
2. 班级活动有哪些类型？列举出你认为可以进行的班级活动项目。

**分析与评价**

生活与学习中的很多事情是不能仅凭讲道理来解决的，必须让学生亲自经历、切身体悟，才能牢记在心并付诸行动。在学校教育中，开展各种各样的活动是增进学生参与体验的重要途径。班级活动是学校教育活动的重要组成部分，是班级管理的经常性形式，也是班主任工作的重要内容。从例子可以看出，这位班主任在了解学生的特点和实际情况后，以唤醒学生内心的自尊和自信为重点，开展了夸奖行动、复活彩蛋、竞选班委等丰富多彩的班级活动。这一系列的班级活动能够对学生形成一种令人兴奋的外界刺激，更能触及学生的某种需要，并引起其心理活动的一系列反应，从而把他们潜在的、尚未意识到的高层次需要引发出来，调动他们的积极性、主动性和创造性，促使他们把外界的刺激内化为个人的自觉行动。比如夸奖行动就是从学生的需要出发，调动了他们的积极情感，强化了他们的自信。夸奖不但给予学生心理需求最大的满足，并且充分调动了学生在班级活动中的积极性，为下一步的班级活动奠定了基础。又如竞选班委则可以有效地调动学生的参与热情，并通过竞职演说反思自己的优势与不足，明确个体在班级中的作用，增强班级责任感。班级活动对学生的影响是多方面的，我们要重视学生在活动中的生活、学习与成长，让学生在班级活动中健康成长。

# 案例呈现 | 原理与对策

## 一、班级活动的含义与特点

班级活动的特点.mp4

### (一)班级活动的含义

班级活动是学校教育的重要组成部分。它有广义和狭义之分。广义的班级活动是指在教育者的组织和领导下，为实现我国总的教育目的和教育目标，完成学校的教育工作计划，组织班集体成员参加的一切教育活动。它包括班级的教学活动、课余活动等。狭义的班级活动是指班级教育管理者依据一定的教育目的和培养目标、学校的教育工作计划以及班级的具体特点，有目的、有计划地策划和组织班集体成员参加的一系列目的是促进班集体发展和保证学生健康成长的除课堂教学以外的活动，亦称班级课外活动。它包括学习活动、科技活动、思想品德教育活动、文艺活动和劳动活动等。

### (二)班级活动的特点

#### 1. 班级活动具有自愿性

学生参加班级活动是以自主选择为原则的，学生可以根据自己的个人兴趣和能力自主自愿地确定是否参加哪一类活动，在活动中扮演什么角色等。教师不能做硬性规定，更不能强迫命令学生去参加。一般来说，学生自愿选择参加某项活动，就会自觉地遵守有关纪律，为自己的选择付出相应的努力，能够较好地发挥自己的积极性和潜能，从旁观者变为活动的主人。

#### 2. 班级活动具有灵活性

班级活动不受教材和各类教学文件的约束，其内容、规模、形式、活动评价都不拘一格并灵活多样。活动内容覆盖面广并丰富多彩，涉及学习、文体、社区实践、科技活动等领域，每一个领域都有丰富的活动资源。活动规模既可以是全班、全年级乃至全校性的群众性活动，也可以是各种小组的活动或个人的活动。活动形式可根据学生的年龄特征、知识水平、设备条件以及指导力量等，采用多种多样的形式，如可以做模型、采标本、搞社会调查、办各种展览，也可以搞演讲、书评、讲座、报告会等。即使是同样的活动内容和目的，也可以通过不同的活动形式来实现，更可以根据各个学校的具体情况和地区特点，创造出具有自身特色的各种活动模式。活动评价也不像一般的学业评价采用等级或者评分制，多采用文艺表演、娱乐竞赛、作品汇展、报告会等形式进行。

### 3. 班级活动具有开放性

班级活动不受时空、内容、形式等局限，具有开放性。班级活动主要以学生的兴趣、爱好、好奇心等为基础，结合学校各方面的资源来展开。可以在校内进行，也可以在校外进行；可以在教室内进行，也可以在教室外进行；可以在上学时间内进行，也可以在放学后或放假期间进行；活动主题既可以贴近现实生活，也可以把国内外时事、经济、政治热点问题适当引入学生的认识范围中，使学生获得的知识经验更体现时代的精神。此外，班级活动也不仅仅局限于学校的教师与学生，还可以将家长和社会其他成员吸纳进来，通过学校与家庭、社会的联系，使教育形成更好的合力。让学生充分利用社会资源，主动参与社会实践活动，在班级活动中不断认识社会，不断认识世界。

### 4. 班级活动具有综合性

班级承载着育人的功能，班级活动是实现育人功能的重要渠道，所以班级活动的教育功能是多方面的，它可以提高学生的思想觉悟，可以开发学生的智力因素，可以提高学生的实际操作能力，可以增强学生的审美观念等。成功的班级活动应该达到一石三鸟之效果，具有综合的教育功能。另外，班级活动是以活动为中心进行的，素材取自学生的生活经验和社会现实。社会生活的综合性、复杂性和丰富多彩的特点决定了班级活动的综合性，学生在班级活动中不是局限于某个领域的知识，而是需要综合运用多种学科知识，发挥多方面的智慧才能完成活动的任务，所以对学生的发展也是综合的锻炼和提高。

## 二、班级活动的类型

班级活动根据不同的标准可以划分成不同的类型。如从活动发生的场所上看，可分为课内班级活动、校内课外活动、校外活动；从活动的经常性上看，可分为常规性与非常规性活动；从活动的对象上看，可分为个体的与群体的活动；从活动的综合性看，可分为单一活动和综合活动；从活动的性质看，可分为自助性活动与社会性活动；从活动是否有利润来看，可分为营利性活动与义务性活动；从活动的内容上看，可分为政治性活动、知识性活动、娱乐性活动、实践性活动等。这里仅列举中小学常用的几种类型。

### (一)班级例会

班级例会是班主任定期对全班学生召开的以常规教育为主的班级会议，主要包括班务会和民主生活会。班务会是研究、讨论和解决班级一些较为重要的班级日常事务的会议；民主生活会是运用批评与自我批评引导学生进行自我教育的会议。

班级例会的定期召开不仅有利于班主任根据班级产生的问题有针对性地对全体学生实施教育，减少班主任的工作量，提高班级管理的实效；而且有利于全班学生参与班级管理，培养学生的自治意识和自治能力，体现"我的班级我做主"，使学生在丰富的学习和生活中实现全面发展。

### (二)主题班会

主题班会是指班主任根据教育要求和班级实际情况，围绕一定主题而开展的班会活动。它是班主任工作中最常用的教育形式，通常在班级所在的教室、校内可用的场地展开，组织方式灵活，活动形式多样，没有某种固定不变的流程或模式。主题班会的主要形式包括班级辩论、演讲、讲座、讨论、游戏、报告、朗诵、表演等。近年来，心理健康教育活动也逐渐被纳入主题班会活动的范畴。

主题班会是针对学校、班级中存在的问题，择其主要的、突出的一个主题，发动全班学生开展自我教育活动；主攻的目标明确，解决的问题集中。它既适用于对学生进行德育，又适用于智育、体育、美育和劳动教育等，具有多功能的教育作用。

### (三)班级晨(夕)会

班级晨(夕)会活动，顾名思义，就是早晨(放学前)把学生集中起来开会，它是一天中小学生开始(结束)学校生活的序曲(终曲)。《九年义务教育全日制小学、初级中学课程计划(试行)》规定：中小学每天都有10分钟晨(夕)会时间，并把它作为活动课程的组成部分，正式排入课程表。

晨(夕)会安排一般分为两个方面：固定性的项目和根据临时需要增加的内容。固定性的项目，反映了班集体和班级成员学校生活的经常性的需要。而临时性的内容无法预先设计，一般总是与形势、班级内的突发事件、学校某些临时的要求相关。晨(夕)会一般形式比较灵活，时间较短。

### (四)班级文体活动

班级文体活动是由班主任组织全班学生进行的部分课外活动，它包括文娱活动和体育活动两大部分。

班级文娱活动包括两大类：一类是观摩欣赏性的娱乐活动，如看文艺演出、电视节目、听广播、听音乐会、名画欣赏等；另一类是参与性的娱乐活动，如游戏、游艺活动、周末晚会、棋类、书法、绘画、乐器演奏、篝火晚会、各种兴趣小组、诗歌朗诵、演奏表演、舞蹈表演、文艺会演等。

班级体育活动是以增强学生体质、身体健康、愉悦身心、养性益智、提高运动能力为目的的活动，凡是能有效地达到上述目的的方法、手段都可作为课外班级体育活动的内容。如健身类的有健身走、健身跑、太极拳、气功、武术、登山、游戏、划船、球类、自行车、轮滑、花样游泳等；娱乐类的有各种小型竞赛运动、体育游戏、跳绳、滚圈、踢毽子、溜旱冰、荡秋千、放风筝、陀螺、郊游、滑竿、滑水等；保健类的有慢走、慢跑、简易太极、保健按摩、各种保健和矫正操等；挑战类(冒险类)的有蹦极、攀岩、野营、露宿、悬崖跳水等；竞技类的包括所有按规范的竞赛规则和社会组织的体育运动项目，如田径赛、球类赛、体操赛，游泳赛等，均可以个人、小组或班级等形式进行。

经常开展班级文体活动有利于丰富学生的课余文化生活、陶冶情操、促进交流和友谊、开发智力、培养能力、促进学生身心健康发展、提高学生的社会适应能力。

### (五)班级科技活动

班级科技活动是指以班集体为单位组织学生开展的科技活动。这种活动形式给学生创造了一个生动活泼的、自由的学习环境。使他们能根据自己的兴趣、爱好、特长，按照自己的意愿与最亲密的同伴一同选择性地参加活动。

通过科技活动可以巩固和加深学生在课堂上所学的基础知识，丰富和开阔他们的知识领域；可以培养学生的科学兴趣、志向和理想，激发求知欲望；可以培养学生的观察能力、思维能力和实践能力；可以培养学生实事求是的科学作风、严谨细致的科学态度、坚韧不拔的毅力和敢于创新的精神。

班级科技活动的内容丰富多彩，不受课堂和书本的局限，可以从广阔的自然界和繁杂的社会中去获得知识、信息、技能。具体来说可以成立数学组、物理组、化学组、电脑组、无线电组、航模组、舰模组等兴趣小组；开展我们爱科学活动月活动；科学观察活动和实验活动；科技小制作活动；小革新、小发明、小建议、小创造活动；科技信息活动；科技竞赛活动；科普创作活动；科技夏令营活动；科技主题班会和组织科学爱好者活动；组织班内学生参加地区性青少年科技爱好者协会、地区性青少年科技爱好者夏令营等。通过活动能发展学生的个性，提高他们的思维能力、动手能力，并能培养他们的创造性。可以说，班级科技活动是传播科技信息的另一条重要渠道。

案例呈现 II

**我爱我家**

永和学校的张老师在刚接手六年级(3)班时，对班级整体情况进行了分析。张老师认为本班中部分同学荣誉感不强，不是很热爱集体，集体观念不强。张老师针对班级的优缺点设计了一个活动，目的是帮助学生明确个人与集体的关系，领会集体的力量，树立集体观念，激发学生为集体共同目标而奋斗的热情。

活动中，班主任帮助学生感性理解家的概念："星空是星星的家，树林是树木的家，花园是花朵的家，大海是水滴的家，那么六年级(3)班是谁的家？"由此，引出本次班会主题——我爱我家。在活动中，张老师启发同学们展示班级风采，总结过去取得的成绩。最后，班长感慨地说："回顾过去，我们班也取得了一些成绩，听了同学们对班级的夸奖，我作为班长十分高兴。我愿意为班级的建设贡献更多的力量。我想现在大家心里都有一个和我一样的想法——那就是把我们的班级建设得更好，对得起老师对我们的教育。让我们一起加油！"

接着，班主任张老师组织同学们集体讨论班级不足之处及其原因，并谈谈每个学生应该怎样扬长避短，在班级建设中发挥积极作用等。学生讨论总结班级不足之处主要有三点。

第一，有的同学学习态度不端正，有不完成作业、甚至抄袭作业的习惯。第二，下课有打闹的现象，玩的花样层出不穷，玩心太重。第三，有的同学上课听讲不够专心、抠手指、玩橡皮、弄尺子和思想开小差。张老师认为这些问题的存在都与同学们没有认识到学习的重要性和集体意识不够有关。

张老师还语重心长地说："同学们，当你沉浸于大海的波澜壮阔时，你可曾想过那是一滴滴小水珠汇集而成的。万里长城，举世瞩目，那是由块块砖石垒成的！一滴水珠，是那么晶莹可爱，却经不起阳光的蒸晒，也经不起风的吹拂，但是一滴滴水珠聚集在一起，却可以汇成广阔的海洋。同学们，让我们大家都来做一滴小小的水珠，紧紧地团结在一起。利益面前要谦让，荣誉面前不争抢，团结起来是力量。"通过围绕"我爱我家"进行的主题活动，大家感受到了集体的力量和智慧。

(资料来源：魏晓红.中小学班级管理典型案例[M].天津：天津大学出版社，2016：140.)

**问题与思考**

1. 班级活动对学生个体发展具有哪些意义？
2. 班级活动对班集体建设有什么作用？

**分析与评价**

在中小学阶段，各种各样的主题班会总是令学生们印象深刻。这种主题班会有的是根据学生的学习、思想动态等确定的；有的是根据节令、纪念日等确定的；还有的是根据突发事件、时事热点等确定的。这些主题班会对于促进学生的个体发展以及班集体的形成具有重要作用。上面的案例就是班主任为了改变班中部分同学荣誉感不强，不是很热爱集体，集体观念不强等问题，结合班级同学的特点设计系列的主题班级活动，并有效开展。学生们在亲身体验的基础上，感悟班集体的力量，并在启发中思考总结班级的优点，反思自身的不足和对班级的影响，体会每一位同学的所作所为对班级的影响。老师用一滴水、一块砖的微不足道，但是汇集起来就不容轻视的例子，进一步说明集体好了，搭建的平台自然就高了，每一位同学随之就会在集体中进步和发展，创建一个有利于学生成长的环境，让每个学生都能体验到快乐，快乐地学习，快乐地生活！通过班级活动，学生个体都获得了相应的发展，增强了集体荣誉感，这都有利于班集体建设。

## 案例呈现Ⅱ 原理与对策

班级活动对学生
个体发展的作用.mp4

班级活动是通过开展活动拓展学生的知识、激发其兴趣、培养其能力、陶冶其情操、张扬其个性、发展其特长，提高他们的全面素质，充分体现教育过程中学生的主体地位。因而，开展班级活动对学生的全面持续发展具有重要的意义。

## 一、班级活动对学生个体发展的意义

### (一)可以提高学生的认识能力

学生参加各种活动，从不同方面打开了视野，获得了知识。有许多知识是书本上学不到的。在活动中，学生要通过自己的感官，去观察、去倾听、去感受，更要通过自己的大脑去思考。因为每一项活动都有明确的目的。活动为学生提供了很多的信息，这些信息经过大脑的分析、加工，就会得出新的认识。这正是活动内容"内化"了，学生的认识能力也得到了提高。新的认识，成了学生知识结构中新的补充，增加了学生今后认识活动的知识基础。

### (二)可以培养学生的实践能力

学生在参加活动时，不仅要看、要听、要想，而且要说、要做。社会调查、劳动、参观、访问、文艺、体育、科技等活动，都需身体力行，即使是准备一次班会的发言，也必须收集材料，撰写发言稿。而且，由于每个学生在活动中都有一定的成就动机，期望把自己担负的任务完成好，于是积极准备，努力完成，这无疑会提高他们的实践能力。

### (三)可以陶冶学生的情操，培养学生良好品德

生硬空洞的说教，学生不易接受，因为它打不开学生情感这个"开关"。而情感、意志和良好的品德是在学生感兴趣、积极参与的活动中形成、巩固和发展的。学生在生动活泼的自主活动中获得亲身体验，有助于形成理性的价值观、正确的道德观、分辨是非的能力和民主、合作、竞争的现代意识；有助于陶冶情操，磨炼意志，丰富生活，崇尚文明；有助于在自我管理中形成认真负责、诚实、勤奋、坚毅等良好的品质和行为习惯。

### (四)可以推动学生良好个性的形成

学生的个性品质、兴趣、才能等在集体活动中能得到表现，也在活动中得到巩固、发展和调整。性格内向的学生，有的由于多次在活动中获得满意的角色而积极参与，其智慧和特长得到发挥，变得活泼、开朗，喜与别人交往。而热情很高踏实不足的学生，在集体活动中多次承担较复杂任务，也可使他变得比较冷静、务实。开展课外活动，能使学生在丰富多彩的活动中、在更为广阔的天地里驰骋。所谓"海阔凭鱼跃，天高任鸟飞"，爱文学的、好体育的、善书画的、嗜科技的，他们兴趣爱好都可以沿着正确的方向发展，进而使其个性得到优化，特长得到发展。同时，还可以通过有意识地培养学生某个方面的专长，指导学生的职业定向，使活动成为培养专业人才的"摇篮"。

### (五)可以培养学生的自主创新精神

学生是班级活动的主人，有的班级活动需要由他们自己来设计、组织、管理，即便是

班主任组织、领导的班级活动，同样需要学生积极参与设计、管理，这些对学生独立工作能力的培养和锻炼都有积极的作用。有不少的班级活动充满着创造的因素，通过这些活动的构思、设计、组织、表达等过程，就使学生的主动精神、创造精神、开拓精神得以培养。

## 二、班级活动对班集体建设的意义

班级活动是组织建设良好班集体的有效途径，具体来说，表现在以下几个方面。

### (一)有助于班集体的形成

一般来说，组织、形成班集体总是以协调一致的集体工作和有益的班级活动开始的。如果一个班级不开展或很少开展活动，是永远也不可能成为一个真正的集体的。

### (二)有助于实现班级教育目标

班集体是在实现班级的奋斗目标所进行的实践活动中发展和巩固起来的。目标是班集体发展的方向和动力，而组织相应的具体活动则是班集体向着既定目标前进的重要形式。只有在班级活动中，学生才能正确认识个人与集体、个人与他人的关系，培养集体主义精神和对集体的责任感、义务感。如果没有活动，学生就不会感到集体的存在，也就不会主动地关心集体，为集体的利益而奋斗；而有了活动，学生则会精神焕发，并促进学生间的交往、团结和班集体的巩固与发展。

### (三)有助于形成正确的集体舆论和良好的班风

集体舆论是指在集体内占优势的，为大多数学生所赞同的言论和意见，通常以议论、褒贬等形式肯定或否定集体的动向和集体成员的言行。正确的集体舆论能够助长班级中健康和进步的因素，促使好人好事不断涌现，引导更多的学生努力向上，积极进取，克服和遏制消极和错误的言行，帮助学生明辨是非，激发他们的荣誉感和责任感，有利于维护集体的利益，巩固集体的团结，促进良好的班风形成。正确的集体舆论和良好的班风对于学生的发展影响巨大。在健康、有益的班级活动中，正确的、合理的东西能够得到肯定、弘扬，错误、不良的东西则为大家所不齿。这样，正确的舆论和班风就会逐步形成、发展起来。所以说班级活动是创建班集体的血液，是形成集体主义思想的摇篮，没有活动就没有集体。

**案例呈现Ⅲ**

《爱的教育》班级读书会活动方案

一、作品分析

《爱的教育》是意大利作家艾得蒙多·德·亚米契斯的作品。在作品中他以一个小学生的名义，通过日记的形式，讲述了很多小故事，将"爱的教育"融进这些故事，用于培养年青一代的思想情操。亚米契斯倡导的"爱的教育"，包括热爱学习、热爱劳动、热爱祖国、同情弱小、乐于助人、尊师爱生、体贴父母等人类美好的精神。在作品中通过一些小故事表现得亲切感人，具有很强的艺术感染力。

二、学情分析

我校地处三环外，生源以本地区无土地农民及进城务工农民子女为主。我班学生40人，男女生对半，虽然已经读三年级了，但大部分男孩子自我意识较浓，团队意识较差，同学间矛盾不少，纠纷不断，导致学习氛围不浓，自觉读书的习惯还未养成。

三、活动目标

(一)通过阅读《爱的教育》，感悟爱的魅力，受到爱的教育。

(二)交流阅读感受，加深对作品的理解。激发学生对书的热爱。

(三)采用"班级读书会"的形式促进个性化阅读与合作化阅读的融合。在思维的碰撞中树立团队意识。

四、活动准备

(一)布置学生准备《爱的教育》。

(二)师生共同阅读《爱的教育》，做好读书笔记，完成读书讨论单。

(三)制作多媒体课件。

五、活动时间

2009年6月3日　　2课时

六、活动过程

(一)激情导入，揭题板题

老师唱《爱的奉献》，直接揭题板题。

今天我们召开班级读书会，交流的就是这段时间我们共读的一部世界儿童文学名著——《爱的教育》。这本书我们读了好长时间了，你觉得自己读得怎么样？

(二)介绍我爱的书

1. 师：孩子们，拿出你的书，给同桌介绍一下封面、封底和作者吧。

2. 师：请用自己的话，给组内的伙伴说说这本书的主要内容。

3. 师：请用简单的几句话说明这本书的特色。

4. 师：人们这样评价这本书"这是一本小书，又是一部巨著"。

(三)畅谈我的所得

1. 粗谈人物。

师：孩子们，读了这本书，你对书中的人物一定会有许多自己的见解，谁来说说主人公安利柯是一个怎么样的人呢？请为我们描述一下他的个性、家庭和他值得学习的地方等。

师：你还喜欢书中的哪位人物？他做的哪件事让你记住了他？通过这件事，你看到他具有怎样的优秀品质？

师小结：这些孩子有自己的特点，他们充满爱心，敢作敢为，诚实善良，品德高尚，让我印象深刻，难以忘怀。

2. 细谈情节。

师：书中的哪个故事最让你深受感动呢？为什么？

师：请你选择一个精彩的片段细读，把你认为精彩的词、句画下来，把读书感受批注在旁边。

学生精读片段，作批注后在组内交流。

(采用投影展示片段)请读相同片段的孩子共同有感情地朗读，交流自己的读书感受，说清楚深受感动的理由。

师小结：这些故事令人感动的原因均出于爱，爱祖国、爱老师、爱同学，如果我们也能像他们一样，爱我们身边的每一个人，那我们班绝对会是全校最受欢迎的班级。

3. 评说每月故事。

师：书中的"每月故事"感人至深，请说说最触动你心灵的一个故事。

4. 我想向你学。

师：请以"我想向你学"为题，写下你对书中最喜欢的人物想说的话。

师：孩子们，听了你们情真意切的话语，我看到的其实是一群喜欢读书、善于思考的聪明的孩子们，老师真为你们骄傲！从现在开始，就让我们用心读书，体验生活的美好，感受爱与被爱的幸福。就像歌词里说的"只要人人都献出一点爱，世界将变成美好的人间"。只要我们有一颗爱心，还有什么矛盾解决不了呢？

(四) 分享我的快乐

1. 师：好的东西要大家共同分享。一个人的喜事40个人分享，那就多了39张笑脸。今天我们分享了读《爱的教育》后的感受。这么好的书，应该有更多人读才好。你会将这本书介绍给谁阅读呢？为什么？

2. (课件出示)生读：书籍是人生前进的灯塔，书籍是人类进步的阶梯，书籍是开启智慧的钥匙，书籍是终身相随的伴侣。

师总结：希望同学们多读书、好读书、读好书，与书为伴、与书为友，让阅读点亮我们的生命。从今天开始，我们就比赛看谁读的书多，悟到的道理最透彻。

(五) 展示我的成绩

师：我们既读了《爱的教育》，又谈了自己对人物的评价，找到了自己喜欢的角色。老师想看看孩子们读书的时候是不是根据兴趣喜好在读。请孩子们合上书本，我们做一个小测试。

1. 《爱的教育》的作者是(　　)，他的国籍是(　　)。

2. 学习成绩好，每次都获得头等奖的男孩是(　　)。

3. (　　)为了救一年级的学生，脚被马车碾断了。

4. (　　)的家里来了小偷，他为了救奶奶，被小偷杀死了。

5. 可怜又坚强的铁匠之子是(　　)。

6. 半夜起来帮爸爸抄写封条的是(　　)。

7. 《爱的教育》的主人公是(　　)，他的家庭成员有(　　)。

8. 驼背奈里被人欺负时，是( )救了他。
9. ( )从一个别人眼中的笨孩子变成了二等奖的获得者。
10. 生性活泼快乐的克莱谛爱穿( )色的裤子，戴一顶( )皮帽。

师小结：孩子们，我们现在读书普遍存在追求故事情节的发展或者觉得有些人物好玩而读，其实一本书可以读的东西很多很多，刚才的小测试就给我们指了路，以后读书，一定要多读多思，才能有进步。

七、活动心得

我和孩子们的倾心交谈，让我感动不已。不管孩子们过去如何、将来怎样，相信这一次"班级读书会"一定会在他们的人生中画下浓墨重彩的一笔，会记得在这个交流会上自己成长、成熟的每一步。而作为一名教师，我也会记得这样的氛围，这样无拘无束的讨论、对话，因为在这一刻，我同样经受了一次洗礼。

(资料来源：班级读书会活动方案. http://blog.sina.com.cn/s/blog_5f2a313d0100g9om.html.)

**问题与思考**

1. 班级活动管理具有哪些特点？
2. 班主任在班级活动管理中扮演着什么角色？

**分析与评价**

班级活动不是自动自发完成的，需要进行规划和管理，做好充分的准备。通常班级活动管理分为两个层面：一个是来自学校层面的对班级学期活动计划提出指导性建议，并对班级学期活动计划及其中一些重要的活动予以审批，进行指导和检查；另一个是来自班级管理者对班级活动的具体的、全程性的预设和调整。从以上案例可以看出，《爱的教育》班级读书会活动是由班主任根据学校对人才培养的要求以及本班学生存在的现实问题设计的，其目的是既培养学生热爱阅读的良好习惯，又增强学生的团队意识。为了完成这一班级活动，班主任事先布置学生准备了《爱的教育》这本图书，并对其进行认真的阅读，做好读书讨论单和 PPT 课件。然后确定班级活动的时间，组织学生顺利开展活动，活动后带领学生完成学习测试和读书心得的交流讨论。虽然班级活动的主体是学生，但班主任对于活动的发起和实施都起到了重要的作用。

# 案例呈现Ⅲ 原理与对策

## 一、班级活动管理的特点

班级活动管理具有下列特点。

### (一)目的性

班级活动是学校教育的重要形式，是思想教育的重要载体。班级活动的教育目的是促进全体同学德、智、体诸方面的全面发展与健康成长。因此，目的性就是班级活动管理的首要特点。没有明确教育目的性的班级活动，便失去了意义。

在班级活动管理中，不管是制订一个学期的活动计划，或者是安排组织一次班级活动，都应该有明确的目的。不管是一次班级活动还是一学期的班级活动计划，班主任都要根据班集体和学生实际情况，针对学生思想上存在的典型或共性问题，确定教育目标，并据此选择学生感兴趣的、具有启发教育作用的内容开展班级活动。这样，切合学生实际的班级活动的教育功能才能实现，班级管理才能发挥最优效益。

### (二)计划性

因为班级活动有明确的目的，班级活动管理就要有严密的计划性。主要体现在以下两方面：第一，在具体活动计划的制订上；第二，在实施计划过程中的细致周密的安排上。

班级活动，不管是一次班级活动，还是一学期的班级活动，都要制订详细周密的计划。就一个学期的班级活动而言，首先需要根据本学期学校教育的总体要求，根据班级学生状况和特点，确定学期活动的教育目标。然后围绕实现这个教育目标，统筹考虑安排活动内容、形式和时间。具体的班级活动，在设计时，首先需要明确这一活动在本学期班级活动中是从哪个方面来为实现学期教育目标服务。然后据此确定具体的活动内容，选择合适的活动形式，具体安排活动中所涉及的其他事项，等等。这些都体现了班级活动管理的计划性。

### (三)系统性

组织一次班级活动，是围绕一定的教育目标，通过活动设计、活动准备、活动实施、活动评价来完成的，这四个阶段构成一个完整的教育过程，体现了班级活动管理的系统性。

学校的教育教学活动是按学期为单位组织的，围绕着教育总目标，一个班级在不同年级阶段的每一个学期都有不同的教育目标。班级管理者围绕着阶段性教育目标制订学期班级活动计划，开展班级活动。每一次班级活动都是实现阶段性教育目标的一个环节。一个学期的班级活动构成一个相对独立而完整的教育阶段。

一个班级从它组成到结束需要几年时间，这几年时间是一个完整的阶段。从班级组建的那一天起，班级管理者就应当对学生培养有一个总的教育目标，也应当对班集体建设有一个总的建设安排。班级活动围绕教育目标开展，最终使得几年时间内的班级活动成为一个完整的系统。

## 二、班主任在班级活动管理中的角色

对班级活动的管理既需要班主任的主导，也需要学生的自我管理，二者共同发挥作用，相互影响、相互作用、相互促进，最终达到共同发展的目的。其中，班主任是班级活动管理的主导者。班主任对班级活动的管理就是按照预定的目标,以合理的方法,在限定的时间内和特定的条件下,充分发挥各因素的积极性,以最低的消耗、最快的速度,获得最佳的效果。

班主任在班级活动管理中要认清自己的角色定位,不能"越俎代庖"代替学生的自我管理。首先,班主任是班级活动的协调者。由于学生经验的缺乏和身心发育的不成熟,班主任需要对班级活动进行必要的组织、协调。在班级活动中,要协调学生的主动性、积极性与活动的组织领导之间的关系;同时,密切关注学生在活动中的感受和合作中的问题,及时帮助解决和疏导,保证活动的顺利进行。其次,班主任是班级活动的引导者。这里所谓的引导,是引导学生"当家做主",动脑又动手。具体体现在能够高瞻远瞩、洞察全局上。当学生考虑不周时,要恰当地给予补充;当学生兴趣不浓时,要巧妙地给予启发;当学生百思不得其解时,要机智地加以引导;当发现出现问题和漏洞时,要进行拨正和提醒。最后,班主任是班级活动的参与者。班主任作为班级活动的参与者,要与学生加强交往,密切关系,了解学生的思想、学习情况,做好学生的思想工作;班主任要以身作则,积极参与班级活动,为学生树立榜样,使他们能自觉参与,树立集体意识,形成良好集体。

案例呈现Ⅳ

### 我们的班级活动

大学毕业进入教师工作岗位,40个来自全市不同家庭的孩子,因为一个共同的梦想"浦外"而走到了一起。把40个小皇帝、小公主凑成一个集体,组成一个蚂蚁团队,不仅能让学生快乐地学习,还要培养学生高尚的思想道德品质和良好的行为习惯,这中间与我们班开展的一系列以两纲教育为目标的主题性班级活动是密不可分的。

一年来,我积极地将两纲教育结合到班级活动中,其中包含德育性活动、知识性活动、娱乐性活动和实践性活动。

开学初,针对我们班许多学生因为离家不适应而哭哭啼啼要求走读的情况,我策划开展了一系列的娱乐性活动,如才艺展示、笑话大赛、唱歌比赛等活动来培养学生对陌生环境的适应性。如为了让同学们赶快彼此熟悉成为朋友,组织了唱歌比赛活动。我的目的就是让他们单纯地快乐,因此,他们的表演可以是专业的,也可以是业余的,甚至也可以是搞笑的。其中,我们班的许天润同学一曲《采蘑菇的小姑娘》,在给同学们带来了欢乐的同时,也为他自己赢得了超高的人气。在他的带动下许多同学加入了表演的行列,同学们很快彼此熟悉起来。几次活动下来,没有一个同学再说我要转学、不想住宿,或者哭鼻子的了。一个崭新的团队初见端倪,学生之间自发地建立起了凝聚力,在一起的学习生活更融洽了,一些内向自闭的学生也开始活跃起来了,学生在校的住宿生活也健康起来。

为了陶冶学生的情操,我组织同学开展了"发现生活中的美——摄影比赛"活动。从展示的相片来看,在同学们心目中,动物园的大熊猫爬竹梯时的样子可以是最美的;水中嬉戏的鱼儿跳着舞蹈可以是最美的;与父母在山林间戏水可以是最美的……在班会上我让学生对自己的摄影图片进行介绍，说一说"为什么你认为这是美的"。通过这次简单的班级活动，在轻松的气氛下让学生们欣赏美、感受美。

一年之计在于春。处于青春期的学生们，处在生命最美好的时候，也需要一定的身体运动来增强体质。为了让学生认识生命、珍惜生命、热爱生命、热爱运动，我组织同学们开展了踢毽子比赛、羽毛球比赛、跳绳比赛、打排球等活动。为了大家都能参与进来，我以身作则也参与了比赛。在我的带动下，班级每一个成员都参与到了活动中来，虽然有的成绩不尽如人意，但是能积极参与活动，锻炼一下身体，对青春期的身体发育总是好的。

针对寄宿制学校看新闻机会较少的特点，为了让同学开阔视野，放眼世界了解时事，我组织同学们开展了新闻交流活动，利用周末时间把一周你认为最重大的新闻，对每个同学都有用的，摘抄下来一起交流。这一活动也得到了家长的积极配合。

为了配合学校人生观教育，暑假全班同学骑车去距校二百多里的十渡公社搞了"了解祖国，认识自然"的旅游活动。大家一路走一路学习，搞了"六个一"的比赛：写一首诗，画一幅画，写一篇调查报告，写一篇旅游日记，采集一种标本，交一个当地朋友。在卢沟晓月下、在周口店猿人洞旁、在云居寺藏经洞、在十渡沙滩上，都留下了同学们考察的足迹，留下了歌声和笑声，留下了同学们对伟大祖国无限热爱的颗颗滚烫的心。同学们经历了苦与乐的考验，在"苦与乐"的演讲台上，他们激情地演讲，道出了自己的收获："不经一番风霜苦，难得梅花放清香。"他们决心以"不到十渡非好汉"的精神去对待学习、生活和工作，在人生的道路上走一条开拓之路。

以上只是我罗列出的我们班所开展的班级活动中的一小部分。每一个活动，也许它所能给我们的收获并不一定很多，也不一定很长远，但是，正是这样的一点一滴，滴水穿石般改变着每一只蚂蚁。经过了一学年，我班的学习成绩在平行班中获得了年级第一，在争创良好班集体活动中，我们获得了全校第二的好成绩。

（资料来源：徐春娣. 班级活动的开展与两纲教育.
http://www.msshw.pudong-edu.sh.cn/stu_news/show.aspx？id=5083，2011-02-15.）

## 问题与思考

1. 班级活动如何选题，组织班级活动应遵循哪些原则？
2. 请列举出你参加过的最难忘的班级活动，并分析原因。

## 分析与评价

班级活动对于促进学生个体的发展以及班集体的建设均具有不可替代的作用，所以，有经验的班主任都非常重视班级活动的设计和组织实施，通过班级活动，促进学生的健康成长，促进良好班集体的形成。在上文的案例中我们可以看出这是一个新的班级，班集体还没有形成，学生们犹如一盘散沙，为了增强学生们的团队意识，尽快融入班集体，班主任组织了德育性活动、知识性活动、娱乐性活动和实践性活动等各种各样的班级活动。每一类活动都有不同的组织形式，都是针对不同的问题设计的。如为了解决新班级同学们之间缺乏了解、不能适应、不愿住校等问题，开展唱歌比赛等娱乐性活动，几次活动下来，一个崭新的团队初见端倪，学生之间自发地建立起了凝聚力，也没有一个同学再说不想住宿了。为了陶冶学生的情操，开展摄影比赛等德育性活动；为了增强学生的体质，开展踢毽子等体育性活动；为了开阔学生视野，开展新闻交流等知识性活动。这些活动针对性强、内容丰富、形式灵活多样，而且简单易行，在班集体建设中收到了良好的效果。

## 案例呈现Ⅳ 原理与对策

班级活动的设计不是随意的，想开展什么活动就开展什么活动，而是要符合班级的实际情况，遵循一定的原则，讲究技巧。

组织班级活动的原则.mp4

## 一、组织班级活动的选题方式

选择班级活动的题材应尊重具体问题具体分析，因地、因时制宜的原则。

### (一)根据学校工作，班主任工作常规选择方式和题材

新学期一开学，即可结合学校工作常规，组织劳动教育活动，健全班级例会制度。首先组织班委会，确定一学期的学习、活动工作的重点、内容和计划，召开民主选举会，制定班级各种规章。

期中考试后，可结合学校的评估会举行班级学习经验交流会、举办学习方法讲座等。期末面临寒暑假之际，配合团队工作搞好社会调查等。

平时每周一次的周会着重于对过去一周的总结和布置下一周的工作重点。晨(夕)会除了思想政治教育任务外，还应有总结和希望的要求。

### (二)结合重大节日、纪念日选择方式、题材组织活动

重大的节日、纪念日对学生有重要教育意义，如元旦、"毛主席为雷锋同志题词"纪念日、清明节、"五四"青年节、植树节、"六一"儿童节、端午节、中国共产党成立纪念日、"八一"建军节、国庆节、教师节、中秋节、少先队建队日等。

不同的节日、纪念日具有不同的教育意义，如"五四"青年节、"六一"儿童节可举行团队联欢会和青少年英雄模范见面会等。教师节可举行一些讲座、开展一些尊师活动，还可以组织为教师进行服务性劳动小组活动等。清明节、端午节可开展共建精神文明活动。植树节及有些纪念日可举行主题班会。

在重大节日、纪念日时，都要举行一些纪念或庆祝活动，有时是举国欢庆，有时是政府某些部门和机构搞些宣传纪念活动，在客观上为班级的有关纪念或庆祝活动创造了一种良好的社会气氛，更有助于对学生进行教育。

### (三)根据地区特点，选择方式和题材

每一地区都有自己特有的自然环境、风土人情、名人轶事、革命斗争史、建设成就、新人新事、新风新貌。这些都蕴藏着十分丰富的教育内容。

在清明节，可以为烈士墓扫墓。可以请战斗英雄、先进人物作主题报告会。

利用当地的自然条件，可以组织各种活动。比如，在山区，可以开展"登山探宝""爬山比赛""观日出"等活动；在水乡可以组织游泳比赛、划船比赛；在农村可以搞社会公益劳动，利用田边地角搞种植活动；在城市可以看动物、参观科技展览馆等。

利用本地区名胜古迹、名人轶事、风景游览区等作为向少年儿童进行热爱祖国、热爱人民的教育题材，让学生在游览参观中受到美的教育和熏陶。

利用本地区有关单位的有利条件开展活动，如访问一个工厂、一个村庄的发展史；到附近单位请农技员、科研员讲科技知识等。

### (四)从学生日常生活中提炼活动题材，开展班级活动

学生的生活是极其丰富的。在学习、劳动、生活和娱乐中有许多有意义的事情，可提炼出许多"活"的题材来给予形象的、具体的、及时而富有实效的教育。还有许多学生间出现的问题、苦恼、成见、矛盾等，可以通过举办主题班会和民主生活会形式来解决。

青少年学生的生活中有积极的因素，抓住积极因素，搞一次活动，可以产生"连锁反应"，使积极因素扩大；青少年学生生活中也有消极因素，抓住它，来一个"小题大做"，可以化消极为积极，产生良好教育效果。这就要求教师"眼睛向下"，了解学生生活和思想实际，发挥主导作用，及时捕捉教育活动课题。

## 二、组织班级活动的原则

### (一)主体性原则

班级活动的主体性原则是指班集体活动要充分发挥教师的引导作用，并尊重和发挥学生在活动中的主体地位，发挥他们的能动性和积极性，形成两者间的互动。学生是班级活动的真正主人，只有真正参与到班级活动中，以主人翁的姿态出现时，才能充分展现独立性和创造性，才能真正感受到自己的责任，才能切实体验到自身的价值，从而获得多方面的发展。

### (二)方向性原则

组织任何一项班级活动都必须保证它能够完成一定的教育任务，实现一定的培养目标任务。因此，在设计、组织、开展活动的过程中，必须把活动的目的与方向放在第一位，保证班级的各项活动有利于促进学生的健康成长，使他们成为社会主义现代化事业的建设

者和接班人。因此活动的主题要认真确定，活动的内容和材料要仔细选择，务求方向正确，内容健康，寓教育于活动之中，以充分发挥活动的教育作用。

### (三)针对性原则

班级活动的开展要从实际出发，具有一定的针对性。一是要针对学生的年龄特点和身心发展需要。同一内容的教育，在不同年龄阶段应有所区别。低年级的孩子单纯率真，开展的活动要活泼、趣味性强；高年级的学生理性深刻，活动要有知识性和创造性。二是要针对班级里存在的现实问题。如学生中出现浪费食物、糟蹋学习用品等现象，可组织学生开展"厉行节约、反对浪费"活动。三是要针对社会现象、时事热点开展班级活动。如针对"低碳生活"的话题、"范跑跑"事件等，组织学生开展讨论活动。

### (四)兴趣性原则

兴趣是最好的老师，是学生成才的起点，是学生发挥潜能，取得成功的动力。班级活动要想取得良好的效果，必须增强活动的趣味性，所以组织班级活动，要充分了解学生的兴趣所在，才能充分调动学生的积极性与主观能动性。开展学生喜闻乐见的活动，才能使他们逐渐形成一种对班级活动的喜爱之情，进而更加热爱班级和学校生活。同时在参与班级活动过程中所产生的良好兴趣和积极的情感体验，又会强化学生坚持不懈、努力向上的意志品质，并产生一种积极的行为态度。

### (五)多样性原则

开展班级活动坚持多样性原则，这一方面是为了适应德、智、体全面发展的要求，促进学生全面、和谐地发展；另一方面是为了适应学生的心理特点。青少年活泼好动，求知、求新、求美、求乐，班级活动唯有丰富多彩、新颖出奇，才能满足他们的需要，适合他们的口味，并有效激发他们积极参与的热情，使活动的开展有实效。如果班级活动内容单一，无变化，形式呆板、不灵活，学生就会兴趣索然，活动效果就会大为降低。

### (六)易操作性原则

班级活动与社会中开展的大型活动不同，它受班级学生的精力、经验以及现有条件的限制，因此要注意易操作性。根据本班、本校、本地现有的条件开发活动资源，规模、频率要适当。每天都要进行的日常活动要短、小、实，形成自动化操作。短，即时间短；小，即解决小问题；实，即解决问题要实际。主题班会一般是全体参加，一个学期搞几次，次数不能过多，也不能没有，要依据具体情况确定。每一次大的班级活动，都要事先安排，要制订详细的方案，这样操作起来才能有条不紊，顺利进行。

### (七)集体性原则

在班级活动中，班主任要带领全班同学，发扬团结合作的精神，培养班级荣誉感，形成一种既健康竞争又相互合作的良好风尚。教师要保证班级里的每个学生都有参与的机会，不能把活动集中到某几个积极分子身上，其他学生都是观众。否则会伤害学生的自尊心和积极性，也不利于和谐团结的班集体建设。班级活动应体现公平合理，不偏不倚，鼓励那些内向的、胆小的和不热衷于集体活动的学生积极参与，让他们体验到班集体的温暖。

## (八)创造性原则

班级活动不能循规蹈矩，想保持班级活动的高度吸引力，获得最佳效果，必须要有创造性。创造性首先表现在活动内容上，就是要随着班集体的发展，随着客观形势的变化，不断丰富和充实活动的内容。有些内容，如爱国主义教育、理想教育、集体主义教育、法制教育等，基本主题不变，但是随着时代的发展，总有新的内容和材料，班主任必须善于及时地将其纳入班级活动中来。即便是一些不以思想品德教育为主的班级活动，也必须有创造性。例如科技小组活动，如果仅仅停留在模仿性的小实验、小制作上，而没有小发明、小设计、小创造，也不能达到培养科学意识、培养创造性能力的效果。传统的班级活动，在原有内容和形式上"加一加""变一变""改一改""移一移"，就会成为具有鲜活生命力和时代感的新活动。

**案例呈现Ⅴ**

### "团结合作才能成功"班级活动方案

活动主题：团结合作才能成功

参加人员：三年级全体学生、班主任

活动目的：

1. 以"合作精神"为主线，通过游戏、表演等不同的活动内容，表达同一主题，让学生充分体验到合作的乐趣，认识合作的重要性。

2. 帮助学生树立正确的人际协作意识，提高学生的社会适应能力。

3. 消除以自我为中心的错误心理，形成互助、互爱的高尚情操。

活动准备：

板书班会主题，筷子1把、空瓶6个、用线拴着的粉笔头24个、毛巾3条、绑带6根、球6个，进行课本剧表演比赛选取最佳课本剧1个，课件。

活动时间：2009年9月24日下午4:00—4:40

主持人：林雅雪、余天龙

活动分工：

1. 班长、组织委员负责本次活动的具体安排和会场布置。

2. 学习委员、劳动委员负责准备各种材料。

3. 宣传委员带领全班同学开展课本剧表演比赛。

4. 文艺委员负责最佳课本剧选择和课件制作。

5. 班主任统筹安排活动环节。

活动过程：

一、激发兴趣，导入活动主题

1. 两位主持人介绍自己，并且宣布主题队会《合作才能成功》开始。

2. 两位主持人列举班级入学以来取得的一些成绩，同时强调这所有的成功都与大家的团结合作分不开。

二、认识合作

1. 学生初步说说自己对团结合作的理解。

2. 说说为什么要团结合作。

3. 推荐大力士做折筷子游戏，学生谈感受。

(1) 折一根筷子。

(2) 折一捆筷子。

(3) 小结："一根筷子轻易折，一把筷子折不断"。这就是团结的力量。

4. 玩游戏——《紧急逃生》

(1) 介绍游戏规则：每一个小组前面都有一个空瓶子，这个瓶子代表一座"已经着火的房子"，里面用线拴着的粉笔头，代表"在房里还没出来的你自己"，用最快的速度从火场顺利逃生。

(2) 每个小组派四个学生玩游戏。

(3) 没有脱险的小组，分析原因。

(4) 顺利脱险的小组，说说怎样做的。

(5) 小结：越是在有危难的时候，我们就越应该团结起来，相互合作，用我们共同的智慧去战胜困难。

三、体验合作

1. 激发合作欲望：你能合作吗？

2. 请三组同学上场，参与一个需要合作的游戏。

(1) 介绍游戏规则：三人一组，把一人的眼遮住，一人的双手绑住，一人的双腿也绑住，用这种方式代表他们身上存在着不同的优点和缺点。再给每个组两个球，代表贵重物品。要求三人要团结合作，把贵重物品从教室后面运到讲台上来。

(2) 谈游戏收获。

(3) 学生发言结束后，再点击一下课件，大屏幕显示：要积极参与活动，服从安排，互相配合，并努力地按要求去做。要欣赏别人的优点，包容别人的缺点，善于鼓励同伴。要取人之长，补己之短，虚心接受帮助。只有彼此欣赏，团结合作，才能把一件事情做成功。

3. 请班级评选出的"最佳合作小组"成员，来展示一下他们的合作成果。请欣赏他们给大家带来的精彩的课本剧表演。

4. 经过亲身体验，学生谈合作时最重要的是什么(服从安排，互相配合)。

四、指导实践

1. 学生谈谈班级团队精神与合作意识在哪些方面还不够呢？我们应该怎样改进呢？

2. 班主任小结：看到两位主持人这么能干，看到小朋友们这么配合，听到大家发言这么精彩，我对我们班更加充满了信心！

3. 班主任送给大家一句话(点击课件)："水在大海里，才不会干涸；人在集体中，力量才会更大。"希望同学们能从本次班会中懂得这样一个道理：(点击课件)"只有真诚的合作才会使我们获得成功！"

五、主持人宣布活动结束

(资料来源：改编自山东省滨州市中小学班主任远程全员培训班级活动方案.)

**问题与思考**

1. 组织班级活动应包括哪几个阶段？
2. 组织班级活动应注意哪些问题？
3. 选择一个主题，设计一个班级活动方案。

**分析与评价**

班级活动的教育性不仅体现在活动内容上，活动的过程和方法也是教育性的具体体现。就一次班级活动来说，只有从计划、启动到实施都全身心投入的学生，才会获得真正的成长。在上文的案例中，整个活动首先确定主题和目的，再根据学生情况确定具体分工，分头开始活动准备。在规定时间内实施班级活动，班主任进行活动总结，主持人宣布活动结束。从活动开始前的准备到具体的实施都体现了全员参与的原则。那么，开展班级活动一般需要做哪些工作呢？

# 案例呈现Ⅴ 原理与对策

组织班级活动应注意的问题.mp4

班级管理者不仅要了解每一次班级活动开展的基本程序和方法，还要关注班级活动开展过程中的资源和价值，才能实现班级活动的最佳效果。

## 一、组织班级活动的基本环节

一般来说，班级活动由以下四个基本环节组成，但由于活动类型不同，在具体环节上会存在某些差异。

### (一)确定班级活动选题

选题指活动主题的选择和确定。活动主题需要班主任根据学校教育计划和教育活动安排，充分考虑学生特点和班集体的现实情况进行选择，也可以根据重大节日或社会、学校、班级突发事件进行选择。班主任经过充分考虑之后，把自己的设想讲给班委会成员听，引导班委会成员考虑几个方面的参照情况，在大家畅所欲言的基础上进行归纳，确定大致内容，初步商量活动如何进行，最后由班委会向广大同学征求意见。采取个别交谈或开小型座谈会的方式，认真收集、整理同学们的反馈信息，作为组织活动的重要参考。有些活动，还可征求任课教师、校领导以及部分家长的意见。在广泛采纳多方意见的基础上，最终确定选题。

### (二)制订班级活动方案

凡事预则立，不预则废。制订班级活动方案是开展班级活动的关键环节。活动能否顺利开展，在一定程度上取决于方案制订得合理与否。因此，具体开展班级活动时，班主任要指导学生撰写活动方案。活动方案，是根据活动选题，对其活动要求、活动内容、活动分工、活动准备、活动过程、活动总结等环节进行的策划。活动方案的撰写有教案式、串联式和散文式三种。教案式即用写教案的方式来撰写，有明确的活动意义、目的、活动内容、活动安排、活动过程及活动提示等，简明扼要，是班主任掌握活动进度、安排整个活动的最好办法。串联式是用串联词的方式把活动内容有序地链接起来，注意起承转合，一气呵成。写串联式活动方案时，班主任和学生要充分发挥想象力，对活动的方方面面进行通盘考虑。散文式即以写散文的笔调把多种活动形式或内容有机地贯穿起来，也称点子式，有形散而神聚的特点。

### (三)班级活动的实施

实施是班级活动过程的中心环节，是达到活动目的，完成活动要求的基本手段。如果方案设计合理，班级活动按照方案去开展就可以了。但活动方案设计不论如何完备也无法防止活动过程中可能出现各种事先未料到的情况，如主持人突然语塞，导致了活动过程中断；大部分同学对活动缺乏参与感和相应的情绪反应，场面变得冷淡；同学的情绪反应过于亢奋，场面有失控的感觉；活动突然受到外来因素的干扰而不得不中断等。这时需要针对突然发生的情况对原计划进行灵活的修改。除非出现使活动不得不停止的事情，否则应妥善处理偶发事件，继续进行活动。

### (四)班级活动的总结

活动实施的结束并不等于教育过程的结束。作为一次或系列的活动可能已经画上了句号，但作为教育过程和学生素质发展来说，过程并没有结束，班主任还应做总结巩固工作。它是班级活动进行过程的终结环节。总结的方式多种多样。最基本的方式是在班级活动结束时，由班主任发言，对活动作一个简单扼要的评价。当然，学生是班级活动的主体，活动是否成功他们最有发言权。因而活动总结时，也应当采取开小范围的座谈会、写活动总结、广泛征求意见、开全班总结大会等方式请学生对活动进行评价。除了口头总结的形式外，在参观、访问、报告以及劳动、服务等活动后，让学生记日记、写作文、出墙报交流体会和收获，也是很好的活动总结的形式。当一些活动周期比较长的系列活动结束时，可以采用学生写总结报告、写课题研究论文的方式进行总结，也可以用举办展览、举行评比等形式进行总结。这些形式便于学生展示活动成果，进行经验交流，为下次活动积累经验。不管用一种或是几种方式，班委会的总结是必须要进行的。班委会要对活动的全过程进行反思，从选题开始，直到结束。而且班委会的总结内容，要以口头或板报的形式通报全班同学，以便听取反馈意见。①

## 二、组织班级活动应注意的问题

组织班级活动的成败，与是否能选择最佳活动项目主持人、最佳活动形式、最有效的管理方式、创设良好的活动情境等紧密相关，因此，应特别注意。

### (一)班级活动主持人的选择

作为班级活动主要形式之一的班会活动，选择主持人是重要的一环。主持人可以是老师，也可以是班干部；可以是班级学生代表，也可以是特邀嘉宾。活动主持人一般应具备下列基本素质：仪表端庄，举止大方，有主持好班级活动的热情与信心；有一定的口头表达能力，且语言幽默、诙谐；有一定的组织协调能力；有一定的处事不惊的应变能力等。班级活动的主持人，可以是一个，也可以有数个。一个主持人便于指挥集中，但能力有限；几个主持人，好在智力互补，但难以协调一致。能否选择恰当的人选担任活动主持人，是活动成功与否的重要因素。

### (二)班级活动形式的选择

班级活动的形式有很多的选择，但要与活动内容相适应。例如进行有关伦理性的教育内容。当学生对同一事件或问题有各种不同的看法或评价，甚至有尖锐对立时，可采取讨论、辩论等形式；为了树立某种学习的榜样。则可以采取报告会、讲演、读书评论、编演等反映先进事迹的节目或者组织学先进的相应实践活动；为了总结班集体与学生取得的成绩，弘扬其先进事迹和先进思想。可采用汇报会、作业与成果展等方式；为了促进师生之间、学生之间的了解、交流，就可以采用联欢、游园等方式。

### (三)班级活动管理方法的选择

班级管理者对班级活动的管理，通常有以下几种方式：参与型，即班级管理者自始至终以主体的身份参与整个活动，或吟诵，或高歌，或演讲，或踢球等，这样做有利于师生情感的沟通和组织管理的协调，亦有利于学生积极性的提高；遥控型，即为给予学生更大

---

① 张作岭，宋立华. 班级管理[M]. 北京：清华大学出版社，2019：144.

的空间，避免其会产生的压抑感，提高学生的自控、自治能力，班级管理者并不到场参与，但也并不是完全不管，而是在场外遥控；放任型，即在活动时间内，班级管理者既不到活动现场指导，也不在场外遥控，而是放手让班干部组织管理。但这种管理方式，容易脱离学生，流于形式，有可能难以达到预期的效果。班主任要善于通过自己的创造性思维，探索出更为完善、更为科学的管理办法，以提高课外活动的管理水平。比如民主型管理，要求班主任能处理好教师指导和学生参与的关系，既要放手让学生自我管理、充分参与，又能适时、适度地发挥班主任的指导和管理作用。

### (四)班级活动情境的创设

班级活动情境的创设，可分为两种情况：一是利用自然环境和社会环境，如游览名山大川，参观历史博物馆，祭扫革命烈士墓等；二是创造环境，如搞模拟法庭、晚会现场布置等。但无论是利用或者是创造，都必须精心设计，精心构思，精心组织，精心加工，使之与教育内容相呼应，与教育形式相陪衬，与时间空间相结合。班级活动情境的创设，可使学生在特定的时空，感受到更真切、更形象、更深刻的教育。

**案例呈现 Ⅵ**

#### 书包里的玫瑰

高中生生理渐趋成熟，对异性的好奇与青春期的萌动成为班里学生私下的主要话题。班里有几名男女生走得特别近，就有学生告诉我他们谈恋爱了。正巧语文学到《边城》一课，沈从文先生笔下纯洁的爱情让学生"口虽不言，心向往之"。学生时代的早恋现象曾被形象地称为"书包里的玫瑰"，与其视早恋问题如洪水猛兽，避之唯恐不及，不如给学生一个畅所欲言的机会，进行正确的引导，帮助他们形成正确的爱情观。

提前一个星期，我向全班学生布置了四个任务：①精心准备一则最让你心动的关于爱情的故事或诗词，或一句名言。②用简洁的语言阐述故事、诗词或名言打动你的理由。③谈谈你对未来的人生另一半的憧憬。④你认为成熟的爱情应该是什么样子？

一石激起千层浪，接下来的一周，学生们或神秘交谈，或激烈争论，看来这个话题真的勾起了他们的好奇心和参与热情，召开班会的时机成熟了。

班会前，我在黑板上书写了"书包里的玫瑰"六个大字，并将课桌排成八张分两行排列的形式，全班分成七个小组，八名小组成员围成一圈，方便讨论。班会开始后，围绕之前布置的任务各小组先进行组内的交流、讨论，用时20分钟。八名学生轮流发言，并对其中的不同观点进行了激烈的争鸣，个别学生甚至站了起来以壮声势，讨论得热火朝天。各组长负责小组观点的记录与整理。我轮流参与了各组讨论。

小组代表发言和自由发言时间一到，班里素有"才子"之称的赵明就冲到了讲台上："我来抛砖引玉吧。在座的各位包括我在内，都是18岁左右，即使没有恋爱的经历，也应该有暗恋的经历。这是很正常的事情嘛！可是家长、老师却如临大敌，其实完全没有必要的，我们已经是大人啦！"他手一挥，接着说道，"应该事业、爱情双丰收嘛！"顿时，口哨声、叫好声不断。看来他的观点很有市场呀！

(接下来又有几个同学积极发言)

班里气氛热烈起来。有人说："爱情无罪呀，有人做伴，免得孤单嘛，学习上也有人可以探讨问题，多方便！"有人立刻反驳："幼稚的爱就是因为我需要你，所以我爱你；成熟的爱却是因为我爱你，所以我需要你。""人的精力是有限的，你能保证不分心？问老师、同学不是更方便吗？""我并不否认真爱的存在，可你能为你的爱情负责吗？你可以保证你们会有一个更好的未来吗？"

正当大家争论不休之际，主持人适时地引导说："同学们，看来大家都认为现在把精力投入到所谓的爱情上是不明智的。那你心目中成熟的爱情应该是什么样子的，同大家分享吧。"

(同学积极发言)

"同学们，爱情如苹果，亲口尝尝才能知道它的滋味，但只有成熟时吃起来才会分外甜美。太早，过于青涩；太迟，则会腐烂。好的爱情，会让你通过你爱的人拥有整个世界；而坏的爱情，则会让你因为爱一个人而背弃了整个世界。让我们都能够通过努力，实现我们的梦想，找到属于自己的幸福！"主持人最后的总结颇具哲理和韵味。

班会结束后，我发现班里原来走得特别近的几个学生已经基本回归到正常的同学交往轨道，班里的学习气氛也分外的浓厚。看来这次班会收到了预期的效果。

(资料来源：狄俊杰. 书包里的玫瑰[J]. 班主任，2013(5): 35～37. 有改编)

**问题与思考**

1. 你如何判断一个班级活动是否有效？
2. 如何提高班级活动的有效性？

**分析与评价**

在本案例中，有同学告诉老师班里有同学恋爱了，使班主任思考"高中生的异性好奇与青春期萌动"问题。为了给予学生正确的引导，班主任计划开展一次以"书包里的玫瑰"为主题的班会。会前，给学生布置了任务，班会以分小组讨论汇报的形式展开，同学们热烈讨论、积极发言、激烈辩论，对这一话题进行光明正大的交流、讨论，在讨论中对这一问题有了进一步的认识。班会结束后，班主任发现班里原来走得特别近的几个学生已经基本回归到正常的同学交往轨道，班里的学习气氛也分外浓厚。这就是这次班会收到的效果。但是，并不是所有的班级活动都能使学生发生如此明显的变化，很多班级活动结束之后根本就看不到学生和班级发生了什么变化，那这样的班级活动是不是就是无效的呢？如何判断班级活动的有效性呢？我们可以从哪些方面提高班级活动的实效呢？

# 案例呈现Ⅵ原理与对策

提高班级活动有效性的方法.mp4

## 一、班级活动有效性的标准

班级活动的实效一般表现为三种形式：显露性的外在形式、储蓄形式、迁移形式。

### (一)显露性的外在形式

所谓显露性的外在形式，就是在活动过程中和活动结束后的较短时间内，通过学生的行为直接表现出来的那一部分。这种表现形式容易被人们接受和认可，因而往往成为评价活动是否有效的唯一尺码。如学生知识的增加、技能的增强，言谈举止符合一定的准则，遵守纪律等都属于这一形式的效果。

### (二)储蓄形式

储蓄形式即学生在活动中逐步积累并初步形成的理想、信念、信仰，积极的人生追求，正确的价值取向，高尚的思想觉悟，良好的心理品质等。这一实效很难直接反映出来，而是作为教育成效，储蓄积累在受教育的观念形态之中。虽然当时的反应不突出，作用于其他方面的效果也不明显，但是对学生的健康成长和持续发展有着极其重要的影响，会使他们受益终身。

### (三)迁移形式

迁移形式是指学生在班级活动中的精神收获作用于他日常生活的各个方面，促进学生的全面发展。如在班级活动中的表现得到了大家的肯定，使学生更具有自信心，从而更加积极地投身于生活和学习；在班级活动中所体会到的快乐，使学生更加热爱学校生活，更加珍惜同学友情；在组织班级活动过程中体会当主角的乐趣，从而在家里也要求自立和自理。

此外，我们还要正确认识活动实效的反复性。反复性是指已取得成效的倒退和反弹，是效果不稳定的表现。中小学生的可塑性很强，但意志品质相对薄弱，自我调节能力较差，所以容易出现反复性在所难免，教师应有正确的认识，而不要觉得班级活动效果不佳。班级活动不是一劳永逸的做法，它所取得的成效应在日常教学管理中不断得到有效的巩固和维持。

## 二、提高班级活动有效性的方法

(1) 要正确看待班级活动的实效。切勿期望过高，急功近利，试图通过一次或几次班级活动就想使学生的发展水平有明显的变化。班级活动对学生的影响是复杂的，教师不仅要看到显露性的活动效果,更要重视储蓄形式和迁移形式的活动效果,不能为了显露性的效果而牺牲其他效果。更要注意活动效果的反复性,效果是需要不断维持和巩固的。

(2) 在设计和计划班级活动时,要根据学生的认知水平和接受能力,以及本班可以利用的教育资源进行设计,确定活动目的;要调查和了解学生的实际需要和存在问题,以及学生当前所关注的问题,捕捉教育时机,因势利导。

(3) 在实施班级活动时,应遵循以小见大、由浅入深、由具体到抽象、循序渐进的原则,使活动效果逐渐显露出来。不能让活动过于功利性,教师不必直截了当地告诉学生本次活动的意义,而是让学生在玩乐中、在笑声中、在轻松愉悦的心境中自己体会更深的意义。要利用一切可以利用的资源,创设活动情境,使活动更加逼真,更加贴近现实生活,从而使学生受到感化。

(4) 在活动结束时,要对活动进行评价总结。教师最好做一个富有激情又有针对性的讲话,实事求是地评价本次活动的优点和不足,以激发、鼓励学生为搞好下一次活动做准备。并且,对本次活动的意义作一个言简意赅的总结,富有鼓舞性和号召性,使学生的认识得到深化。①

# 体 验 练 习

**一、选择题**

1. 班级活动具有的特点有( )。
   A. 自愿性　　　B. 灵活性　　　C. 开放性　　　D. 综合性
2. 班级活动内容包括的类型有( )。
   A. 知识性活动　　　　　　　　B. 娱乐性活动
   C. 政治性活动　　　　　　　　D. 实践性活动
3. 组织班级活动应遵循的原则是( )。
   A. 针对性　　　B. 创造性　　　C. 集体性　　　D. 易操作性
4. 组织班级活动包括的环节有( )。
   A. 确定活动选题　B. 制订活动方案　C. 活动实施　D. 活动总结
5. 班级活动的实效一般表现为( )。
   A. 显露性的外在形式　B. 储蓄形式　　C. 迁移形式　　D. 保持形式

**二、**围绕"我诚信,我快乐"的主题,制订一个适合小学三年级学生的班级活动方案

**三、**请分析以下班级活动方案运用了哪些活动形式教育引导学生

---

① 傅建明,胡志奎. 班级管理案例[M]. 广州:广东教育出版社,2009.

## "心系灾区人民，手拉手学助残"班级活动设计方案

一、活动目的

1. 使学生懂得同情和帮助残疾人是一种社会公德，教育学生要同情和帮助残疾人，正确处理人与人之间的关系。

2. 在活动中引导学生学习残疾人身残志坚的精神，使健康的少先队员与残疾儿童互相激励，共同进步。

3. 通过活动，培养学生"自学，自理，自护，自强，自律"的"五自"能力。

二、活动准备

1. 以小组为单位，帮助身边的残疾人做几件好事，体验残疾人的生活疾苦。

2. 排演由学生分组自编、自导、自演的小品《十字路口》，会唱歌曲《手拉手》。

3. 拟订"手拉手助残"协议书的具体方案，以及每个小组在本学期为残疾人做好事的计划。

三、活动过程

(一)班长致辞，宣布活动开始

同学们，你们还记得2008年5月12日发生在汶川的大地震吗？那次地震带给我们多少泪水，多少离别，多少痛苦啊！由于那次地震也给我们留下了许许多多的残疾人，他们的身体虽然因为地震变得残缺了，但他们的心却因为地震变得更加坚强了。因为在那次地震中，全国各地有那么多的人去关心他们，用充满温馨和温情的双手去帮助他们，同时在我们身边也有一些由于这样或那样的原因而残疾的朋友，今天就让我们一起去学习怎样帮助这些残疾朋友吧！

(二)观小品，谈感受，畅抒情怀

1. 观看小品《十字路口》。

在一个车辆如梭、人来人往的十字路口，有一位面色憔悴、手上被什么东西划破，直流血的盲人老伯，他想穿过路口，到对面的医院包扎伤口。但当他听到各种车辆震耳欲聋的喇叭声、人们连续不断的话语声时，只能焦急地徘徊……这时，少先队员小明正好放学路过这里，看到眼前这种情景，小明毫不犹豫地扶着老伯伯向医院赶去……

[话外音："同学们，残疾人在遇到困难的时候，多么需要别人的帮助！小明同学雪中送炭的助残行为是多么高尚啊！这真是小小一扶手，深深一片情啊！"]

2. 谈感受。

(1) 如果你遇到这样的情形会怎样？

(2) 不同残疾人在生活中能遇到何种困难？

(3) 我们如何像小明那样，帮助残疾人做力所能及的事？

3. 畅抒情怀。

班长随机指名同学谈自己是如何对残疾人献爱心的，后总结。

(三)游戏《照镜子》，签协议书，齐唱《手拉手》

1. 班长把一个装有镜子的盒子打开盖，放在讲台上，然后说："同学们，谁是帮助残

疾人的好队员呢？请你们在盒子里面找，看后要暂时保守秘密。大家轮流上台找好队员。

班长问："同学们，盒子里面有什么？"全班同学齐声答道："盒子里面有镜子，镜子里面有自己。"老师揭秘说："同学们，这下明白了吧？我相信我们大家都能成为帮助残疾人的好队员，都能为残疾人献上一份爱心！"

2. 班长与各小组长签订"手拉手助残"协议书。

3. 全体队员手拉手齐唱歌曲《手拉手》。

(四)活动小结

班主任：同学们，这次活动开展得很有意义，非常成功。我希望大家今后真正地理解、尊重、关心、帮助我们身边的及远方的残疾人，和他们携手共进，行动起来吧！献出自己的一片爱心。

(资料来源：中国教师研修网．http://www.yanxiu.com/login.html．2010-11-12.)

# 补 充 读 物

1. 谢德华. 班级真活动，学生真发展[M]. 上海：华东师范大学出版社，2019.

一本以"新基础教育"为指导，通过班级活动，促进学生发展的新型活动研究类著作。围绕活动育人机制，以"活动点评"方式列举了26个真实活动案例，从学生成长需要、关系交往、过程研究等五个方面，提供小学阶段的典型班级活动，提炼活动开展的具体策略。在案例呈现上，包括活动准备、现场实施、后续延伸等阶段，让读者了解活动的真实全貌，并辅以案例点评，从理论上梳理相关策略。

2. 张红梅. 用爱心和智慧打造特色班级活动[M]. 武汉：武汉大学出版社，2017.

本书收录了湖北省第三届楚天中小学卓越班主任高级研修班的学员们有关班级活动的精彩案例，分为开学稳起步、节日悟真情、爱心铸班魂、心理巧疏导、借力助成长、毕业强给力、学科深渗透、微班会显机智共八辑，包括"牵手凝聚力量，爱心点亮希望""心连心，手拉手——情系贫困学子""我们就是一家人""快乐端午，悠悠民俗""告别缤纷暑假，开启奋斗之旅""童心与成长"等活动主题。

4. 杨启光. 班级活动设计：班主任需要的工作艺术[M]. 北京：世界图书出版公司，2013.

本书是多位一线教师从自己成长的实践经验认识与未来学校教育管理变革的趋向出发而编写的。本书从中学入学适应、学业发展指导、思想品德培养、班级常规建设、文娱体育科技、节庆纪念假日、社区服务实践、心理辅导咨商、青春期问题调适与职业生涯指导十个方面入手，提出并深入阐述了现代学校教育关于班级活动设计方面的新理念、新方法。

应该打开窗户,让沸腾的社会生活、奇异的自然现象映入学生的脑海,借以丰富学生的感情经验,激发学生的表达情感。

——赞可夫

# 第七章　班级文化管理

**案例呈现 I**

江西省余姚市姚圩中学的骨干教学分子龚正清教师,在学生眼里是一个很有趣的小老头。上他的课,有的时候你分不清楚这到底是中学生在上化学课,还是小学生在听老师"讲故事"。

讲到元素"铍"时,他说:"大家都看过《西游记》吧?还记不记得里边的那个女儿国呢?"

"记得。"

台下的学生兴趣盎然。没想到这小老头居然对"女儿国"感兴趣?他想说明什么问题呢?这个故事和化学有什么关系呢?

"《西游记》里唐僧一行西去取经路过女儿国,那个国家只有女的没有男的,对吗?当然了,这只是一个神话故事。不过,现实中还确实有一种化学元素,会影响人们生儿育女。"

学生一听更加奇怪,不会吧,居然能影响人们生儿育女?这是什么元素?

于是,台下的学生争先发问:

"真的?"

"是什么?"

"老师快告诉我们吧!"

台上的龚老师呵呵笑着,慢条斯理地说:"我先给大家讲一个故事。"

"曾经,在广东一个山区的村寨里,曾数年连续出生的尽是女孩,人们急了,照这样下去这个地区岂不是要变成女儿国了吗?

于是村民们开始想办法,有的去求神拜佛,却不见一点效果。有的去寻医问药却找不到能治这种病的药方。

有位风水先生便说:"很早以前不是有地质队来开采吗?他们在后龙山寻矿,把龙脉破坏了,这是坏了风水的报应啊!"

于是，迷信的村民，千方百计找到了原来在他们山里探过矿的地质队，闹着要他们赔风水。

地质队队长一听，不可能的事情啊？为了"洗脱罪名"，他带领队员们又回到这个山寨，进行了深入的调查，终于找到了原因。

原来地质队在探矿的时候，钻机把地下含铍的泉水引了出来，扩散了铍的污染，使饮用水的铍含量快速提高，长时间饮用这种水，就会导致生女不生男。这个村饮用水经过治理后，情况得到了好转，在"女儿国"又出生男孩了。

故事讲完了，学生还在回味着这个有趣的故事。

龚老师把话题一转："现在，我们开始介绍'铍'的基本性质，然后大家再结合故事分析一下'铍'的性质。"

于是，在引人入胜的故事中，台下的学生又开始了对"铍"的"声讨"。

(资料来源：改编自《用故事激发学生情绪——教师如何上好公开课》，http://www.guayunfan.com/lilun/22555.html. 2019-06-29.)

**问题与思考**

1. 如果你是中学生，你为什么会喜欢这位老师的风格？
2. 如果您是家长，您会喜欢老师的教学方式吗？
3. 如果您是班主任，您会特别关注您班级的文化影响吗？
4. 班级文化的作用是什么？

**分析与评价**

在学生眼里，化学课总是和那些反应过程、实验现象联系在一起，即使有故事，大多也是关于某某化学家于某一年发现某某物质的经历，就是这些一笔带过的经历也要和课后的问答题结合起来才是真正的"学以致用"。

而实际上，我们的课堂教学也没有规定一定要我们的化学老师变成"故事高手"，就像案例中的龚老师，他完全可以略而不讲，只要说一声："现在我们开始学习新元素——铍。先介绍一下它的物理和化学性质，然后来做几个练习题，看看它的物理和化学性质有什么独特的地方……"

这样做也没什么不妥，完全符合为师者传道的职责，也做到了授业，接下来就要为学生解惑了。

可是这样一来，学生对化学物质铍的性质的印象又能保留多久呢？

稍用功的学生，课堂练习加课后复习还能记在脑子里以"对付考试"，但对那些漫不经心的学生呢？很可能下课的铃声一响，他就把刚才老师灌了一耳朵的东西就扔到九霄云外了，光想着他自己的"私人计划"该如何执行了。

案例中的龚老师，将化学元素隐含在化学故事中，既调节了课堂气氛，寓教于乐，又激发了学生探求问题的兴趣，提高了学习效果，同时，也培养了学生解决实际问题的能力。

相比之下，我们有些还热衷于以呵斥来端正学生学习态度的老师是不是应该有所反思呢？

曾有一位研究教育的人士说过："不爱学习的学生哪都有，不爱听故事的学生一个也找不到。"

无论是学生从小就接触的语文、数学，还是上中学开始了解的物理、化学乃至他们进入大学所修的各种专业课，所有的课本知识中都或多或少的蕴含着一个个小故事，而这些故事的演绎很大程度上要看讲台上的你能不能将它穿插进课堂当中，给学生以智慧和启迪。

要知道，学生在课堂上是在一定的情绪和情感状态下开始学习的，而影响学生对课堂学习的情绪和情感反应的因素也是多方面的。

如果老师能给他们一种积极、充满兴趣的情绪感染，那么，他们内心因此产生的学习动力也是无限的。

"兴趣是最好的老师"，兴趣一旦激发起来就会产生无穷无尽的求知和探索的欲望。

这样一来，原本可以让你花费更多时间才可以引入的话题，就在故事中不知不觉穿插了进去，还让学生产生了一种主动寻找答案的欲望，课堂就不再是你一个人的"天下"，而是师生互动的空间了。

在这方面，我们先人早就说过："今教童子，必使其趋向鼓舞，中心喜悦，则其进自不能已。"

而故事，特别是与教学目标相关的故事，作为一种特殊的信息传递方式，能极大地调动学生学习的积极性，激发他们的学习兴趣。

想想看，一个趣味故事既活跃气氛，又调动学生的注意力，相比之下，如果你只是加重语气说："下面我们讲某某定理，请大家注意听讲。"十有八九的学生已经分神很久了，你能指望他们在3秒钟内迅速回神，全神贯注听你讲课吗？

在课堂中即兴穿插的故事，比起单纯的理论知识更容易抓住学生的心理，从一开始就调动学生的求知欲，燃起学生智慧的火花，使课堂气氛很快进入活跃期。

课堂上的故事，可以把枯燥的问题趣味化，抽象的问题具体化，复杂的问题简明化，深刻的问题通俗化，从而使学生在情趣盎然中掌握知识、增强能力、提高觉悟。

在课堂上如果能根据教材内容补充相关故事、传说，更易激发学生学习的兴趣。

但是有一点请注意：我们知识要穿插故事，并不是要在课堂上纯粹讲故事，否则的话，一堂课下来，学生听了一个故事，却没搞明白你想讲什么知识，可就得不偿失了。

课堂教学，从某种程度上讲，就是在演绎一系列的"故事"，或者说通过一系列的故事，学生与课本的距离才能一步步拉近，你的课堂教学才能有声有色地展开。

# 案例呈现Ⅰ原理与对策

## 一、班级文化的内涵

班级文化的内涵.mp4

什么是班级文化呢？班级文化从本质上看是一种产生于班级之中的文化现象，从管理的角度看，班级文化是为达到管理目标而应用的管理手段，因此，班级文化不仅具有文化现象的内容，还具有作为管理手段的内涵。

**1. 作为文化现象的班级文化，可有广义和狭义两种理解**

(1) 广义的班级文化是指班级成员在班主任引导下，朝着班级目标前进过程中所创造的物质财富和精神财富的总和，它在一个班级中是客观存在的。广义的班级文化内容主要包括：精神层，如班级道德、班级舆论、人际关系和班级风气等；制度层，如每日常规、课堂常规以及各种奖惩制度等；物质层，如张贴名人名言、悬挂国旗及班训、出板报等教室内环境的布置。

(2) 狭义的班级文化专门是指班级全体成员创造出来的独特的精神文化，它是班级文化建设的核心与灵魂。美国麻省理工大学期隆商学院教授爱德加·沙因(Edgar H. Schein)通过研究认为：狭义的班级文化是指班级同学相互作用的过程中形成的，为大多数同学所认同的，并用来教育同学的一套价值体系，也就是班级成员在学习、生活以及日常活动中，努力贯彻并实际体现出来的一种大家共有的行为，这包括价值观念、道德信仰、精神追求、生活习俗、思维方式等，即在一个班级的核心价值体系的基础上形成的，具有延续性的、共同的认知系统和习惯性的行为方式。这种共同的认知系统和习惯性的行为方式使班级同学彼此之间能够达成共识，形成心理契约。因此，狭义的班级文化就是用来组织班级同学思想与行为的心理依据。

**2. 作为管理手段的班级文化，其本质内涵是指以一种价值、心理等精神文化为导向，对班级特定的教书育人目标产生匹配作用的柔性战略管理手段**

作为一种价值的、心理的管理手段的班级文化，其对班级目标的匹配作用主要是通过班级精神的形成来实现的。班级精神是整个班级文化的基因，一切班级文化的要素都是由其衍生出来的，判断某种班级文化是否成熟的标志就是看它是否有一种比较明确的班级精神。因此，班级文化建设的操作模式要以班级精神的形成和发展为线索来考察问题。只有将班级精神落到实处，班级文化的目标匹配作用才能真正发生。那么，怎样才能使班级精神落到实处呢？通俗地讲就是要处理好"做"与"说"的关系。"做"和"说"在班级文化建设具体操作的战略战术上是相辅相成的，不可偏废。但是，二者在班级精神的整体发展历程上有先后关系。由此，可以演变出班级文化建设的两种基本操作模式，即"先做后说", 先创造扎实的班级优势和特色, 然后提炼班级精神, 是归纳模式; 也可"先说后做", 先提出班级精神然后依此创造班级优势和特色, 是演绎模式。

## 二、班级文化的内容与特点

班级文化管理是中小学班主任组建班集体的核心工作之一。班主任要抓住这个核心, 有效地进行班级文化建设, 不仅要弄清楚班级文化的内涵, 还要知道它包括哪些主要内容, 它的特点是什么, 班级文化与班风是什么关系, 进而不断提高自己对班级文化管理的艺术水平。

### (一)班级文化的内容

班级文化不是一种刚性的、粗暴的、说教的固定模式, 而是一种充满柔性的、温和的、人文的精神、制度、关系和环境的综合存在, 是一种新的德育模式。班级文化包含三个层面的内容: 外层是指班级的物质文化; 中层是指班级的制度文化; 内层是指班级的精神文化。

#### 1. 班级物质文化

所谓班级物质文化, 是指班级文化的表层, 是看得见、摸得着的东西, 属于班级文化的"硬件"。其中凝聚、体现、寄托班级成员的生存方式、生存状态、思想感情的物质过程和物质产品。班级物质文化包含教室、寝室内物质环境的布设, 班级管理目标及师生的仪表等, 它具有"桃李不言"的隐性教育功效。因此, 我们应当赋予班级物质环境一定的文化色彩和教育意识, "让教室的每一面墙也会说话"。换言之, 通过强化外显文化的视觉冲击力和感召力, 使学生受到健康、文明、上进和美的熏陶, 在思想上、情感上"如入云烟之中而为其所烘, 如近墨朱之处而为其所染"。

#### 2. 班级制度文化

所谓班级制度文化, 是指班级成员在实现班级管理目标的过程中所形成的人与人之间的各种关系准则的总和。包括班级领导班子岗位责任制(常务班长职责、团支部职责、班委会委员职责、值周班长职责、值日班长职责、科代表职责等)、班级各项运转机制(包括各项监督机制与激励机制)、班级各种行为规范的常规制度(包括一日常规、一周常规、学期常规和学年常规)。班级制度文化的建设, 不仅为学生提供了评定品格行为的内在尺度, 而且使每个学生时时都在一定的准则规范下自觉地约束自己的言行, 使之朝着符合班级群体利益、符合教育培养目标的方向发展。正所谓"没有规矩, 不成方圆"。因此, 在班级文化管理中, 班主任应该努力构建灵活而有序的班级制度文化。

#### 3. 班级精神文化

所谓班级精神文化, 主要是指班级全体成员在长期的交往过程中习得且共认的思想观念、心理倾向或情绪反应方式，其中包括价值取向、行为规范、伦理道德、审美情趣等多种内容。班级精神文化必须回答这样几个核心问题：如何看待班集体？如何看待班级同学及其关系？如何思考和定位学习及其目标？如何考虑对班级、国家和社会的责任等。班级精神文化是班级文化建设的深层次要求，是浸润在物质文化和制度文化中的一种隐性文化，在班级整个文化系统中占据核心地位。搞好班级精神文化建设，有利于巩固物质文化和制度文化建设的成果，对促进学生和谐健康的发展起着重要的激励和感染作用。苏联著名的教育家马卡连柯的"前景教育"思想指出：要激励一个集体，首先必须形成大家共同拥有的希望和追求，正是这种希望和追求，能团结大家、激励大家，使大家心往一处想、劲往一处使。当这种局面形成时，这个团体就有高昂的斗志、饱满的精神和勇往直前的毅力。因此，在构建和谐的班级文化中，班主任要将学生的情感发展作为班级文化建设的重要目标之一，使班级成为培养学生情感文化的场所，使班级形成良好的班风，进而使班级全体成员为实现班级共同奋斗目标而努力。

班级文化三个层面的内容相辅相成，物质文化是基础，制度文化是保证，精神文化(班风)是核心和灵魂。三种文化相互作用与影响，共同构成一个有机联系的整体结构。在一个组织中，人们对待物质的态度和方式、对待制度的态度和方式以及对待精神的态度和方式是一致的。具体说，一所学校中物质、制度与人的精神亲和程度是一致的。因此，在建设班级文化时，要充分考虑到各层次结构之间的联系，使不同的文化要素之间形成一种有机的内在联系，充分发挥出最大的功能。当各部分以有序、合理、优化的结构形成整体时，班级文化的整体功能会大于班级物质文化、班级制度文化、班级精神文化各部分功能之和。因此，班主任既要搞好局部文化建设，又要搞好班级整体文化间的协调，做到"细微之处显大局，大局观念落实于具体工作中"。

在这三个层面尤其是班级精神文化的建设过程中，最重要的因素是人的因素。坚持以人为本，促进人的全面和谐发展，不断提升人的生命价值，是现代班级文化建设的出发点，也是班级文化建设的归宿，即无论是物质层、制度层，还是精神层，都要充分体现出关心人、尊重人、理解人和信任人，充分发挥人的主动精神，激励人的创造热情，挖掘人的潜在能力。要将这些价值观念内化于班级所有成员的意识中，使之共同认可并遵循。

## (二)班级文化特点

班级文化作为一种特殊的文化现象，具有以下几个特点。

### 1. 系统性

班级文化是一个完整、系统的概念，它在内涵和外延上可大体认为由精神文化、制度文化、教学文化、师生行为文化和物质文化等诸多子系统组成。在班级文化建设中，要把它当作一个完整的系统来认识、设计、实施，即使从每一个子系统，甚至更小的、更具体的方面做起，过程中也要体现出各个子系统之间的联系、承接、因果关系，最后必然要归结到它的系统性。

## 2. 独特性

班级文化产生于不同班级，每个班级有其独特的文化氛围、班级精神、管理理念，有自己班级里形成的价值观，每一种班级文化均构建于学生与老师的个体差异的前提下，有其独特性，是一套复杂的价值体系。因此，班级文化首先是一种个性文化，它代表着班级的形象，体现了班级的生命。

## 3. 主体性

班级的主体是学生，这决定了集体中的任何意识形态都必须被学生认同，班级文化也不例外。一种不被大多数学生接受的班级文化是不可能在集体中立足的。我们必须针对学生的具体情况，选择一种能被大多数学生接受的班级文化模式。即使是同一位教师，在面对不同的学生时，他所选择的班级文化模式都有可能不同，甚至差别很大。因此，在建立班级文化时，必须在充分了解学生情况的基础上调动学生的积极性，使尽量多的学生能自动地接受班级文化的理念，从而使班级文化能真正发挥其在班级运作中的主导作用。

## 4. 动态发展性

班级文化是一个动态发展的系统工程，作为引领班级发展的班级理念，必须顺应时代要求而有所变化，不断增加并丰富其新的内涵，才能使其在新的时代下充满新的生机与活力，引领和团结班级所有成员共同发展，共同进步。所以，作为班主任，必须懂得班级理念的时代性特征，提出符合时代要求、体现时代精神的班级理念。

## 5. 相对独立性与稳定性

班级文化具有相对独立性、相对稳定性和群体积累性等特征。班级理念不仅是一种超前意识，也是一种文化的积淀。一个班级理念的提出，体现着一个班级文化"魂"的力量，它是适应未来趋势的超前思考与现实的结合，是班级文化在实践中对教育基本规律的认知。优质的班级文化是一种相对稳定的良好的教育生态，它是班级持续健康发展的保证。

## 6. 向上性

和学校的其他工作一样，建立班级文化的终极目的仍然是促进学生发展。所以，班级文化必须是以学生为主体、以教师为主导的积极的健康向上的价值观和审美趋向，敢于并善于纠正学生在成长过程中常常出现的错误行为与倾向，如厌学、懒惰、早恋等。用感性与理性交互沟通与引导方式，帮助学生建立同侪互动与自信的健康思考与行为能力。

## 7. 多元性

班级是一个由教师和几十个有着不同家庭文化背景、不同社区文化背景、不同性格、不同气质的学生结合而成的集体，它实际上是一个"文化生态圈"。因此，班级文化管理应该既适应班级成员多元文化背景特征，又要符合单一文化背景下的普遍原则，建立能够直面多元文化共性与差异的班级文化管理。另外，时代环境也由权威转为多元化，青少年的思考与行为方式有很大改变，班主任的教育辅导方法也要有不同的调整。

### 8. 潜在性

班级文化是学校文化在班级中的具体体现，它担任着引导学生学习与人格健康成长的重要角色，能创造全体学生的潜在学习效果，也会影响到学生未来二三十年的发展。社会环境变化很快也很大，保持学习才能满足未来社会个人生存发展的需要。了解未来进入社会时如何与人沟通和协调互助，班级文化可以发展并促进学生的这种学习与人交往的潜在能力。

## 三、班级的影响力

班级文化的特点.mp4　　班级任的能力.mp4

### (一) 班级影响力的主要引导者——班主任的能力

#### 1. 班主任的组织管理能力

班主任工作既要面对班级整体，又要针对个别学生进行个别施教。面对全体班级成员进行工作，要求班主任具有组织者、领导者的才能，善于协调班集体中各要素之间的关系，善于组织丰富多彩的教育活动，善于管理班级各项工作。同时还要针对班级中的不同学生采取不同的方法进行教育、教学、指导，使全体学生均衡发展，平衡进步。组织管理能力是班主任的基本能力之一，如果班主任缺少组织管理和个别转化的能力，班级就会溃不成军，班级管理工作就会一片杂乱、顾此失彼，班级成员即使再努力，也只能是"收效甚微"。

班主任在安排班级的各项工作时，一定要做到统筹兼顾，考虑问题要缜密，使各项工作井然有序、有条不紊，把学校的各种要求结合到本班的实际当中来，使两者互相促进、有机结合，建立合理的班级目标和规范，培养学生自强、自信、自理能力和精神，使学生置身班级之中，有一种宾至如归的感觉，每个人都愿意为班级的发展做些贡献，从而会在班主任的领导下，完成班级的目标。

班主任在班委会组成的工作中，要表现出极端负责的能力，要善于使用能人来协助班主任管理班级，并要注重形成正确的班级舆论导向等。良好的班级影响在很大程度上取决于班集体的组织上。因为一个强大班集体组成以后，就可以形成一种强大的教育力量，每个学生的成长，都会依赖这种力量来约束自己的行为、陶冶自我情操。班集体组织的关键性因素，是班主任的创造性工作的能力，在班主任这种能力得到发挥的同时，班级成员才能在教师的引导下不断向新的目标前进。

#### 2. 班主任的应变能力

班主任的应变能力，是班主任在班级立于不败之地的法宝，也是班主任管理班级的利器。应变能力是指班主任善于顺应班级发展的趋势，引导学生顺势而下，形成班级发展的合力，灵活机动地处理班级发展中出现的这样或那样的问题，使学生心中有班级，心中有班主任，心中时刻想着班级的发展，这其中也必然包括那些突发事件。这是班主任能力的集中体现,更是智慧的集中体现。

班主任要注重学生的差异性,学生的性格差异、情绪差异千差万别,都是班主任需要关注的。在班级发展中,每时每刻都发生着不同的事情,班主任在处理这些事情的时候,要充分考虑到学生的差异性,利用学生的差异性,解决学生间存在的问题。如两个学生吵架了,老师在处理这个问题的时候,发现两个学生中的一个是十分要面子的人,另一个则是得理不饶人的学生。对于前者,老师把他带到办公室进行个别谈话,而没有在大家面前批评他;而对于后者,班主任摆明利害,晓之以理,动之以情,使其明白事理。利用灵活的方式解决了这个问题。这个例子充分说明班主任在面对学生的差异性时,一定要仔细调查研究,掌握学生的千差万别,从而为完成班级管理工作打下坚实的基础。

### 3. 班主任的交往、协调能力

班主任在组织班级日常管理时,交往协调能力是一个重要的方面。而实践证明,班主任不可能单独完成班级的管理,必须依靠各种社会的、学校的、班级的力量来管理自己的班级。而这其中班主任的交往能力尤为关键。这里谈到的交往,主要包括以下几个方面:①班主任与班级中学生的交往。班主任是学生最亲的人,学生会经常在其他人面前表扬自己的班主任或者批评班主任。所以,班主任与学生的交往一定要平等民主,协调与班级里不同学生的关系。这种交往是最基本的交往。②班主任与任课老师之间的交往。任课老师往往会把自己在课堂上遇到的问题反映给班主任,班主任要与任课老师通力合作,共同完成对班级学生的教育、教学和管理。班主任与任课老师的关系好,班级学生是最大的受益者;相反地,如果班主任与任课老师关系处理得不好,直接受影响的就是本班学生,因为任课老师可能会因为与班主任的关系紧张而"虐待"本班学生,使学生学不到真正的知识,影响了学生的发展。③班主任的社会交往能力。班主任虽然工作和学习在一所学校,但是在教育学生的时候,班主任的社会威望对于本班学生来说也是一个重要因素。如班主任是其他学校的名誉教师,他就可以在教其他学校学生时,利用资源共享,使自己的学生同时获得宝贵的资源,促进本班学生的发展。同时,班主任还可以使本班的学生与兄弟校的学生进行面对面交流,在交流中完成特定知识的教学。另外,班主任与社会相关部门的协调,也可以帮助本班学生更好地完成学业。④班主任与家长关系的协调。家长是学生的第一任老师,老师是学生在离开家的时候出现的,因此,这两位老师之间的关系直接影响着学生的发展。班主任要善于与家长沟通,了解学生在家中的情况,进而在班级管理中结合学生的家庭背景和实际进行针对性的教学,使学生爱校如家,从此不再区别学校与家庭的关系。班主任与家长沟通的途径,比如班主任定期或不定期地去学生家里走访,与学生的家长、长辈、周围邻居等交谈,可以获得第一手资料,帮助班主任做决策。

### 4. 敏锐的洞察分析能力

作为班主任,必须要了解班级的每一位学生,做学生的良师益友,而这一切的前提就是班主任的洞察分析能力。赞科夫说"对一个有观察力的教师来说,学生的乐观、兴奋、惊奇、疑惑、恐惧、窘迫和其他内心活动的最细微的表现,都逃不出他的眼睛,一个教师如果对这种表现熟视无睹，他就很难成为学生的良师益友"。一个具有敏锐洞察分析能力的班主任，会从细节方面观察班里的每一位学生，甚至学生的一举一动、一笑一颦都被纳入老师观察的范围，通过对这些现象的观察，分析学生未来可能的发展趋势，把不好的问题解决在萌芽状态，控制事态的发展。

### 5. 使学生心悦诚服的力量

例如，在某市的一所初中，有一天，体育老师带领着一个班的学生来到乒乓球馆，准备进行乒乓球训练。这时，有一位男同学根本不听老师的讲解，而是和另一位同学在最后面的台上打球，而且打得异常热烈。这时，体育老师发现了这两位学生的不良表现，当着全体同学的面，狠狠地批评了学生，其中不乏严厉的措辞："你以为你是什么东西？你打球打得特别好吗？你这点东西算什么？"学生听了之后，心里自然是很不舒服，但当时他并没有作出反应，而是默默地承受着这种侮辱。大约十年以后，这名男同学回母校看望老师，当见到体育老师的时候，他告诉老师，他已经由省队进入国家二队，并把自己的二十几个证书和奖杯拿给老师看。老师看到这些，惭愧地低下了头，再也说不出话来。

从上述例子可以看出，老师在处理学生出现的问题时是极不恰当的，也不能怪学生最后会在老师面前那样展示自己的荣誉。这体现在班主任对班级管理时，也要以一种让学生心悦诚服的力量来影响学生。首先要使学生"心悦"，也就是说，在批评学生的时候，一定要注意方式方法，使学生在愉快的情绪下，接受教师的批评。比如学生向老师请假，说自己在未来几周内都有一件重要的事情要做，可能几周都不能来上课。任课老师听了之后，按照原来的想法，肯定会大发雷霆，追问学生为什么为了自己的事情不来上课。而这位老师却没有，只见他笑着说："首先，我要向你道歉，因为学校安排课的问题，耽误你所说的'大事'，对不起，老师错了，老师的上课耽误了你的事情，我请你原谅。"这句话一出口，学生的脸一下子涨红了，连忙说："对不起，老师，您没有错，是我错了，我不应该提出这种无理的要求，谢谢老师，您应该批评我。"说完，笑了一下，转身回去了。其次要使学生心服口服。班主任要以各种方式说服学生认清自己的错误实质，并提出相关建议，帮助其改正自身存在的这样或那样的问题。

### 6. 语言表达能力

班主任的语言技巧，是班级文化建设的重要组成部分，也是班级影响力的重要体现。语言表达，就是把自己的思想、感情、知识、意愿、要求等，通过语言准确表现的能力。正确的教育思想，要通过准确的语言来表达，要启迪学生的心灵，要陶冶学生的情操。班主任应当是语言艺术的专家，除了一般教师所要求的语言要准确、明了、简练、通俗、规范、流畅外，还应当具有说服力、感染力、鼓动力，能使学生入耳、入脑，能打动学生的心灵。

(1) 采用准确、鲜明、生动形象的比喻。例如，用"被同一块石头绊倒两次，这是一种灾难"的比喻来教育学生不要重犯错误，这就比干巴巴的说教要好得多。

(2) 引用一些诗句、典故、轶事来借题发挥。例如在"争分夺秒，为中华腾飞而努力学习"的主题班会上,用"不知道明天做什么的人是不幸的""时间是组成生命的材料",就能收到先声夺人的效果。

(3) 应用富有哲理性的警语、格言、绝句。一些脍炙人口的至理名言,会使学生刻骨铭心,长时间地回味。一位毕业生给中学班主任老师写信说,老师讲的"有所作为是生活中的最高境界"这句话,给他留下深刻的印象,使他受挫而不馁。

(4) 采用风趣、诙谐和幽默的说话方式。平淡、单调、枯燥的语言引不起学生的兴趣和积极思维,而趣味性的语言具有特殊功能,运用广为流传的笑话、典故来调节、刺激学生的思维,能收到较好效果。

## (二)班级的地位

在现在的班级管理体制中,学校通常按照学生的成绩,将学生分配在不同的班级里,这样就产生了所谓的"实验班""特快班""二快班""普通班"。在这些不同等级的班级里,学生的基础是不同的,学校的关注程度也是不同的,配备的教师也有所不同,班主任也有不同。总之,不同的班级造就了不同的班主任,不同的学生,不同的成绩,不同的升学率,不同的学生的未来。

### 1. "实验班"的影响力

这种班级是最具影响力的。这种班级的学生在入学前,都是成绩比较理想的,社会上学生和家长会趋之若鹜,纷纷想加入这个班级。这虽然不是一个好的现象,但是可怜天下父母心,家长的这种心理趋向也是可以理解的。正是这种班级体现出的这种社会影响力,说明班级在社会上的影响直接关系到班级的发展。

"实验班"目前在社会上的影响可以说是家喻户晓,每一个学生的发展都直接牵动着学生家长的神经,家长通常这样认为,只有进入这样的班级,学生的未来才真正有了希望。

### 2. "特快班"的影响力

相比之下,这种班级的影响比起"实验班"要略逊一筹。这个班级的影响力直接由教师的水平决定,教师在这样的班级教学,略感吃力,因为学生的水平不如"实验班"学生的水平,教师的水平也有这样那样的区别。"特快班"是学生入学前的第二选择,是在学生心中比较具有影响力的班级,更是学生特别想加入的班集体。

### 3. "二快班"的影响力

"二快班"是学习不太理想的学生的最后选择,学生由于成绩不及他人,所以只能退而求其次,选择"二快班"来替代自己进入"普通班"的命运。所以这种班级的影响力也是不可忽视的。

### 4. "普通班"的特殊影响力

也许你看到这个标题会觉得奇怪,"普通班"是学校里最多的班级,最普遍的班级。但是这里面还存在着一个学校性质的问题,在重点学校,"普通班"也是学生的重要选择,而这时学生选择时不再是思考教学质量,而是学校的性质是否是重点学校,即使是重点学校,也存在国家重点、省重点、市重点等区别。

所以,"普通班"如果在重点校,也是众矢之的,学生也会蜂拥而至。班级的成员也会爆棚。

### 5. 班级软、硬件设备的影响力

(1) 班级硬件设备的影响力。

班级建设过程中,必然涉及硬件设备的使用,学校在给班级配备设备的时候,必然会选择市面上比较普遍的,比较高级的,质量精良的设备。

例如投影器,现在市场上比较常见的是索尼、松下、三星等品牌,因为其质量好、耐用,成像质量高,图像清晰,信号还原性好,能够真实地反映事物的本来面貌,因此,这一类的设备通常是班级最经常用的,也是学生在选择班级的时候要考虑的因素。

再如银幕,有玻璃滚珠、平面的等几种,这几种银幕最大的特点就是使用起来图像清晰、便于保存,而且具有很高的使用价值。银幕与投影器的结合,使得多媒体教学落到实处,学生的学习成绩也会取得进步。

电视机,是班级里比较重要的视频设备,学校内部的电视台播放的节目,以及国内外的大事,同学们都是通过这部电视机来获得相关信息的。所以电视机的作用不言而喻。

(2) 班级软件的影响力。

在班级软实力比较中,教学应用软件的使用,是一个非常重要的元素。

在教学过程中,老师授课所使用课件的制作软件,是教学中十分重要的因素,比如 Flash、VB 程序设计、Java 程序设计等。这些软件的使用,使得学生学习的兴趣会更加浓厚,有了兴趣以后,学生就会愿意跟着老师学习知识,掌握技能。学生在考虑进入某一班级之前,这个班级的教学应用软件的使用是他们考虑的重要方面。班级教学中的学习应用软件的使用也很重要,学生在业余时间,可以利用本班计算机中的相关软件进行学习,学习如 Photoshop、视频、音频制作等。这不仅丰富了学生的日常生活,也使得学生扩展了知识面。

### 6. 班级对外宣传的影响力

班级要想成为一个地区、一个城市、一个省、一个国家的重要阵地,必须加大自己对外宣传的力度,这样就等于让更多的人、地区和国家认识你的班级。

作为班主任,无论在什么场合,都必须立足于宣传本班的特色,使所有在校生都了解本班发展的实际情况。

与此同时,班级通过主页的设计,扩大向社会宣传本班的程度,将本班的精神、班风、学风、学生的作品、复习的资料提供给其他相关人员,这样不仅宣传了自己的班级,而且促进了知识面的扩展。

班里的每一位同学都有宣传本班的义务,班主任要鼓励本班学生对外宣传自己所在班级的重要成果,如师生关系、生生关系、学习氛围、班级活动等方面,都可以成为学生对外宣传的领域。

**案例呈现 II**

在一次主题班会上，老师让大家讨论"社会现实问题大家谈"这个主题。开始的时候，学生们各抒己见，老师认真听取大家的意见和想法，帮助大家一起分析现实社会存在的各种各样的社会问题，如教育不公平、分配不均衡、腐败等大问题；社区环境、邻里关系等小问题。讨论进行了一大半的时候，宋佳再也忍受不了班会所讨论的问题，她说："老师，我认为我们没有必要讨论了，社会问题太多了，我们一个初中生根本无力解决，这简直就是在耽误我们的时间和生命，我受不了啦。"

听了宋佳的话以后，全班同学的观点发生了一些动摇，有的同学也随声附和起来，改变了班会的初衷。同学们开始以不假思索、不负责任的方式提出自己的观点，每个同学说过之后，都会引得全班同学的哄堂大笑，班级气氛忽然"热闹"起来，班会在这样的"气氛"中戛然而止。

**问题与思考**

1. 在这个案例中，教师的工作失误主要表现在哪些方面？
2. 班会组织过程中，教师要考虑的学生方面的因素有哪些？
3. 班级活动中，教师如何控制学生的情绪？

**分析与评价**

在这个案例中，宋佳同学的观点是代表她个人的一种态度，是可以表达的，只是她没有注意语气的选择和表达方式。如果宋佳同学这样表达"社会现实问题有的是个别的，有的是普遍存在的，虽然我们现在还不清楚事情的原委，但在我们心中，这样的事情已经留有一定的空间，我相信在不久的将来，这些问题一定会在我们这一代人身上得到有效的解决"，这种表达必然赢得全班同学的共鸣，带来的肯定是一片赞扬之声和掌声。而绝不会是班会后半段的现象，造成班会无法正常进行，影响班级的凝聚力和同学之间的团结一致，这对于班级管理和学生的发展都是不利的。

# 案例呈现 II 原理与对策

班级文化管理的原则.mp4

## 一、班级文化管理的原则

班级文化是由班级物质文化、制度文化与精神文化构成的相互联系的有机整体，马克思辩证唯物主义哲学认为：整体和部分是普遍联系的一种形式，二者既相互区别，又相互联系、不可分割。因此，我们既要着眼于整体，又要搞好局部。

### (一)班级文化管理总原则

班级文化管理应遵循如下几项总原则。

#### 1. 方向性原则

班级文化管理必须坚持社会主义方向,以科学发展观为指导,努力营造积极向上健康活泼的育人氛围。

#### 2. 育人性原则

班级文化管理应充分利用班级现有的物质文化、制度文化、精神文化、行为文化等资源,有计划、有步骤地对学生施以教育与影响,培养学生高尚的思想品质和良好的道德情操,引导学生树立正确的世界观、人生观、价值观,形成文明和谐、奋发进取的班级氛围,进而达到"潜移默化、润物无声"的境界。

#### 3. 学习性原则

班级文化管理要为学习型班级建设服务,班级环境建设、制度建设、精神建设都要做到是为了学习、方便学习而建设。

#### 4. 可操作性原则

班级文化管理必须依据教育方针的要求,结合班级与学校实际以及学生生理、心理和认知特点,组织各种教育活动,使学生在学习中体验,在体验中提高。

#### 5. 创新性原则

班级文化管理必须充分调动广大师生的工作主动性、积极性和创造性,贴近时代,主动变革,促使班级文化与学校、社会文化进行互动,不断生成、发展班级文化,努力培养学生的创新精神和实践能力。

#### 6. 整体性原则

班级文化建设要坚持整体规划,规划要体现精品意识,使班级文化中显性文化和隐性文化相辅相成,又各有特征,进而发挥综合功能和整体育人效应。

#### 7. 个性化原则

班级文化建设既要体现时代精神和学校办学理念,又要针对班级学生的实际,在简洁、整齐、美观、实用的基础上形成特色。

### (二)班级物质文化管理原则

班级物质文化是指班级活动环境、设备设施、绿化美化等班级硬件以及表现班级精神文化的雕塑、标语、橱窗、板报、班徽与对联等。班级物质文化是班级中"人"的活动所创造的,并体现出一种精神价值的物质结构,这些物质形式是班级价值的客观反映。静态的班级文化是一首无声的歌、无言的诗，无论是班级的橱窗，还是板报与标语，都应以反映现实为目的，同时绘上时代色彩。

班级物质文化管理必须通过载体实现，包括：第一，环境载体。主要指班级物质环境设计。第二，理念载体。体现班级的育人价值取向，是班主任教育哲学思想的结晶，它表现在班训、班歌、班徽、班级目标等层面。第三，活动载体。是动态的班级文化，包括班级纪念日、班(团、队)会、升旗仪式、艺术节、运动会、兴趣小组、科技活动等层面。

班级物质文化管理应遵循以下原则。

### 1. 隐性原则

班级物质文化属于班级文化的硬件，是看得见、摸得着的东西。班级物质文化包含教室内的环境布置及师生的仪表等，是班级文化的基础及其水平的外显标志，体现着班级的育人价值取向，具有"桃李不言"的隐性教育功能与教育效果。

### 2. 主体性原则

在班级物质文化建设中，要充分发挥学生的主体性。学生是班级的主人，班级是学生的班级，班主任应带领全班同学，用自己的智慧和双手来布置教室，身体力行地投入其中，使学生在班级文化建设中得到锻炼和提高。

## (三)班级制度文化管理原则

班级制度文化是指班级各种规章、条令、程序所组成的条文及其执行系统、行为模式。它为班级成员提供了行为框架，使所有人在这个架构内有序地工作与生活，与其他人和谐相处，从而保证班级工作卓有成效地运转。制度文化的实质，是强调以人为本的思想与科学管理手段的结合，以发展人的主体性、促进人的全面和谐发展、提升人的生命价值为根本目的。制度文化是培育优良班风、学风的前提，是创建优秀班集体的重要举措，是促进学生身心健康发展和形成良好人格品质不可缺少的手段。不良的班级制度管理，会成为学生精神的枷锁，会束缚学生个性发展。

班级制度文化管理应遵循以下原则。

### 1. 全员参与原则

任何一项班级制度的制定，不能只由班主任说了算，也不能由几个班干部说了算，应由全体成员共同商量，这样出台的制度才更为全面、合理，才能令人信服，才能有针对性，才能对全体成员产生真正的约束力。

### 2. 引领性原则

制度本身可能是冰冷的，但应该是有情的。这里所说的"有情"是指以下方面：一是制度的制定应充满人性化，不能压抑学生的个性发展，使学生有宽松的心理空间；二是班主任及班干部在执行制度时应把握尺度，应按照制度的要求对他人进行善意的规劝与引导，用宽容的心对待学生，万不能一棍子把人打死。

### 3. 循序渐进原则

接到一个新班，班主任都要确立符合学生个性发展需要的、充满人性的班级制度。初定的制度应该是低起点、低要求的，多数学生容易达到的，这将有利于优秀班集体的形成。在经历半个学期或者更长时间的适应期后，再对原有班级制度作必要的修改，以保证制度的时效性、合理性。

## (四)班级精神文化管理原则

精神文化是指学校在教育教学过程中，受一定的社会文化背景、意识形态影响，而长期形成的一种精神成果和文化观念，它是更深层次的文化，在班级文化中处于核心地位。班级精神文化由班级的历史、传统、文化和班级领导者的管理哲学共同孕育，集中体现着班级独特的、鲜明的经营思想和个性风格，反映着班级的信念和追求，是班级群体意识的集中体现。精神文化包括班级哲学、班级精神、班级道德、班级价值观念等。

班级精神文化管理应遵循以下原则。

### 1. 生活性原则

精神文化是意识形态的产物，它根植于生活，高于生活。所以加强班级精神文化建设既要有基于日常生活的实践指导，又要有高于生活的观念引领。

### 2. 知、情、意、行相统一原则

精神文化的形成过程又是一个知、情、意、行的培养过程。提炼确立精神文化的内涵是前提；认识、理解、接纳内化是关键；持之以恒是保证；导之以行是精神文化建设是否有成效的标志。

# 二、班级文化管理的方法

班级文化管理的根本目标在于通过有形的班级物质与制度文化建设和无形的班级精神文化建设来实现班级中的人全面、自由、和谐的发展，同时促进班级组织的不断发展。因此，在管理方法上，应尽量杜绝对学生使用命令性的工作方式，切忌空洞教条式的思想理论说教，真正做到管理与教育并重，感性与理性并存，指导和引导相结合，做到以理服人，以情动人，达到润物无声的效果。具体来说，可以采取以下几种方法。

### (一)文化讲座法

文化讲座法即定期、限时、有的放矢地结合学生不同年龄阶段、生理心理成长的需要进行系列的文化讲座。例如，高二年级第一学期开设"儒家文化"讲座，第二学期开设"日本企业文化"讲座。每门课都是由一系列相关的专题组成。文化讲座法是一种可以将支离破碎的文化信息重新整合构造、系统列出，用于说明一个整体概念的有效的班级文化管理策略。这种讲座可给学生提供各种在课本上看不到的最丰富的知识，并逐步地将知识内化为人格精神。

### (二)励志训练法

今天的中学生，独生子女居多，他们大都在优越的环境下成长，从小沉浸在电视、互联网、"追星"之中，他们大都缺乏远大的理想追求、强烈的事业欲望和逆境应付的能力；面对各种生活冲击时，其个人功能失调问题容易产生，如滥药、自毁等；对社会亦造成负面影响及威胁，如童党、家庭暴力及更甚的严重罪行(绑架及谋杀)。所以协助成长中的中学生正确地面对社会、面对人生就成为班级文化管理的中心内容。励志训练可以帮助学生树立远大理想，寻找人生追求，培养强烈的事业欲望，同时训练学生坚强的毅力、顽强的斗志和做事的持恒之心，使他们由温室里的花朵成为市场大潮中的弄潮儿。例如，用一些优秀企业对员工的训练法和市场经济最发达国家或地区的最成功人士的优秀励志训练法来有目的、有计划、有步骤地训练学生，对学生的成长能收到奇效。多年的实践证明，这样训练的学生进入大学走上社会后的能力都超过一般人，在市场经济中，不论是在什么行列，他们大都很快脱颖而出，并且逐步地事业有成。

### (三)精神激励法

精神激励法是从人的心灵深处激发、调动人的积极性的一种方法，是通过教师对某种思想和行为的肯定，利用激发鼓励的效应来达到教育学生的目的。通常包括成就激励、信仰激励、目标激励、荣誉激励、榜样激励、情感激励等。

### (四)团队管理法

团队是一种为了实现某一目标而由相互协作的个体组成的正式群体。在学校，班级本身是一个大的学习团队，班级内又分成若干的小团队，它们为了一个共同的目标而组合，团队成员互相协作，取长补短，成为正式群体的学习团队。事实表明，教育教学是一项需要众多具有不同专长的人共同协作才能完成的事业，学生的成长更需要一种和谐的集体气氛，那么由团队来做效果通常比个人好。团队是组织提高运行效率的可行方式，它有助于组织更好地开发和利用成员的才能，可以快速地组合、重组、解散，队员之间分工明确，相互之间的协作性极强。研究性学习的团队，就是为了一个共同感兴趣的课题将几个不同的个体组织起来，每一个个体在组织中分担不同的任务，在统一要求下完成各自的任务，从而达到组织任务的完成。班级中的团队可把班级中的多种优势、技能和知识融合在一起，可以更加有效地满足班级成员学习、交友、能力锻炼与自我实现的需求。同时，它还给我们一种重要启示：班级中的每个人都有一定的创造性，在合适的时候让他们的智慧共同闪光，将迸发出无穷的力量。

### (五)自我教育法

自我教育法是指在教师和家长的启发引导下，青少年按一定的道德原则和规范自觉地进行自我教育、克服不良思想行为，以形成良好思想品德的方法。它包括建立在自我意识基础上的自我鼓励、自我指导、自我锻炼、自我评价等方法。自我教育的关键是激发、调动学生的主体意识。所谓主体意识是一种觉醒水平，是人的自主性的心理机制。当人们的主体意识得到调动以后，就能够自觉地唤起自我的情感、兴趣，从而激励自我自觉地进行创造性活动，推动自我积极地实践，进而发展自己、完善自己。在班级管理中，主体意识有着特殊的作用和功能。当主体意识得到激发和调动以后，它就能够自动地组织自我教育，实现自我教育的目的。而人只有在能够进行自我教育以后，才能够自觉地调节和控制自我，成为一个有所作为、有所成就的人。

自我教育法包括设问法、诊断法、自我纪实评价法等。班级文化管理中进行教育的主旋律，就是让学生自我设计、自我管理、自我评价以至最终实现自我教育。

### (六)环境熏陶法

环境熏陶法是指创设一个有利于学生健康成长的显性和隐性环境，使学生在潜移默化中接受教育的方法。班级文化管理的实质是利用一切有利于学生健康成长的文化创设一个好的环境，使学生在环境的熏陶下自觉与不自觉地接受教育，同时弘扬集体中好的、典型的人和事，使其成为同学效仿的旗帜。班级是一种无形的环境，对每一个人的道德观念和价值取向影响极大。在《新时代爱国主义教育实施纲要》里所说的"必须创造一种浓郁的爱国主义氛围，使人们在社会日常生活的各个方面，都能随时随处受到爱国主义思想和精神的感染、熏陶"，其实也就是在启发我们要重视环境熏陶在教育中的作用。

### (七)活动渗透法

活动渗透法即寓教于乐式，把教育渗透在愉悦身心的丰富多彩的活动之中。在这里，寓教于乐是整体；乐是形式，是载体；教是目的。活动的指导思想在于通过"乐"达到"教"的效果。

班主任应充分利用学生课外活动时间，组织开展各种生动有趣的文娱活动，如书画、摄影、集邮、演讲、音乐、影评、球迷等兴趣小组。这不仅可以丰富学生的文化精神生活，调节学习生活的节奏，使学生在紧张的学习之余享受到更多的生活乐趣，而且能使班级始终充满活力并对学生具有一种魅力，使学生潜移默化地受到集体主义精神的感染，取得单纯说教所得不到的教育效果。但是应该注意的是："乐"只是"教"的辅助手段，过分夸大"乐"的作用就会出现"娱乐至上"的错误倾向，这是必须注意防止的。

### (八)典型示范法

典型人物的思想感染，容易使人引起强烈共鸣，他具有号召效应，能影响人们形成"跟着做"的局面。一方面应该充分发掘班级和学校中典型人物的现实意义，形成正确的导向，发挥班级文化的作用，利用学校网络、班级报栏、多媒体报告厅等，收听收看典型人物的事迹或邀请典型人物作报告，领略典型人物的风采，了解典型人物的成长，在感性认识的基础上，引导师生进行讨论交流，达成共识，形成争先创优、弘扬正气的正确导向。另一方面，班主任应该注重树立身边的典型，使他们看得见、摸得着，让学生产生更亲切的感觉，由此发挥更大的激励效应。同时还可以制定相应的班规和创造相应的环境氛围，例如，凡评为先进班组或优秀个人者均在班会上进行隆重表彰，使全体师生学有榜样，做有方向。

**案例呈现Ⅲ**

事件1：在一节数学课上，王明和赵小桐正在做数学题，这时，坐在后面的王枫同学拉着赵小桐说话，赵小桐拒绝了几次都没有效果。正在这时，老师来到他们身边，误以为赵小桐不认真学习，在全班同学面前严厉地批评了赵小桐，赵小桐低头不语，只是默默地听着。坐在旁边的王明想为赵小桐作证，也被赵小桐拉住了。下课以后，赵小桐来到办公室对数学老师说："老师，今天上课确实是我不对，我不应该和王枫同学说话，可是老师您不了解实际情况，事情是这样的……"赵小桐讲完了事情经过，数学老师当面向小桐道歉，并保证下次一定注意自己的态度，赵小桐终于乐了。

事件2：班级里的小明和小军吵架了，小红来劝架，两个人打得不可开交，小红拼尽了全力终于把两个人拉开了，之后小红拉着小军说着些什么。这时班主任进来了，在不了解情况的前提下，误以为是小红和小军打架，于是严厉地批评了小红和小军，小红委屈地哭了。老师问起了原因，周围的同学把事情的经过讲了一遍，老师赶忙向小红致歉，并保证以后不会这样做了。谁知道这个时候，小红立即暴跳如雷，出言不逊地直接批评了老师，并说和老师没完。第二天，小红把自己的父母都带到学校，并找来了学校的校长，一起和班主任理论昨天发生的事情。最后，弄得班主任实在没有办法，甚至都决定经济赔偿小红，并引咎辞职来让小红满意。而这时小红的一句话，让大家都心寒了，"宋老师，这一回我就让你知道，要不你就管住我，要不一切都要听我的，谁来说话也不好使"。

**问题与思考**

1. 通过阅读事件1，说明师生平等交流的重要性。
2. 通过阅读事件2，说明师生冲突的实质。
3. 从这两个事件中，你对于师生关系有了哪些新的认识？

**分析与评价**

在事件1中，赵小桐的做法是值得提倡的，她以平和的心态、恳切的言辞、点到为止的处事态度完成了班级矛盾的化解，洗脱了自己的冤枉，而没有像其他中学生那样，以自己所谓"独特"的方式来解决问题。这种做法的最大好处，就是加深师生之间的理解，促进师生关系的融洽。

在事件 2 中，小红的这种得理不饶人的处事之道是不值得提倡的。作为学生，受了委屈自己要申辩，但是在处理方式的选择方面，一定要慎重、冷静、与人为善，而绝不能选择一些莽撞、冲动、与人交恶的方式，这样做不但事无补，而且也会使师生之间的隔阂越来越深。

# 案例呈现Ⅲ 原理与对策

当前班级文化管理中主要存在如下问题。

## 一、缺乏明确的班级管理目标与规范的班级制度文化，班级管理随意化

在目前的班级管理中，许多班主任缺乏明确的班级管理目标与规范的班级制度文化，仍然主要凭借个人经验和主观意愿来管理班级。不少班主任将班级管理定位于学生的应试成绩，围绕取得良好的应试成绩而开展班级管理。重视智育，忽视学生的全面发展，忽视对学生进行思想品德教育和心理健康教育。对学生的要求统一化、模式化，限制了学生个性的发展。而且仅仅注重学生在校、在班这一段时间的管理，没有对学生终身发展负责。另外，许多学校的班级制度文化建设较为落后，部分制度反映的是学校管理者的意志。这类班级制度剥夺了学生实现自我管理的机会，对学生身心发展造成了负面影响。

班级管理的随意化，导致了学生思想素质下降，心理素质差，法制观念淡薄，也人为地造成了学生的两极分化。据报道：近年来，我国中学生心理疾病发病率呈直线上升趋势。目前35%的中学生具有心理异常表现，其中5.3%的中学生存在抑郁症、恐惧症、强迫症等心理疾病。

## 二、只重视常规管理与成绩管理，班级文化管理内容片面化

### (一)注重常规管理，忽视能力培养

当今社会对学生应具备的素质提出了相应的要求，即要求学生具有很强的学习能力、适应能力、心理承受能力、交往能力、生存能力等。当代中学生这几方面的能力都比较欠缺，通过教育，培养中学生的上述能力显得尤为重要。但在目前的班级文化管理中，班主任往往忽视学生能力的培养，他们仅仅重视维持班级运转的常规管理，如考勤、卫生、纪律、学习、行为规范的管理。

### (二)注重学习成绩，忽视学习指导

文化课学习是学生的主要活动，也是学生成长过程中的重要积累，班主任搞好学习管理是学生完成学习任务的必要条件。影响学生学习的因素很多，主观因素主要有学习动机、学习兴趣、学习方法、学习习惯等。学习动机是推动学生学习的内部动力；学习兴趣是学生学习的直接动力，推动其积极思考，乐于钻研；学习方法则是影响学习的重要因素，好的学习方法能收到事半功倍的效果，而不好的学习方法则意味着事倍功半，劳而无功；良好的学习动机、学习兴趣与学习方法推动学生形成良好学习习惯，它是学生在一定心理因素影响下形成的稳定的学习行为方式，对学生学习起一定的定向作用。班主任调动学生学习的内在积极性，教给学生科学的学习方法，培养学生良好的学习习惯，并创设良好的学习环境，对学生学习成绩的提高具有重要意义。但在当前班级文化管理中，一些班主任常常以学习要求代替学习指导，以管理学习秩序代替学习管理，不注重培养学生的学习兴趣和学习习惯，缺乏对学生学习方法的有效指导。

## 三、学生主体地位缺失，班主任管理权威绝对化

由于"应试教育"对我国的深远影响，传统班级管理模式中，大部分班主任处于班级管理的绝对权威地位，从班规的制定、班委的确立、管理的实施、监督的进行，到学生的评价，都由班主任说了算，班主任充当着"管家""警察"的角色。学生成为被管制的对象，没有参加班级管理的机会，主体地位根本无法保障。据《中小学班级管理现状的调查研究》一文提供的资料，322 名被调查的中小学生没有一人参与过制订班务计划或总结工作，67%的学生根本没有听过或见过计划或总结，58%的班主任从心理上认为这项工作没有必要让学生参与。[①]班主任管理权威的控制意识忽略了学生的自主性、主动性、积极性和创造性，遏制了学生的个性、情感、意志品格的发展，造成多数学生只会服从和循规蹈矩，依赖性强、创造性、独立性差，缺乏自我教育与自我管理能力，同时，班主任自己也容易陷入杂务之中，疲惫不堪，不利于其自身的完善和发展。

## 四、缺乏灵活性与创造性，班级文化管理方法与途径简单化

班主任教育方法在很大程度上决定着教育的质量和成果。有的班主任做了很多工作，但效果并不好，出现事倍功半的状况。这主要是因为不注重教育方法。

班主任教育方法以批评教育惩罚为主。据《中小学班级管理现状的调查研究》一文提供的资料，在班级管理的方法中，以批评教育为主的占比 59%，以情感沟通为主的占比 19%，

---

① 骆舒洪，周卫红. 中小学班级管理现状的调查研究[J]. 教学与管理，2001(6)：26～29.

以实践锻炼法为主的占比14.3%，以心理疏导法为主的占比7.6%。[①]可见在教育方法上，使用最多的仍是批评教育，而在现代社会中日益受到重视的心理疏导法却较少使用。多数教师爱用批评、讽刺乃至惩罚这种显性效果最明显的教育方法，因为它费时少，见效快，但这种方法的负面影响也是明显的：有的一味批评惩罚，容易挫伤学生的自尊心，导致学生自暴自弃，破罐子破摔，甚至对班主任产生敌对情绪和逆反心理；有的恶语批评、讽刺还会酿成严重后果。另外，班级作为学生学习和生活的场所，能否为学生提供有趣、有意义的经历对于学生的成长也很重要，班级能否为学生组织有吸引力的活动直接影响学生对班级生活质量的评价。当前班级文化管理中班级开展的活动要么单一，要么形式化，不是学生所需要、所喜欢的经过自身精心设计的系列活动，因此，无法让学生大开眼界，深受触动。

## 五、缺乏层次化与人性化，班级文化管理中的评价文化主观化

对学生评价是就学生现实的或潜在的价值作出价值判断的活动，它对学生的发展具有导向、激励、矫正、甄别等作用。目前对学生的评价存在着评价内容狭窄化、方式主观化、观点固定化等问题。

一方面班主任常常以成绩好不好、是否听话、是否遵守纪律作为评价学生的依据。把那些学习成绩好的、听话的学生视为一类，而把那些学习成绩差、调皮捣蛋学生当成另一类，进而把学生区分为优、劣两种。这种评价只关注学生的智育，没有全面考察学生的德、智、体、美、劳以及各种非智力因素，用单一的标准去塑造学生，用固定的框架去剪裁学生，抑制了学生的个性发展，使学生成为"单向度"片面发展的人。

另一方面，班主任仅以学生现有的表现评判学生。认为好的学生总是好学生，差学生不会变好。用这种"固定的"眼光看待学生，学生的长处和特点、内在积极性和创造力都可能被泯灭。这种只重视学生的历史和现实表现，不注意对学生的潜力和发展过程进行科学分析的静态评价，不利于学生的健康成长和全面发展。许多学生没能得到很好发展往往是因为班主任不善于"发现"学生的个性、特长，没有挖掘他们的潜力，没有创造使学生充分发展的条件，没有给予学生激励他们发展的评价。

**案例呈现Ⅳ**

事件1：在中学历史课堂上，历史老师提问："哪位同学能够解释下面这句话，'王侯将相，宁有种乎'是什么意思？"学生们都沉默不语，这时，有一个学生举手，老师说："好，请这位同学说一下吧。"学生站起来，煞有介事地说："王侯问将相，你有种吗？"全班哄堂大笑，老师被气得透不过气来。

事件2：在中学思想品德课堂上，当老师在讲解学生应具备的法律常识，并合理地运用

---

[①] 骆舒洪，周卫红. 中小学班级管理现状的调查研究[J]. 教学与管理，2001(6)：26～29.

法律武器保护自己的合法权益时，有一名学生扰乱课堂纪律，老师忍无可忍，对学生说："请你出去，说够了话再回来。"这时学生的一句话，让老师哑口无言，学生说："老师，你剥夺了我受教育的权利。"

### 问题与思考

1. 通过阅读事件1，你要给这位历史老师提出哪些建议？
2. 通过阅读事件2，如果你是这位思想品德老师，你会怎么答复你的学生？
3. 面对中学生的叛逆，你有哪些想法？

### 分析与评价

1. 中学生获得信息的途径与教师教学方法的矛盾。

在现代信息社会，学生不仅在学校获得知识，在业余时间，也可以通过网络、家长谈话等方式获得一些相关信息，而中学生由于心智还不成熟，判断是非的能力尚待提高，因此在回答教师提问时，会不假思索地提出自己认为对的观点。

2. 中学生的叛逆性。

中学生是小学生与高中生的分水岭，是一个中间阶段，此时的学生并不像小学生那样听话，也不像高中生心理成熟度那么高，因此难免会产生一些叛逆心理。在这种叛逆心理的指引下，学生认为自己已经是大人了，很多事情都可以自己处理，所以对于家长和老师的教导经常置之不理，时常会与家长和老师发生冲突。这种冲突的产生是必然的，家长和教师要认清学生身心发展的特殊时期的特殊特点，从学生实际出发，积极引导，鼓励学生向好的方面发展。

# 案例呈现Ⅳ 原理与对策

班级文化管理中问题存在的原因是复杂的，解决班级文化管理中存在的问题需要学校、社会、家庭各方面的密切配合。班主任应该立足于自身工作及学校教育的可能，进而寻求解决班级文化管理问题可能的对策，以解决当前班级文化管理中存在的问题。

## 一、加强培训工作，更新班主任班级管理观念

科学的班级管理来源于科学的思想观念的指导。只有正确地进行思想指导，班级教育管理才能走上科学化的轨道。为此，要通过培训，使班主任掌握班级管理的基本原理，树立正确的教育管理观念，即树立素质发展观、学生主体观和系统整体观。

### (一)素质发展观

树立全面素质发展观是当今社会发展对人的基本要求。班主任要按社会的需求来培养

学生。在班级教育管理实践中,班主任要有意识通过开展多方面的活动,培养学生的学习能力、适应能力、心理承受能力、交往能力,提高学生的整体素质,全面育人,把学生培养成为全面素质发展的合格人才。

### (二)学生主体观

学生主体观要求班主任摒弃传统的学生观,承认学生在班级活动中的主体地位,尊重学生的独立人格,重视学生参与班级文化管理的主动性和积极性,创造条件使学生由被动受教、被动受管向自主教育、自主管理转化,使学生具有自我教育、自我管理和自我完善、自我发展的能力。

### (三)系统整体观

系统整体观要求改变班主任在班级工作中"单干"孤军奋战的局面。一方面,优化班级内部的结构,发挥班级的整体功能,利用集体的力量来教育和影响班级的学生,促进班级整体的发展。另一方面,调动一切积极因素,协调学校、社会、家庭等各方面的关系,加强互相沟通和协调,形成班级文化管理的合力系统,营造有利于学生成长的良好环境,促使班级文化管理活动有序进行。

## 二、实施符合素质教育要求的班级文化管理

实施符合素质教育要求的班级文化管理要注意做到以下几点。

首先,实施符合素质教育要求的班级文化管理要以学生全面发展为目标。要有效地开展班级文化管理,必须有明确的目标。班集体的目标,是指班集体成员共同具有的期望和追求,是班级在各项活动中所要达到的预期目的。班集体目标是国家教育方针和培养目标的具体化,是社会期望的综合反映,是班集体工作的出发点、评价标尺和班集体前进的动力。实施符合素质教育要求的班级文化管理要以促进学生全面发展为目标。

其次,实施符合素质教育要求的班级文化管理要以学生的自主管理为重点。学生是班级的主人,要让每一个学生参与班级管理。建立学生自主管理的制度,通过制度保障学生参与管理的权利,形成学生自主管理的机制。自主管理机制形成的基本思路是:让全体学生进入班级工作的决策和管理过程中,无论是制订计划、执行决议,还是检查监督、总结评比,都让学生参与,及时采纳学生的正确意见,接受学生监督,不搞一言堂,切忌家长作风。

最后,实施符合素质教育要求的班级文化管理要运用心理技巧管理班级。人的行为是在心理支配下完成的,相应的心理会产生相应的行为。把握中学生的心理特点是班主任做好班级工作的前提。班主任可以从对学生抱以期待、多鼓励、少批评、运用成功激励几方面着手,充分发挥各种心理效应的积极作用,调动学生的积极性,提高班级管理的实效。

## 三、建立科学的班级工作评价体系

构建科学的班主任工作评价体系有重要意义。首先，有利于规范班主任的工作和加强班级的管理，为班主任的使用、培训、奖惩提供依据。其次，能引导和鼓励班主任改进班级管理工作，不断提高班级管理绩效。班主任工作的评价体系应在现行的评价基础上作如下四个方面的转变：一是从注重评价工作态度到注重评价管理思想；二是从注重评价工作量到注重评价管理方法和工作效率；三是从注重评价工作结果到注重评价管理过程；四是从注重评价教师到注重评价学生。

班主任工作评价的方法主要有两类：一是部门领导评价，班主任自我评价，学生、任课教师和家长参与评价相结合，其中要特别重视班主任自我评价，发挥好班主任在评价活动中的主体作用；二是平时检查评价和阶段性集中评价相结合，要以平时检查评价为基础。部门领导应注重平时对班主任工作的观察、记录、调查，要搜集事实材料，注意将班主任的工作态度、能力等主观条件与班级学生特点和实际水平等客观条件相结合进行综合评价，坚持以评价标准为尺度，做到公正客观、实事求是地考核鉴定。

## 四、确立"立体化"三级班级文化管理模式

所谓"立体化"三级班级文化管理模式指的是由相互依存的、有机统一的三级管理机构组成的一种班级管理模式。这三级管理机构包括：学校宏观班级管理、班主任和任课教师日常管理、学生的自我管理。这一模式建立在系统论的基础上，从系统论的观点来看，系统的每个部分都无法独立地充分发挥自身的功能，各个部分有机协调才能使各个部分功能得到充分发挥，并获得 1+1>2 的效果。班级文化管理也是如此，必须充分发挥学生、任课教师、班主任、学校领导等各个系统的功能，才能把总体的班级文化管理工作做好。

总之，中学班级文化管理诸多问题的存在不利于学生素质的全面发展、能力的全面提高、个性的健康发展。这些问题的存在妨碍了学生的健康成长，也导致了教育培养的人才与社会要求不相符合。因此，对班级文化管理中存在的问题要高度重视。一方面，作为班级的教育管理者，班主任要提高自身的素质。要适应现代教育发展的需要，不断地塑造自我，完善自我，同时树立正确的教育管理观念，根据班级教育管理的规律指导班级文化管理的实践，提高班级文化管理的实效。另一方面，要加强对班级、班主任工作的研究。要认真分析班级文化管理实践中出现的新情况、新问题，并为解决这些问题提供科学的理论指导。

作为文化现象的班级文化包含三个层面的内容：外层是指班级的物质文化，中层是指班级的制度文化，内层是指班级的精神文化。班级文化具有独特性、不可互换性、难模仿性的特点。作为管理手段的班级文化，是以班级管理主体意识为主导，追求和实现一定班

级目标的文化形态。它是一种组织文化，有自己的目标、意识及与之相适应的组织制度与规章。它也是一种理念，并要求在大家行为中体现。

班级文化管理是指班级成员在班主任引导下，在朝着班级目标迈进过程中，通过班级成员所创造的班级物质文化和精神文化的总和来代替班级教师空洞的说教，以集体的力量去克服困难，排除障碍，师生在人格上彼此尊重，思想上互相交流，以激励为主，通过给学生营造一个良好的学习氛围让每个学生内在的潜力都能得到自主、充分而又生动的发展，同时，带动班级快速发展，动态实现班级的组织目标。

在班级文化管理中要遵循方向性原则、育人性原则、学习性原则、可操作性原则、创新性原则、整体性原则和个性化原则。在实践操作中可以运用文化讲座法、励志训练法、精神激励法等方法。

当前班级文化管理中存在着管理随意化、管理内容片面化、班主任管理权威绝对化、管理方法与途径简单化、管理评价文化主观化等现实问题。因此，应加强培训工作，更新班主任班级管理观念；实施符合素质教育要求的班级文化管理；建立科学的班级工作评价体系；确立"立体化"三级班级文化管理模式。

# 体 验 练 习

1. 请根据本章内容，结合自己的理解，以"我们的班级，我们的文化"为主题，制订一份关于你的班级的文化建设计划。计划中至少要包含以下内容：文化目标、具体文化内容、主要内容负责人及其简介等。

2. 请你为下面的两位历史老师提供一些建议。

在一节历史课上，历史老师让学生阅读教材的内容，学生是这样读的："叶挺率，领着独立团打退了敌人的进攻。"历史老师听过十分疑惑，为什么学生会对历史人物这样不了解？他们究竟怎么了？

另一节历史课上，学生读道："恭亲，王奕訢会见英国外交大臣。"

# 补 充 读 物

1. 裴素青. 让班级文化落地生根[M]. 郑州：大象出版社，2018.

这本书是笔者先后在几所不同的学校，进行多年实践探索的结果。不仅仅是对于班级文化建设的简单记录，更有基于丰富和生动的班级文化建设实践，提炼出的关于班级文化建设的方向和方法。在本书中，我们能够看到各位班主任在班级文化建设中所展现出的精神风貌和生命质量，看到在班级文化支点的撬动下，师生心灵深处巨大的潜能被唤醒，显现出生命的活力和创造的动力。学校关于文化建设载体和支点的思考与探寻，能够让读者触摸到生动的实践脉搏!

2. 张万祥. 班级文化建班100篇千字妙文[M]. 上海：华东师范大学出版社，2020.

本书汇集了100篇短小精悍的文化建班妙文，涵盖了激励、书香、制度、感恩、墙壁、歌曲、心灵等多个视角，从文化层面为学生打造诗意成长的有形或无形的环境。文末的"点点思雨"，是笔者结合正文而归纳的感悟与思绪，展示了教师在班级文化建设方面的独到见解，对广大教师具有启迪引导作用。

3. 周勇. 我是怎样建设班级文化的[M]. 成都：四川教育出版社，2010.

该书分为《实践篇》和《理论篇》。《实践篇》记述了笔者在三年中学班主任生涯中，以班级文化建设为手段进行班级管理的实践探索，纵向展现了一个班级以"要做就做最好"的班级精神为核心的班级文化萌芽、发展、成熟以及变迁的过程。《理论篇》是笔者在班级文化建设方面的反思成果，从不同角度对班级文化建设进行解读和反思，是笔者对自己的班级文化建设实践的经验总结和理论提升。

教育不仅是一门科学，而且是一门艺术。

——苏霍姆林斯基

# 第八章　班级突发事件管理

**案例呈现 I**

## 那天，我扇了他的耳光

小明总是打其他同学，为此我苦口婆心教育过很多次，但却收效甚微。一次，他又和同学发生了矛盾，经过了解是他的错，但当我找他谈话时，他却不理不睬，让我当着全班学生的面下不来台。我心里想："如果不把你治一治，那以后还如何管理班级？看我不给你一点厉害瞧瞧！"越想越生气，火冒三丈。我语气明显提高了问他："小明，你，你到底错了没有！？"或许是被我问急了，他忽然瞪着我说："没错！"我愣了，竟然当着同学面顶撞我，太不像话了！此时的我已经气得脸红脖子粗，大声呵斥他"你给我滚出去！"但是小明用挑衅的眼神看了看我，却动也不动。我推他他却挡住了我的手，我失去了理智，抬起手扇了他一个重耳光，他的脸上立刻留下红红的五个手指印，两道殷红的血从鼻孔流满脸。小明疯了一般冲出教室。

**问题与思考**

1. 如果你遇到这种情况，你会怎么做？
2. 分析案例中老师的失败之处。
3. 初当班主任如何树立自己的威信？
4. 回忆自己的求学经历中有无顶撞老师的经历。如果有，是什么原因顶撞老师，老师又是如何处理的？

**分析与评价**

在本案例中，小明拒不认错，很显然是对老师的故意顶撞，也是对老师威信的一种挑衅。学生顶撞老师是教育教学中出现的突发事件，它有三个显著的特征：偶然性、突发性、爆炸性。由于顶撞事件的发生大都具有不可预测性，所以，教师在遇到此类事件时往往缺乏思想准备。如果处理不好的话，班主任不但难以树立威信，而且也难以和同学之间建立和谐融洽的师生关系，从而使班级管理的工作也很难顺利开展。如果处理得好，则可以帮助班主任顺利度过危机，在学生心目中树立威信，并建立起和谐的师生关系，为以后开展班级管理工作打下良好的基础。

案例中的教师在处理突发事件时，存在着很多失误。他的失误主要在于没有理性地对待学生的顶撞，而且教师的自尊心过重使他变成了突发事件的推动者。这位老师的工作方法过于主观化、情绪化；管理方式粗暴，缺失艺术性处理突发事件的意愿和教育智慧。从找学生谈话到强硬要求学生认错到让学生滚出去直至重扇学生耳光，教师一步步地丧失了理智，从而导致师生之间更激烈的冲突，破坏了师生关系。

案例中的教师在小明顶撞他时，应该首先稳住事态，冷静思考，事后处理。其次，需要分析小明的表现，找到学生顶撞教师的原因，以便有针对性地采取措施。对于这种脾气暴躁的学生，要对其进行心理疏导和有效的引导。需要父母和学校合作。教师要依靠自己的人格和专业素养来树立威信而不是靠武力和权力！

## 案例呈现丨原理与对策

顶撞教师行为.mp4

### 一、顶撞教师行为的表现

顶撞教师行为是指学生公开反对教师的建议，对教师的批评持对抗态度，当面指责或反驳教师对问题判断的失误或推理不当，指责教师处理问题不公平等。这类事件一旦发生，若不及时控制，可能进一步造成学生破口骂、动手打教师的局面，往往会对教师今后的管理工作造成不利的影响。

### 二、顶撞行为出现的原因

#### (一)来自教师方面的原因

(1) 教师缺乏威信。教师没有责任感，教学能力差，对学生又没有爱心，这样的教师在学生心目中缺乏威信，容易发生学生顶撞教师的行为。

(2) 教师教育方法不当。面对求新求异的学生，教师教育方法简单粗暴，独断专横，不讲科学和民主，极易招致学生反感和不满。如果学生的不满积累到一定程度，就会形成思维惯性，当遇到批评或管教不合己意时，发生冲突就在所难免。

(3) 教师不公正。如果教师平时宣称平等对待学生、对学生一视同仁，而当遇到具体问题时，教师忘记了平等原则或者戴着"有色眼镜"看人，那么引发学生顶撞行为也是在所难免的。

#### (二)来自学校的原因

如果学校的校风或者班级的班风不好，经常出现学生顶撞教师的事件而又没有得到有效的处理的话，都极易激发学生错误的模仿心理，从而出现学生顶撞教师的行为。

### (三)来自学生方面的原因

一般来说，有逆反心理和攻击性心理倾向的学生更容易出现顶撞教师的行为。逆反心理是指受教育者在接受教育的过程中所表现出来的与教育者意向或要求相反的对立情绪和行为意向。曾有过顶撞行为的学生，几乎都不同程度地存在逆反心理。而攻击性心理倾向通常也叫侵犯行为习惯，是指一种以直接或间接方式，故意伤害他人身体、物品、权益或感情的行为习惯。攻击性心理倾向多发生在男生身上，幼儿时发生频率较高，小学阶段有所减少，到青春期以后又开始增多，形成第二个高峰期。如果在青春期内行为习惯得不到节制和矫正，任其自由发展甚至恶性膨胀，就会出现严重的社会适应困难，甚至发展成为打斗、凶杀等违法犯罪行为。此外，有的学生顶撞教师可能是为了寻求教师的关注，通过顶撞来吸引教师的注意力，这些学生一般都是平时比较受忽视的学生，为了其心理需要的满足而顶撞教师。

## 三、顶撞行为的预防和处理

### (一)顶撞行为的预防

要预防顶撞行为的出现，要求教师在日常教育工作中努力做到以下几点。

#### 1. 关爱学生，严于律己

和谐的师生关系有助于预防顶撞行为的出现。如果教师关爱学生，尊重学生，设身处地为学生着想，就能形成师生间的心灵沟通，消除学生对教师的许多不必要的疑虑，促成密切师生关系，形成融洽的教育教学气氛。此外，教师劳动示范性的特点也决定了教师必须首先严格要求自己，然后才能去严格要求学生。如果教师本人品德高尚，以身作则，那么学生也能够真正地信服老师。教师要时刻做到"眼里有学生，心中有学生"。那些训斥、讽刺、挖苦甚至辱骂和体罚学生的做法很容易激起学生的不稳定情绪，产生混乱、紧张、对立的气氛，甚至引发顶撞现象。

#### 2. 树立教师威信

教师威信对学生心理产生着积极的影响。有威信的教师是学生效仿的榜样，在教育教学过程中，学生信赖教师，教师的要求就可以较容易地转化为学生自己的需要，学生甚至乐于接受有威信的教师的批评教育，因而也就很少产生对立情绪。

#### 3. 德才兼备，热心教学

如果教师品德高尚而且才华出众，并且又热心教学，那么，这样的教师自然而然会赢得学生的尊重。但是如果教师资质平庸，教学水平较差，那就会导致学生的不满而引发顶撞行为。

4. 具有良好的心理品质

由于教师的工作任务比较繁重，因此需要具有良好的心理品质，教师要乐观、坚强。而在日常生活和工作中，教师也会遇到一些不顺心的事情，对此，教师应具有较强的心理承受能力。这样才能够不至于迁怒于学生，也能够减少顶撞行为的发生。

## (二)顶撞行为的处理

如果学生顶撞教师行为已经发生了，那么教师该如何处理顶撞行为呢？教师应该注意以下几点。

### 1. 态度要客观，立场要公正

顶撞行为无论是发生在优等生身上还是发生在后进生身上，教师都要触及问题的是非本质，不要被历史成见等因素左右，要公正客观地予以评价和处理。如果不公正的话，譬如顶撞行为发生在优等生身上，教师可能和颜悦色，语气委婉，一笑了之，甚至视而不见；而发生在后进生身上则是疾声厉色，大做文章，甚至变相体罚，那么这种偏心偏向往往会给学生的健康成长和教师的工作带来不良的影响。它会强化部分优秀生的自负心理，从而养成他们只能接受表扬而不能接受批评、经受不起挫折的脆弱心理，也会导致他们对教师的看法发生改变，为以后教师教育教学工作的开展带来难度；而对于后进生而言，这种不公正则会加剧他们的自卑心理和逆反心理，使之难以正确接受教师的批评教育，同时，也会严重影响同学之间的团结和班集体凝聚力的形成，甚至影响正常的师生关系，同样会给教育工作带来负面影响。因此，教师在处理学生顶撞行为时，一定要客观公正，要"一碗水端平"一视同仁地对待每一位学生，不偏袒，不护短。

### 2. 适当缓冲

顶撞行为一经出现，再急再怒也于事无补。不论事情如何处理，教师都应考虑如何给自己、给学生留有缓冲的时间和空间，防止僵持局面出现而使事态恶化。因此，在处理问题时，教师要有耐心，如果是自己不对，则应及时向学生道歉；如果是学生不对，则应给学生思考、反省的时间，让学生发热的头脑冷却一下，使其明白老师进行教育的良苦用心。这样，不仅可以有效防止师生对峙局面的形成，而且也会使学生对教师的豁达产生认同和感激，从而转化态度、认识自己的错误。

### 3. 宜冷静对待

很多时候，学生与老师发生矛盾冲突，其原因在很大程度上是教师不够冷静，加上过分看重自己的尊严，而强制学生服从自己的决定从而使矛盾激化。顶撞事件往往伴随着教师的失控或者学生的言行过失。教师作为教育者，对冲突要负起责任，首先要冷静对待，否则犹如抱薪救火，愈燃愈烈。尤其在教师心情不好的时候，更要注意避免出现大声训斥、讽刺挖苦等不尊重学生的行为。事后再选择适当的场合和学生谈话，效果可能会更好。那么在选择谈话地点时，可以选择自己单独的办公室。心理学家拉尔夫·泰勒著名的试验"居家优势"证明:在自己熟悉的环境中与人交谈比在别的环境中交谈效果更好,更能说服别人。对学生也是一样,对于教师而言,这个地点就是办公室,把学生找到办公室谈话,这本身就有一种环境优势和心理优势,谈话效果也会更好。在谈话时多用商量的语气。用商量的语气和学生交谈,学生会感到教师对他的尊重,布置的任务也就很容易被接受。

案例呈现II

### 当老师被学生搞恶作剧……

那天吃过午饭大约半个小时后,我布置好作业,回办公室拿教案。待我返回教室时,发现原本敞开的门变成了虚掩的。"一定是有调皮鬼在打闹嬉戏,不好好完成作业。"我边想着,边推开门。突然"啪"的一声,一块东西从上面落下,险些砸在我头上,原来是一块被水浸透的海绵。海绵落地后溅起水花,我下意识地一跳,学生们见我狼狈样儿笑得前仰后合。我当时生气极了,想狠狠地训斥他们一顿。我紧皱着眉头,怒目圆睁,四下寻找恶作剧的始作俑者。孩子们见我真生气了,立刻止住笑,悄悄低下头,那样子活像是惹了祸的小猫。这不由得使我想起了自己一岁多的儿子,每当我绷起脸时,他也是这副模样。我胸中的火气瞬间消失了,一种近乎母爱的感觉冲淡了我心中的愤怒。我又换上和颜悦色的表情追问是谁在和老师开玩笑,他们七嘴八舌地讲起来,我才明白那天是愚人节。

了解清楚原因后,我笑着对孩子们说:"你们把今天这件事写在日记本上吧,可不要写成检讨啊,小淘气包们。"说罢,我坐下来看书,教室里渐渐恢复了平静,只听到"沙沙沙"的写字声。

在孩子们幼小的心灵里,这件事似乎随着日记本的上交而结束了。可是作为一名班主任,我希望这件事能给他们留下一些启示。我仔细地读了孩子们的日记,发现这件令我尴尬的事被他们写得特别有意思,却没有一个人意识到我当时的那种尴尬和无奈。

第二天上课,我请学生自愿读了自己的日记,然后我拿出自己的日记本,告诉他们当时我的感受。"今天,我被自己最爱的学生戏弄了,我当时气愤极了也伤心透了。平时,我把他们当作朋友,他们生病了,我问候他们,给他们送水送药买水果;他们受了委屈,我关心他们,给他们排忧解难;他们取得了好成绩,我真心地祝福他们,同他们一起欢呼雀跃。然而今天,他们却戏弄了我,让我觉得非常尴尬。可是,当我看到他们那副惹了祸不知所措的可怜样儿后,我又忍不住原谅了他们,因为在我心里我是那样地爱他们。"

读罢,教室里安静极了,孩子们的眼睛里闪着泪光。我又告诉他们:"虽然老师心里难过,但不会记恨你们,因为你们还是孩子,难免有些顽皮。可我真心希望,当你们再搞恶作剧时,能想一想后果。倘若当时老师手中拿着满杯的开水呢?你们应该怎样尊重你们的大朋友呢?"听了我的话,孩子们的头都低了下来……

(资料来源:刘爱馨.当老师被学生搞恶作剧……[J].班主任,2006(12).)

**问题与思考**

1. 什么是恶作剧？学生为什么会作恶作剧？
2. 恶作剧会有什么影响？
3. 作为教师，应如何处理恶作剧？

**分析与评价**

恶作剧是班主任们经常遇到的一种突发事件。所谓"恶作剧"，是指开玩笑过分，使人很难堪的一种行为。对待不同类型的恶作剧要予以不同的处理。而像案例中这种在愚人节出自天真活泼的学生之手的恶作剧，更多的是搞笑寻乐，带些顽皮淘气的味道。对于这样的恶作剧班主任该如何处置呢？是因为自己的被捉弄而大声训斥，还是心平气和地思考对策，化不利为有利，从消极因素中寻找积极因素？冰心说过："情在左，爱在右，走在生命的两旁，随时播种，随时开花。"案例中的班主任能够以爱作为教育的原动力，在面对恶作剧时没有训斥学生，而是将此事作为一个学生写作的素材，让学生自由地去发表自己的感想。在学生交完作文后，班主任更是以一颗敏锐的心捕捉到了学生内在的心态，学生仅仅是把这件事情当作一件有趣的事情，并没有意识到恶作剧会给班主任带来的伤害。班主任将自己内心真实的想法和感受以平实而富有真情的语言告诉给学生们，让学生们的心灵受到了震撼，让孩子们能够真正意识到自己的错误，也能够体会到老师对他们深沉真挚的爱。育人要育心，真正的教育应该是触动人内心灵魂的，是心与心的交流，灵魂与灵魂的沟通，在这个案例中，班主任做到了。

凡事都有两面性。恶作剧作为班级突发事件中的一种，存在于师生之间、学生之间，但是恶作剧并非只有消极、负面的影响。相反地，它在促进班集体建设、融洽师生关系方面具有不可忽视的积极作用。恶作剧的存在可以使教师和学生意识到问题的存在，从而正视问题，关注矛盾。如果恶作剧处理得好，这个处理过程也恰好是让师生双方之间增进了解、心灵交流和沟通的一次契机。正如案例中的班主任一样，不仅将之变成了一堂生动的作文课，而且对学生进行了良好的品德教育，让学生学会了替他人着想，关爱他人。如果教师能够以一种接纳、关爱的态度面对恶作剧，心平气和地去细心体会和用心反思，那么它就会成为积极的、具有建设性的教育资源。

# 案例呈现Ⅱ 原理与对策

恶作剧.mp4

## 一、恶作剧产生的原因

一般来说，学生作出恶作剧的行为，从心理上分析大致有以下几种原因。

### (一)自我表现心理

有的学生的恶作剧是出于一种当众的自我显示，借以吸引别人的注意力，认为别人想不到的自己能想到，别人不敢做的自己敢做，以此获得心理上的自我满足。有的学生的恶作剧也可以看作是个性潜能的释放，有的学生好动、好玩、好闹，适应新环境的能力比较强，与周围的人熟悉也比较快，对老师没有畏惧感，调皮、捣蛋、好表现是教师对这类孩子的一般概括。他们以吸引别人的注意力为美，以做别人不敢做的事情为勇。

### (二)试探心理

有的学生以新老师或者陌生的同学作为恶作剧的对象，往往是出于一种试探的心理，以此来获知这个老师或者同学的厉害程度、情绪反应以及性格特点、行事风格，由此来决定自己对待这个老师或者同学的态度、行为。

### (三)发泄心理

对学校领导、教师和同学的怨恨，不满情绪的发泄，是导致恶作剧产生的重要原因。由于师生之间、同学之间存在矛盾，有时候也会导致个别学生以恶作剧的形式来发泄自己的私愤，宣泄自己的不满。

### (四)报复心理

对学校的处分、教师的教育、班干部的批评，有的学生虽然表面上接受了，但是心里根本就不服气，这种抵触情绪和抗拒心理有时候也会以一种隐蔽形式即恶作剧来对学校领导、老师和班干部给予报复。

### (五)宣泄心理

青少年精力旺盛，活泼好动，如果被局限于紧张单一的学习环境里，就会产生一种压抑情绪，故而通过恶作剧来宣泄，以释放出多余的精力。

## 二、处理恶作剧的标准

### (一)要有利于构建和谐的师生关系

师生关系是教育中非常重要的人际关系，也是教育要素中"活"的要素，对教育质量以及学生的发展影响都很大。和谐的师生关系要求师生之间能够真诚和谐地共处、共生、共同成长。在处理恶作剧事件时，教师既要尊重学生的人格，也必须帮助学生提高认识，对客观事实进行反思，提高学生的个性修养。

### (二)要有利于创建融洽的班级心理环境

在处理恶作剧事件时，要能够帮助学生正确看待同学关系的健康发展，珍惜自己所拥有的和谐的学习和生活环境，并以自己的实际行动来优化班级人文环境，形成和谐友爱的班级心理环境，让生活在其中的学生能够感受到班级的凝聚力和向心力，能够感受到同学之间的关爱和友善，这样既对班级管理有利，也有益于学生的身心发展。

### (三)要有利于提高学生的交往能力

人处在社会中，每一个人都需要和他人交往，只有在交往中人才能认识世界，认识自身。而青少年缺乏必要的社会阅历，在为人处世方面还欠缺必要的交往艺术。处理恶作剧事件，对于事件的当事人是一次鲜活的教育。教师要引导学生对事件中所处的角色和所应当承担的责任进行有效的反思；要引导学生理性对待他人的批评教育，增强对他人的尊重感和对集体的责任感；要引导学生学会换位思考，对冲突过程中表现出的不良言行进行审视，努力提高个人修养，改善沟通技巧，并能够理性对待矛盾与冲突，用积极的、规范的、合理的方法来解决问题。

## 三、处理恶作剧的方法

### (一)宜冷处理，忌粗暴对待

个别学生制造恶作剧，往往是出于好奇心理，喜欢让老师难堪，看老师发怒，以满足他们的心理需要。学生的恶作剧往往能一下子把老师激怒，这时候教师很容易失去理智。因此，不管出现多么严重的恶作剧，教师都要控制自己的情绪，保持头脑冷静。"制怒"是有效教育学生的先决条件，宽容与豁达不仅能感化学生，而且还能使教师的应变能力得到充分发挥。这样，既能使制造恶作剧的学生大失所望，产生羞愧感，还会使大多数学生产生敬佩之情。反之，如果教师粗暴对待搞恶作剧的学生，对其大骂大打，则只会显示出教师的浅薄和无能，徒增教师在学生心中的笑柄而已。

### (二)宜缓冲，忌纠缠不休

恶作剧发生以后，教师如果在事发现场寻根究底，责令制造恶作剧的学生站出来，如果不站出来就要求其他学生揭发。这样的做法，结果可能会出现既没有人站出来承认，也没有学生敢于揭发的尴尬局面，会使学生觉得老师的心胸狭窄，从而产生反感情绪。相反，如果老师不予理睬，给予学生一定的缓冲时间，就能促使学生自我反思。

### (三)宜教导，忌放任自流

教师在事发现场不予理睬并不是对学生撒手不管，而是要利用适当的机会，采取有效的措施，耐心地对学生进行道德教育。教师可以利用个别谈话、主题班会等形式，晓之以理，动之以情，提高大家的认识，培养他们理解他人，学会换位思考的心理品质。教师还可用含蓄的方式向全体学生暗示恶作剧制造者给课堂教学带来了坏的影响，可收到批评一人、教育大家的效果。

案例呈现Ⅲ

#### "看破"的能力和"说破"的艺术

最怕班里发生丢钱、丢东西的事情。俗话说"怕什么来什么"，这学期刚开学就有好几个学生接二连三地丢钱！开始时是丢3元、5元，我觉得不是什么大事，便没有声张，只是在班里进行了一番思想教育就放下了。直到一个学生丢了60元钱，我才感觉到事情的严重性。

于是我开始认真着手处理这件事。我想起其他老师处理类似事件的策略和方法。方法不少，可都不适合我班的情况，怎么办呢？

我一边思索着，一边用严厉的目光巡视教室。在与每一个学生目光相视的过程中，我没发现异常。我心想，偷窃者心理素质不错，看来要打一场"持久战"了。这时，兵法中的一句话突然浮现脑海，"攻心为上"。于是，我提前为攻心讲话做了充足的准备，第二天足足讲了半个小时，可学生还是一点动静也没有。怎么办？无意中，想起前几天看过的录像《少年犯》，如果组织学生看看这部影片，会不会起到触及灵魂的作用呢？我决定试试看。

于是，我组织学生看《少年犯》的录像，同时要求写一篇观后感。在看录像的过程中，学生们安静极了。我坐在教室前面，观察学生的表情。发现一个男生的眼睛不时从电视画面上移开，投向我。我的心不由一动：是他？不可能，他可是班上最老实的孩子。但那游移不定的眼神让我怀疑，真想马上把他带到走廊里问个明白。又一想，如果不是他干的，这种被怀疑的打击对他来说是致命的。再说，如果说破了，他不承认，怎么办？这样一来，事情就更难办了。于是，我没有采取任何行动，让学生看完了影片。

第二天早读时，我让学生在小组内交流观后感，然后推荐写得好的读给全班同学听。有的学生写道："看到少管所里的情况，我觉得太可怕了。我一定不犯错误。"有的学生说："影片中的'小个子'给我留下了深刻的印象。他有一双灵巧的手，可就是这双手，以前唯一的作用就是偷钱包。'小个子'改好以后，同样是这双手，制作出精美的玩具。我一定管好我的这双手。"在学生发言过程中，我发现那个男生目光游移，惶恐不安。于是我轻轻走过去，拿起他写的观后感。他写道："这些犯了错误的孩子们只有节假日才能见到家里人，有的人的爸爸妈妈还不要他们了，我觉得少年犯真可怜。如果他们不犯错误多好！"

这时，我已经有七分把握了，但仍不动声色。我知道，自己只是具备了"看破"的能力，至于如何"说破"，还应该深思熟虑、谨慎行事。于是，等学生发完言，我说："少年犯曾经犯了错误，但是他们有改过自新、重新做人的勇气……"

这时，上体育课的时间到了。我说："今天不能跑步的留下，帮老师把小红花贴到墙上。"那个男生没动，怔怔地看着我。我等学生都走后，走到他身边，用手摸摸他的头。还没等我开口，他就哭了。原来，他在值日时看到一个书桌里有60元钱，当时学校让订杂志，家长又不给钱，他就偷偷拿了钱，交了50元钱的报刊费。当我问他知不知道这是偷窃时，他说知道，但是看到以前别人拿了钱没事，就拿了。

(资料来源：卢雁凌. "看破"的能力和"说破"的艺术[J]. 班主任，2007(4).)

**问题与思考**

1. 对于班主任没有把班上学生丢失 3 元、5 元钱当作大事，而仅仅是做简单的思想教育一事，你是如何看待的？
2. 班主任为什么要组织学生观看《少年犯》的影片？
3. 你觉得这位班主任调查失窃事件的过程妥当吗？请评价班主任的做法。
4. 如果你是班主任，如何才能更好地防范班级失窃事情的发生？
5. 如果你是班主任，会如何对偷窃的学生进行教育？

**分析与评价**

就案例而言，班主任对于之前班里学生丢失 3 元、5 元的事情没有放在心上而仅仅是做了常规的思想教育就放下了，这样的做法是不可取的。失窃是班级的一个突发事件，失窃不但给被窃学生带来了经济上的损失，而且给班级里的学生带来一种不安全感。如果对失窃事件不予以调查和处理，正如案例中班主任对丢失的数量少的钱没有在乎一样，结果可能助长了偷窃者继续犯错的念头，导致班级里持续丢钱。因为数量小就忽视对失窃事件的调查和处理，这是班级管理的漏洞，要注意班级管理无小事，小事不处理就会累积成大事。

所幸的是，后来班主任在发现班级丢失 60 元钱之后，终于觉醒到自己之前的忽视是不负责任的，决定要调查失窃事件。对班主任来说，班级里发生失窃这样的突发事件，处理起来是很棘手的。如何调查，如何处理，对于班主任的能力都是一个巨大的考验，如果调查不足，可能调查不出谁是当事人；如果是通过让学生检举揭发直接搜赃，可能会伤害学生的自尊心，对其心灵造成伤害。

案例中的班主任在调查失窃事件时表现出了很强的创新意识和探索精神。别的班级也有失窃事件，且不同的老师也提出了多种处理方法，但是班主任没有生搬硬套，而是认为"方法不少，可都不适合我班的情况，怎么办呢"。班主任能够根据本班学生的实际情况和特点加上个人的智慧采取"攻心为上"的策略，去触动学生内心、灵魂。在谈话效果不明显的情况下，让学生观看《少年犯》的录像片，利用影视具有直观、生动、富有感染力的特点来触及孩子内心的精神世界，震撼他们的灵魂，让拿钱的孩子在观后感中自然地流露出后悔的心迹。但此时的班主任还是没有主动说出谁是偷窃者，而是给学生创造了一个单独交流的机会。班主任用手摸摸孩子的头，这种通过肢体语言表达的对孩子的关爱加上之前的谈话教育及观看影片的教育手段已经提前做好铺垫，让学生终于自己承认了偷窃。整个调查过程进行得很顺畅，基本上是水到渠成。学生的内心在一点一点地被触动，最终道出了实情。

作为一个班主任，具有高超的教育技巧固然很重要，但是更重要的是要有一颗关爱孩子、善待他人的热爱包容之心。这样在处理突发事件时才会从学生的角度出发，既能够得到事情的真相，又不会去伤害学生敏感的心灵。每个学生都是鲜活、灵动的生命，有着各自独特的性格、智慧和志向，只有理解了这一点，才能够去理解和尊重学生。也只有走进学生心灵的教育才是真正的教育，只有理性智慧的爱才能够奏出和谐的育人旋律。

# 案例呈现Ⅲ 原理与对策

## 一、学生产生偷窃行为的原因分析

学生偷窃行为.mp4

一般来说，学生产生偷窃行为的原因是多种多样的，综合起来看，有以下原因。

### (一)个人原因

**1. 生理原因**

学生生理原因包括神经系统不平衡、内分泌失调以及体型上的畸形等，这些生理原因影响着学生的情绪发展或者自我观念，进而产生适应困难的现象。有的学生因此走上偷窃的道路。

**2. 心理原因**

学生的偷窃行为可能来自于以下几种心理原因。

(1) 寻乐心理。

有的学生并不是因为缺少财物或者需要财物而去偷窃，他们只是觉得好玩才去偷。他们非常享受那种偷窃得手时的快感，当别人因为丢失财物而到处寻找时，他们可能会感到无比快乐。因此，偷窃就成了他们捉弄同学、朋友、老师并从中寻找快乐的途径。

(2) 逆反心理。

有的学生的自我表现欲较强，当他们感到自己不被重视时，就容易产生这样的心理：你要我这样，我偏要那样。你不要我这样，我偏要这样。在这种思想的支配下，他们明明知道偷窃是不对的，但是为了和老师或者家长对着干，就故意去偷窃。

(3) 炫耀心理。

有的学生总是希望自己比别人更高一筹，为了让自己有让别人羡慕的地方，在自身条件无法达到的情况下，就开始偷窃，把偷来的钱物作为向别人炫耀的资本，来获得自己虚荣心的满足。

(4) 补偿心理。

有的学生家庭经济比较困难，自己希望得到的东西父母没有办法满足他们的要求，当这些学生看到其他人拥有这些东西时，就会产生偷窃心理，将别人的东西视为己有，来补偿自己得不到这些东西的缺憾。也有些学生经常到网吧、游乐厅等场所玩，因为缺钱而去偷窃。还有的同学在丢了东西后错误地认为别人拿了我的东西，那我也拿别人的东西作为补偿。

## (二)环境因素

### 1. 家庭因素

家庭是孩子的第一所学校,父母是孩子的第一任老师,但是有的家长本身可能在生活中经常将别人的物品据为己有并以此自得,从而使得子女从小耳濡目染,根本就没有觉得偷窃是一种不正当的行为;有的父母由于教育方法不当,对子女过于严厉,从来不给孩子零花钱,使子女的物质欲望无法满足而去偷窃;有的父母对子女过于放任,即使子女偷窃也因为娇纵孩子而对其放任。

### 2. 学校因素

学校只注重学生的学习成绩,忽视对学生的道德教育和法制教育;学校课程过难,教师教学水平低,导致学生对学习不感兴趣;学校没有足够的活动空间和器材导致学生的精力无法宣泄,或者学校没有吸引学生的学校文化,致使学生觉得生活太枯燥沉闷而去通过偷窃寻找乐趣。

### 3. 社会因素

社会上存在着攀比、炫富等不良风气,这些不良风气的存在使心智尚未成熟的学生不能够正确看待财富,从而走上偷窃的道路;还有的学生由于交友不慎,认识了社会上的不良青年,受到他们的教唆或者逼迫而去偷窃。

# 二、班主任处理失窃事件时应坚持的原则

## (一)沉着冷静

失窃事情在班级内发生后,班主任对事件的处理一定要保持沉着冷静的态度,具体处理过程要小心谨慎,要时刻牢记自己是个教育工作者,是人类灵魂的工程师,面对的是身心正在发展还没有完善的可塑性极强的个体,盲目地大呼小叫,劈头盖脸地训斥,兴师动众地大搜查,发动全班同学检举揭发,不但很难查明事情真相,而且即使查出来,也会给不良行为的学生带来沉重的心理压力,甚至造成不可弥补的心理伤害。

## (二)具体问题具体处理

发生学生的偷窃行为背后的原因错综复杂,因此,教师要深入了解情况,具体问题具体分析,这样才能够有针对性地"对症下药",提高育人的效果。

### 1. 对因拉拢朋友而偷窃的学生要树立其自信心

有的学生虚荣心很强,但是由于家庭经济困难或者学习不好等各种原因导致他们在同学当中没有地位,因此为了在同学们当中有地位有面子,他们就选择了偷窃。

对于这类学生的偷窃行为,因为其本身的动机并不在偷窃而在于通过偷窃来提高自己

的地位，所以班主任可以从根源入手，教育的重点在于帮助他们摆脱因为自卑而留下的心理阴影，让他们能够满怀自信地融入集体生活。同时，班主任要帮助学生树立正确的荣辱观，帮助他们建立自信，可以通过让学生自己找长处、让同学们互相找优点等方式来发现和肯定学生的优点，帮助学生建立自信。

### 2. 对因报复而偷窃的学生要加强引导

有的学生由于在家庭中父母管教过严，又无法反抗，因此自我感觉受压抑就出现偷窃行为，从而来报复父母。要改变这类学生的偷窃行为，班主任首先要做家长的工作，要让家长意识到自己作为家长身上所承担的责任，要引导家长关爱孩子，多给孩子关心和温暖，使孩子能够感受到来自家长的爱与温暖，这样偷窃行为便会逐渐减少或者完全消失。有的学生因为对老师不满从而专门偷老师或者老师喜欢的同学的东西，借机报复老师。对于这类学生，班主任首先要表达自己对所有同学都是一视同仁，从不轻视任何同学的思想；其次要让学生明白教师喜欢学生的标准是什么，这样引导学生树立正确的竞争意识，教导学生朝好的方向发展，那么老师有一天也会器重他的。

## (三)学校、家庭和社会三结合

### 1. 加强学校教育

学校是学生成长的主要阵地，学校因为其特殊的育人环境而对学生的身心发展具有重要的影响。

(1) 坚持正面教育，营造良好的人文环境。

对于有偷窃行为的学生，班主任必须客观地对待他们，不能给学生贴上"小偷"的标签。班主任应该主动地诚恳地和学生谈心，以了解学生的偷窃动机，消除诱因，同时要告诉他不能偷窃的道理，做到晓之以理，动之以情。班主任应该和德育老师一起组织学生学习刑法和社会治安管理条例等法律法规，加强学生的法制意识。

在全班营造良好的人际交往环境，让全体同学能够互相友爱，彼此关心，做到不歧视后进生，不歧视家庭困难的学生，不攀比，不炫耀，为学生的成长营造良好的人际环境。

(2) 开展丰富多彩的集体活动和课外活动。

丰富多彩的课外活动可以让学生培养自己的兴趣爱好，比如，爬山、踢足球等。这些经历可以让学生找到自己生活中的乐趣，从而证明自己的能力和价值，发泄自己多余的精力。而诸如拔河、野炊、团队心理训练等活动可以让学生感受到集体的力量，培养他们的集体意识，让他们能够学会站在他人的角度思考，不再以自我为中心。

### 2. 引导家庭教育

班主任可以通过学校、家长会或者在线聊天工具各种形式与家长们互通信息，交流经验，不断提高自身的素质和教育孩子的能力。班主任应该引导家长们形成正确的家庭教育观念，采取健康的家庭教育方法，以便帮助孩子改正不良的习惯。

### 3. 加强社会教育

班主任可以在学校的组织下定时地与公安机关、检察院、法院等部门联系，在学生中开展法制教育，也可以聘请当地派出所的同志来作报告，还可组织学生集体到监狱去听服刑人员的现场报告，从多个渠道来培养学生的法制意识，将不良行为杜绝在萌芽状态。

**案例呈现 IV**

### 学生被打之后

早上，我照例去教室检查学生的晨读情况，刚走到走廊，班长匆忙跑到我跟前，焦急地对我说："颜老师，不好了，仇星星被人打了！"

我吃了一惊，疾步走进教室。"那个人说仇星星昨天打他家小孩，刚才带小孩来指认的。""刚才仇星星被他从座位上拉出来用皮线抽了两三下呢！"同学们七嘴八舌地汇报情况。

"他人呢？"我发现仇星星竟然不在教室，觉得情况不妙。学生说仇星星被那个打人的男子带到教室外的绿化带了。我转身奔到门外，果然见一个瘦高个、穿着红衬衫、留着络腮胡的男子凶巴巴地对着仇星星，手里拿着一尺来长对折好的两根粗粗的电缆线。仇星星背靠墙壁，脸上挂着泪滴，左边太阳穴竟然有两道凸起的粉红色鞭痕！我急忙拉过仇星星，指着他脸上的鞭痕问："这里是不是他打的？多危险啊！"仇星星朝眼前的男子望望，欲言又止，只是流泪。

"请问你有什么事？怎么能打孩子呢？"我知道孩子受到了威吓，强压怒火，尽量用温和的语气询问打人的男子。

"哼！你是他老师啊？他昨天把我儿子的脸都抓破了，真是欠打！我刚才找你们校长没找到。"他东一句西一句地嚷着。

"哪个孩子被欺负我们都心疼，我们老师一定会弄清原委处理好，你不服气到时候还可以找校长。但是作为成年人，你怎么能打小孩？你这样做是犯法的，你知道吗？如果他家长知道了，不是更激化矛盾还解决不了问题吗？"

这个男子理亏，狡辩说没有打他。我说你放心，我们一定会调查处理，并劝他赶紧离开。看着仇星星脸上的印痕，虽然不是很严重，但是，我想到在全国连续发生了几起危害校园安全的恐怖事件，一个流氓竟然堂而皇之地进入校园，还在全班学生面前鞭打一个弱小的三年级孩子！大门口的安保人员是怎么放他进来的？孩子们面对突如其来的暴力为什么不懂得自救？如果这件事处理不当会给孩子们留下怎样的心理阴影？……我脑子飞快地转着，几秒钟后，我果断地把仇星星带到办公室，立即用相机把他的伤痕拍了下来，因为半天以后也许就不明显了。然后打电话报警并告诉了校长。

经了解，原来这名男子是本地的小混混，有过前科。起先安保人员不让他进校，但他谎称要还钱给某个老师，安保人员一时疏忽便让他进来了。头天放学路上仇星星的姐姐看不惯他的孩子辱骂女同学，便教唆弟弟仇星星踢了他孩子一脚。弄清了事情原委，我立即将详情告知仇星星的妈妈，并让她好好配合教育自己的孩子尤其是女儿。至于那个打人男子及其小孩,由其班主任来沟通教育。当我让派出所的同志看拍摄的证据时,他们非常重视,第二天专门派两名警员来学校,分别对我和班里的目击学生以及当事人逐一调查询问,做好笔录。取证完毕之后立即就把肇事者给拘留了,他们办事的效率出乎我的意料。

(资料来源:颜玉婷.学生被打之后[J].班主任之友(中学版),2012(1~2).)

**问题与思考**

1. 遇到校外人员殴打班级学生,你会如何处理?
2. 评价这位班主任的做法。
3. 设计一个有关防范校园外人员伤害学生的班会活动方案。

**分析与评价**

作为班级的管理者,班主任一个很重要的任务就是在校的时候要尽力保证学生的人身安全。在本案例中,当校外人员殴打学生时,班主任能够在第一时间赶到现场并拉过学生,对学生进行了有效的保护,同时尽量用温和的语气询问,能够义正词严地告诫校外人员打小孩是犯法的,并且晓之以理"如果他家长知道了,不是更激化矛盾还解决不了问题吗?"安抚校外人员迅速离开,避免了矛盾的激化和学生的二次挨打。

在校外人员离开之后,班主任能够用相机拍照保留证据,然后迅速打电话报警并告诉了校长,整个处理过程非常得体,也反映了班主任的机敏。面对暴力,做班主任的不宜"以暴制暴",因为"以暴制暴"的后果可能会使自己受到伤害和激化矛盾,使问题更加复杂化,同时也没有给学生树立一个好榜样。而应该像案例中的班主任一样,第一时间赶到现场先保护好学生,再劝走当事人,然后再向上级报告或者报警,以保护学生的人身安全为第一要务。

班主任对此事的善后处理也值得我们学习,在将校外人员劝离之后并没有将此事放置起来,而是深入了解背后的原因。在了解到是学生的姐姐教唆弟弟踢人时,能够将详情告诉学生的父母,请学生家长配合做好学生的教育工作,将教育的触角延伸到家庭,能够和学生家长进行家校合作,共同构筑学生健康成长的防护墙。

# 案例呈现Ⅳ 原理与对策

## 一、处理校外人员侵害学生事件的基本原则和程序

### (一)处理的基本原则

#### 1. 生命至上

人的生命是至高无上的,在侵害学生的事件中,很可能已经发生或正在即将发生对学生的人身伤害,甚至危及学生的生命。因此,对侵害学生的事件进行处理时,应该首先考

虑立即制止侵害的实施。查验是否有学生受到伤害，并考虑立即对受伤者施救，然后考虑对侵害事件本身进行处理。

### 2. 迅速反应

班主任应该第一时间赶到侵害现场，采取有效措施及时制止正在实施的侵害事件，及时了解侵害事件的相关信息，及时处置受伤学生，及时处理侵害事件。

### 3. 立即上报

侵害事件由于具有突发性和破坏性，个人的力量和智慧有限，班主任要在第一时间报告给领导、上级主管部门和公安机关，以争取更多人和机构的支持，也为处理侵害事件赢得时间和主动权。

### 4. 维护秩序

在事发现场，班主任要保持镇定和冷静，只有班主任保持镇定和冷静才能够平息学生紧张慌乱的情绪，防止事态的扩大，也才能够安抚学生，给学生以安全的心理环境，增强学生对事件的心理承受能力。

### 5. 做好教育辅导等善后工作

班主任不能认为侵害事件平息了，侵害事件就结束了，而是应该做好教育辅导等善后工作。因为受侵害的学生在侵害事件中心理上会受到伤害，可能会长期被恐惧、憎恨和自卑等情绪笼罩，因此，需要班主任对其进行心理辅导，采取各种方式进行心理干预，化解学生的心理压力，让其能够正确对待挫折，能够积极乐观地面对人生。对于一些脾气火暴、性格急躁，喜欢用暴力解决问题的学生，如果在被侵害之后没有得到教育，可能还会报复对方，继续"以暴制暴"，暴力事件还会继续出现，后患无穷。所以对于这类学生，班主任要对其进行道德和法制教育，要教导他们认识到暴力的危害性，学会通过和平的途径来解决问题或者运用法律来维护自己的权益。

## (二)处理的程序

### 1. 班主任接到有关侵害事件的报告或者信息

(1) 初步了解情况，包括所涉及学生的大致人数、所涉及学生的基本信息、事件发生的地点等。

(2) 向分管校长、学生工作处(政教处、团委会)汇报。

(3) 召集教师、校医等相关人员迅速赶往现场。

(4) 如果事态严重，情况危急，则应立即与当地派出所或者片警联系，寻求帮助。

### 2. 班主任到达并控制现场

(1) 依法采取一切必要措施来制止侵害行为，保护学生；如果发生了性侵、抢劫、绑架等危害学生生命安全的恶性事件时，班主任不要贸然处理，要迅速寻求公安机关的帮助。

(2) 立即保护伤者，并给予伤者必要的救护或者送医院处理。

**3. 注意保护现场，收集并保全证据，并配合司法机关的调查和处理**

(1) 注意保护现场，保留入侵人员留下的痕迹和证物。
(2) 在收集并保全证据时必须严格按照规定的方式、步骤进行，并注意对时间的锁定。
(3) 积极配合司法机关的调查与处理，向司法机关提供尽可能详尽的事实与资料。

**4. 进行善后处理**

善后处理包括帮助受侵害同学走出心理阴影，正确对待挫折；帮助班级同学树立正确的人生观和价值观，学会用正确的方式维护自身的权益，对学生进行安全教育，让学生能够具备初步的自我保护能力。善后处理还包括和家长积极沟通，共同帮助受侵害同学。

## 二、如何防范校外人员侵害学生事件的发生

### (一)防患于未然

"凡事预则立，不预则废"，对于安全教育也是如此。班主任应该制定一套完整的班级侵害事件预案，其核心内容是明确责任人员和具体的应对方法，并能够经常预演。这样可以增强学生应对突发事件时的心理稳定性，提高学生的自救能力，也可以保证班主任能够在第一时间掌握信息，及时有效地防止侵害。此外，班主任应该将平时教育和专题教育相结合，再结合实例，经常对学生进行校外侵害人员的安全教育。这样就能把安全教育贯彻到日常的班级管理中，可以让学生很好地掌握一些应急措施和技能。此外，在放假前对学生进行专题教育，可以强化学生的安全意识。

### (二)提高学生的自我防卫能力

**1. 养成良好行为习惯，避免遭受侵害**

为了避免遭受侵害，班主任要教育学生从以下几个方面严格要求自己。
(1) 严格遵守校纪校规，不旷课，不早退，未经班主任允许不得擅自离开校园。
(2) 不结交校外不良青年，不私自带校外人员进入校园。
(3) 不轻易相信陌生人，不在网上交友或与网友见面。
(4) 不到网吧、营业性歌舞厅、酒吧、通宵电影院等存在着不安全因素的地方娱乐，不与校外人员发生冲突。
(5) 上学、放学或者外出游玩时要结伴而行。
(6) 养成放学后按时回家的习惯。如不能按时回家，应告诉家长身在何处，以及回家的大致时间。
(7) 记住家长、老师的姓名和电话，遇事应及时打电话。

## 2. 教会学生遭遇歹徒侵害时的对策

应教导学生在遇到歹徒时，不要与其发生正面冲突，一定要保持镇静，尽量为自己创造逃离的机会。但是如果遇到人多且带有凶器，此时千万注意不要随便逃离，以免受到伤害；更不要和不法分子硬碰硬地打斗。遇到不法分子意图实施侵害时，如果周围有行人，一定要及时呼救，并迅速跑向人群，或暂时到附近单位躲避，并及时打"110"电话报警。在报警时应说明如下问题：案发的具体时间、地点、不法分子的人数、使用的凶器和交通工具，以及不法分子的特征，包括性别、大致年龄、体态胖瘦、身高、相貌特征(五官、脸型、发型等)、口音(区别是否是当地人)、衣着(衣服的颜色类型、新旧程度)等一些较为明显的特征。

### 案例呈现 V

### 孩子，给你一片灿烂的天空

一节班会课，我踏着铃声走进教室时，教室里一片大乱，有笑的，有闹的，也有大叫的，原来是聪正拿着一只扫帚，在教室里当作吉他在大摇大摆地弹唱，而扫帚不时碰到同学身上，弄脏了很多同学的衣服，引起同学的大叫。看到我出现在教室的门口，所有学生都静下来了，他也有点手足无措地把扫帚放了下来，可人还是站着，并用他那桀骜不驯的眼神看着我，一点也不屈服。旁边有几个班级的"刺头"也在幸灾乐祸地看着我，看我怎样来收拾这个场面。"请你回到座位上！"我将略有惊讶的他叫回了座位。

我平静了一下心情，便上课了，整节课上得十分顺利，可是他那略带疑惑和忐忑不安的眼睛却一直注视着我。下课了，我带着教具离开了教室，出乎所有人的意料，因为他们都等着我批评呢。走出门口时，我发现聪张了张嘴，想说些什么，可最后还是咽了回去。

一天、二天、三天……课堂上我发现他十分焦躁，常常用他的眼睛在我脸上审视，想要我说点什么，可我依旧还是坦然地上课、下课、走人。那天，我上了"勇于认错，知错就改"一课，讲明了"人应当勇于承担责任，对于自己做过的事情要负责任"……面对生活与学习中我给予他的帮助，他总是心存戒备。不过随着我的帮助，他眼神中的桀骜不驯似乎消失了，变得越来越温和了。终于，他不堪忍受那种自我"折磨"了。

一天下午放学后，我正在整理东西，只听见一声"报告"，他走了进来。"老师，我……""有什么事吗？""老师，您要批评我就批评我吧，这样子我受不了，我犯错，我应该受批评，可您又对我好，您到底要我怎样啊？"他涨红着脸说完了，定定地看着我。"什么？"我故作惊讶，"噢，你是说你上次将扫帚当作吉他的事吗？""嗯。""很好，很有创意啊！""什么？您不批评我？""为什么要批评你？""可是我把同学的衣服弄脏，而且还把课堂纪律扰乱了，我应当挨批。""你瞧，你不是认错了吗？你近来不是有进步了吗？我们不是说过，知错就改吗？这样一个有改错意识的孩子，老师为什么还要批评呢？"聪的脸逐渐兴奋起来。"老师觉得你现在的认识很正确，以后怎么做明白了吗？""老师，我知道了，我会在课后玩，而且不影响同学，不扰乱秩序！""还有，老师要罚你！"他愣住了。"罚你一周内在班级中组织一个吉他爱好者小组，一个月内将班级的文娱工作做好。""呵呵，老师，您放心吧，保证完成任务。"说罢，他快乐得像风一样旋了出去……

第二天，用于家庭联系的心桥本上，我看到了他的这样一段话："老师，我不是坏孩子，我想学好，可是没有人理解我，他们总以为我是个没用的人，我那样的我行我素，就是想要引起老师的注意……今天是您教育了我，是您给了我一片灿烂的天空！今后，我要做一个令您满意的学生。老师，您相信我吗？"

(资料来源：方海东. 孩子，给你一片灿烂的天空[C]. 见：周达章. 21世纪班主任工作案例精粹中学版[M]. 宁波：宁波出版社，2004.)

**问题与思考**

1. 你认为聪是一个怎样的学生？
2. 如何看待学生因为要引起老师注意而故意捣乱的事件？
3. 评价一下班主任对聪的教育。
4. 如何教育和引导有不良行为的学生？

**分析与评价**

一个班级里有几十个学生，每个学生由于家庭背景、成长经历、个性和兴趣不同都会有自己独特的个性和行为方式。也意味着不可能班级里所有的学生都是教师心目中的学习好、品德好的优秀学生，那么，遇到像聪这样在其他教师眼里"学习成绩差，上课捣乱，不学无术，不求进取"的"双差生"，在开班会课时拿着扫帚当作吉他大唱大叫，班主任该如何处理呢？

在本案例中，班主任并没有训斥聪，更没有作出其他粗暴的事情，而是一句有礼貌的"请你回到座位上！"就暂时将此突发事件处理了。聪本来期待的是教师的训斥或者大骂，这样才能够形成"两军对峙"，才会有"好戏"上演，其他同学抱着看热闹的心理等着"好戏"上演，但是教师将这场即将爆发的矛盾消弭于无形中，正如一个拳头打到了棉花上，潜藏的矛盾因素被化解了。这是冷静处理的方法。

随后，班主任又上了"勇于认错，知错就改"一课，给学生讲明了"人应当勇于承担责任，对于自己做过的事情要负责任"的道理。这看似是给班级全体同学做的一次不经意的思想教育，其实是用心良苦地针对聪精心设计的课，希望他能够承认错误。但是聪并没有接招，班主任意识到功夫下得还不够，唯有继续对聪进行帮助，继续用爱来感化他。在班主任一如既往的、持久的关爱下，内心一直处在内疚和自责情绪中的聪终于主动找班主任道歉承认错误，班主任肯定了他知错就改的态度并故意罚他组建吉他爱好者小组。班主任能够发掘聪身上的闪光点并让聪利用自己的优势为班级文娱工作做贡献，让聪看到了自己的价值所在，也让聪获得了快乐。聪内心的"坚冰"被班主任的爱融化了，聪变成了一个快乐的、充满自信的学生。

聪在"心桥本"上向班主任坦言自己是因为要引起老师的注意才去捣乱的。这正是很多不良行为出现的一个原因,即学生希望通过作出种种行为来引起班主任的关注。因此做班主任的必须要了解学生内心真正的需要,而真诚的师爱是转化这些不良行为,处理此类突发事件最好的解决办法。

# 案例呈现Ⅴ 原理与对策

寻求关注.mp4

## 一、学生寻求关注的原因

需要时刻获得他人的关注是人类的天性。学生也会通过各种方式引起其他同学和老师的关注。通过努力能够获得成功的学生,会获得其他同学和教师的赞赏;而那些认为通过自己的努力不能获得成功的学生或者已经在学业上受过挫折的学生则会以学习以外的其他方式获得教师和同学的关注。成为注意的焦点,会让他们觉得自己有能力,可以控制别人。而受到的关注,即使是消极的,也比忽视自己存在的结果要强。德莱库斯(Rudolf Dreikurs)阐述了与不良行为有联系的四个目标:引人注意、获取权力、寻求报复、自甘落后。他说:"如果一个孩子没有机会通过平常的作为来获得地位,他就通过引人注意的行为来证明自己在课堂上的地位。如果成人对他的这种引人注意的行为置之不理,他就努力想获取能操纵局势的权力。如果教师实施权力的方法使他的愿望落空,这时他会非常丧气,转而寻求报复。当一个孩子为了获得一种'归属感',尝试了各种消极的、捣乱的引人注意的行为而无效时,他最终会陷入一种深深的沮丧情绪中,丢开一切积极的希望,干脆自暴自弃。"[①]而为了寻求关注通常所实施的行为本身可能就是突发事件。

## 二、寻求关注的行为表现和失效原因探析

### (一)寻求关注的行为表现

为寻求关注,引起教师注意的方法如果和当时的情境不符,它就会成为一种"过度注意",会使教师感到生气甚至厌烦。但是,作为教师必须知道,不管学生如何做,他(她)的目的是引起你的注意,具体来看,学生为寻求关注而作出的行为有以下几种。

#### 1. 扮演小丑

有的学生感到被排斥或者遇到尴尬的情形时,就会到处逗乐,故意装疯卖傻,以吸引老师或同学的注意。

---

① Rudolf Dreikurs, Pearl Cassel, Eva Dreikurs Ferguson. Discipline Without Tears: How to Reduce Conflict and Establish Cooperation in the Classroom(revised edition)[M]. Canada: Tri-Granphic Printing Ltd, 2004.

### 2. 偷懒

有的学生总是自己不做作业或者让别人帮助他(她)写作业,以偷懒的方式想在老师检查作业时可以引起老师的注意。

### 3. 寻求帮助

学生在学习或者生活中,表现出无能为力或者很无助,以此来获得他人的帮助,如果被别人帮助或者照顾就显得很高兴。

### (二)寻求关注行为失效的原因

学生的本意是为了满足自己的自尊,让自己觉得对周围的人和事物有操控感。但是这种为了寻求关注而所作出的各种行为只能使学生得到暂时的结果,从长远来看,它只会使问题变得更加严重,更为复杂。因为对于学生的需要,大多数人对此产生的自然反应往往是与学生所期待的结果相反。例如,学生想要引起教师的注意而故意在课堂上做鬼脸,但由于教师知晓其意图,教师会选择视而不见,这种反应会导致学生加强其行为的强度,由做鬼脸的静态表演变成学鬼叫。那么,学生的这种不符合课堂要求的行为给学习所带来的负面影响增加了教师对他们的反感,导致班级教师更加漠视他们,这样一来,学生的情感需要也就越来越难以得到满足,进而导致他们的行为更加过分,从而形成了"寻求关注——被忽视——作出更出格的动作——被漠视"这样的发展过程。

## 三、针对寻求关注行为的对策

### (一)忽视行为

在学生因为要寻求关注而作出各种行为时,教师要忽视这种行为,不要去注意这种行为,并且尽可能远离它。虽然这种忽视可能会导致学生的行为加剧,但是,教师必须坚持不去注意这种行为。因为如果越是注意,学生寻求关注的行为就会被得到强化。如果不去注意,时间长了,学生会因为觉得无趣而自然停止。

### (二)关爱学生

因为学生的内心是渴望得到教师的注意,渴望得到教师的关注而作出寻求关注的行为,那么,作为教师,尤其是班主任要关爱学生,对于那些受到过挫折的孩子更要表现出加倍的耐心与关爱,让学生认识到教师也是在乎他的,是关心他的。这样,他就会增强学习动力,行为动机也会发生变化,会由做一些消极的事情来吸引教师的注意力转变到做积极的事情来引起教师的关注,来获得教师的正面肯定和评价。

### (三)增强学生的自信心

由于学生在学业上受挫才会通过学业以外的其他方式来引起教师或者同学的注意。那么,作为班主任应该提高学生的自信心,提高学生认为自己能够完成学校所分配的任务的程度。班主任应该允许学生犯错误，并与学生讨论他们的错误，帮助他们理解人人都会犯错误，告诉他们犯错误也是学习的一部分，这样就能够提高学生的抗挫折能力。班主任还应该多通过强调学生以往的成功经历，帮助学生建立成长档案袋和成就纪念册，教学生用发展的眼光看待自己的成长；让全班同学互相认可对方的进步，在开班会时能够提出表扬，举办展览，向家长汇报等，通过这些方式来增强学生的自信心。学生的自信心提高了，就能够从学业本身获得成就感和满足感，而不必通过消极的途径去寻求教师的关注了。

案例呈现 VI

### 课堂热事件的冷处理

教音乐的李老师来教室选合唱团成员，学生们都满怀期待，表达了自己想加入的意愿。李老师宣布了成员选择的标准。又高又胖的小尧扯着嗓子让老师选他，但最后没选上。小尧在教室里号啕大哭，只见小尧边哭边喊着："老师偏心，老师不公平，为什么不选我？为什么不选我？我喜欢唱歌，我想参加合唱团。"我让音乐老师离开了教室，小尧一看音乐老师走了，哭得更厉害了："为什么不让我参加合唱团？你们都欺负我！"我瞪了他一眼，可他压根没看，抬着头闭着眼张着大嘴哇哇直哭。我气得大叫一声："别哭了，再哭出去站着。"他仅停了几秒便又哭了起来。我不再理他，也示意同学们不要理小尧。但是小尧只要发现有人注意他，便会哭几声，放学路上只要一发现我看他，便又会抽噎起来。我利用放学时间和他奶奶交流了一下，小尧奶奶告诉我这是小尧的老毛病，只要不理他就好了。奶奶说下午找小尧谈谈，并让小尧来找我。小尧也听到了我和奶奶之间的对话。

下午刚到校，小尧就扭扭捏捏地来找我了。我笑着说："不哭了？"他摇了摇头。

"那知道自己错在哪了吗？"

他想了一会，不好意思地说："老师，我不该因为没入选合唱团而在课堂上大哭大闹，扰乱了课堂秩序，影响了同学们读书。"

"那你知道音乐老师不选你的原因吗？"

"我觉得自己唱得挺好的。但还是比不上被选上的那几个同学。"我点了点头。

"还有吗？"

他看了看自己的身材，难为情地说："是不是我太胖了？而且很多时候我管不住自己？"我又点了点头。

"看样子我真的错了，我不该埋怨老师不选我，我应该从自身找原因。老师，如果我以后守纪律，注意减肥，音乐课上好好练唱歌，是不是音乐老师就会选我？"

我肯定地点了点头。看他已经从内心深处意识到了自己的不足，还找到了努力的方向，我趁机说："好好努力，到时我一定向音乐老师举荐你。老师还希望你以后遇事不要哭闹，要通过合理的方式解决问题，因为你已经是大孩子了。"

他点了点头，说："老师，看我的行动吧！"

(资料来源：徐静. 课堂热事件的冷处理[J]. 教学与管理. 2017(5). 有改动)

**问题与思考**

1. 遇到学生哭闹，班主任该如何处理？
2. 请评价班主任的做法。
3. 如何看待冷处理？冷处理是对学生的不闻不问吗？
4. 冷处理适用于什么样的场合？

**分析与评价**

班主任在班级管理工作中，难免会遇到一些突发事件。如，有的学生搞恶作剧捉弄教师；有的学生拒不回答老师的问题；有的学生上课打闹等。面对这些突如其来的问题，有的班主任为了维护自己的"尊严"，觉得学生的这些突发事件是对自己的挑衅，是对自己的不尊重，于是会在课堂上勃然大怒，甚至停下课来批评学生，以求达到"杀一儆百"的效果，但是结果可能适得其反。有经验的班主任却不这样做。他们能理智地对待突发事件，在突发事件面前做到"处变不惊"，能克制自己的感情冲动，想方设法让自己也让学生冷静下来，待到事后再作处理。

案例中的班主任在面对小尧因为没选上合唱团而哭闹的时候，一开始的处理方式是让音乐教师离开教室，化解音乐老师的尴尬，但是却刺激了小尧，加重了他哭闹的程度，此时，班主任运用眼势语对小尧进行了干预和警示，但是小尧压根没看，仍然在自导自演，班主任面对失控的小尧情绪也失控，班主任大叫让其别哭了，但是收效甚微。然后，班主任意识到大吼大叫对他不起作用，反而会使双方处于僵持的状态，于是班主任决定采取冷处理的方式，不仅自己不理他，而且也示意同学们不理会他，这样，事件慢慢平息了下来。下午小尧来找班主任，班主任笑着和小尧说话，笑意味着老师不再生气，也让小尧放松了对老师的戒备，使得谈话能进行下去。然后班主任又引导小尧分析没被选入合唱团的原因，意识到自己以后需要努力的方向。班主任也适时地许下了举荐的承诺，并告诉小尧要通过合理的方式来解决问题。课堂冲突在这时得到了比较好的解决。整个案例中如果班主任一开始就能够对小尧的突然哭闹的问题行为采取忽视的态度，而不是生气地让其出去哭，效果会更好一些。此外，下午的谈话中班主任也应该坦诚地承认自己的情绪失控，向学生道歉，这样更容易赢得学生的信赖，也更有利于建立相互尊重的师生关系。

所以，在面对学生之间的冲突时，班主任要保持冷静的头脑，理性地思考对策。班主任的冷处理是建立在对学生了解的基础之上的，正所谓"知己知彼，百战不殆"。如果班主任事先了解小尧是通过哭闹来引起他人关注的心理和行为特点，就会在一开始采取冷静的处理方式，而不是大叫让其出去。所以班主任必须深入了解每个学生的个性特点和行为方式，这样才能够在处理问题上有的放矢，能够根据学生的实际情况灵活地处理，不至于在慌乱和冲动下作出错误的决定。

# 案例呈现Ⅵ原理与对策

## 一、冷处理具体表现

所谓冷处理，就是指对于有些突发事件，班主任不应急于表态，急于下结论，而应该保持头脑的冷静、情绪的镇定，仔细观察、沉着分析当时当地的情况，采取最佳的手段或者当时解决突发事件，或者待把问题的来龙去脉弄清楚，再去处理。

采取冷处理，首先是给学生降温，缓解矛盾，缓和情绪，不能粗暴地把学生推到矛盾的对立面，使学生产生抵触情绪，要给学生留点余地，必要时要给学生一个下台阶的梯子。不仅如此，老师还必须善于为学生着想，充分理解学生的思想感情特点，善于从好的方面去考虑他们的行为。如果班主任一味地从坏的方面去估量或批评学生，甚至粗暴地伤害学生的自尊心，学生就容易自暴自弃，产生心理上的对抗。尤其当学生与老师发生矛盾时，应该表现出高姿态，从检查自己的工作入手，多做自我批评，要采取容忍和宽容的态度，消除学生的恐惧心理和对立情绪，缩短与学生之间的距离，切忌采取报复行为或强硬手段，或凭一时之气处理，这样只会使矛盾升温。魏书生在谈到这方面问题时讲到了他的经验就是"选一位能控制教师发怒的同学"，在自己发怒时及时提醒"控制发怒"，令自己"冷"下来。其次，处理突发事件不要急于求成，要有耐心，不能急躁。具体来讲，要做到"三不"：课堂问题不当场批评；细小问题不当众批评；不认识错误不即刻批评。等一等，看一看，给学生自我反省的时间，让学生把发热的头脑冷却下来，达到学生自我教育的目的。

## 二、冷处理的作用

### (一)有利于班主任客观全面地了解事情的真相，公正地处理问题

出现突发事件时，很多时候难以一下辨明是非。如果班主任盲目相信其中一方或不分青红皂白全都责备，不仅问题得不到解决，而且还会因此加深双方的矛盾，有时还会造成师生之间的人际冲突。班主任只有采取冷处理的方式，找有关学生充分了解情况，用辩证分析的方法充分听取当事双方的陈述，仔细分析事情发生的经过，这样才能够得出与事情相符合的结论，也有利于公正地处理问题。

### (二)有利于学生的自我反思、自我教育

对于学生的错误，有些班主任总是一发现学生的错误就根据学校制度或班级规章，给予迅速处理或要求学生写出深刻的检查，做出今后的保证，或让学生公开道歉，或请家长到场，晓以利害，或者给予一定的处分。犯错学生表面上屈从于班主任的意志，可心里

并不服气,更别提认识错误,改正错误。这种急速的处理并没有达到"治病救人"的效果。学生是有主体性、独立性的人,班主任应该给予其时间思考,让他能够有机会说明事情发生的经过和内心的真实想法。这种述说的过程也是学生自我思考的过程,有的学生在自我陈述的过程中就能够意识到自己的错误,能够进行自我批评,自我反省。这种学生在自我反思后的自我批评要比表面认错而内心却更加抗拒反感班主任的效果要好得多。

### (三)有利于学生良好的性格和修养的形成

对突发事件的冷处理的过程,体现了班主任的智慧和良好的修养,同时,在冷处理过程中,班主任所表现的宽容、耐心、智慧等品质是对学生品德教育最直观和生动的榜样,有利于学生良好的性格和修养的形成。

**案例呈现Ⅶ**

辍学生的华丽转变

我们班有一名叫骆某的学生,成绩总是排在班级最后一名,家长对此往往采取非常简单粗暴的办法进行教育。在今年9月刚刚升入初三的一次测验中,他的成绩再次名列全班最后。为了逃避家长的惩罚,他居然一夜未归,独自一个人在大街上徘徊。家长找不到孩子非常焦虑,直到第二天在孩子的奶奶家找到了失魂落魄的骆某,此时的骆某坚决不上学。对于这件事,家长不知所措,不敢再斥责和打骂,生怕把孩子逼向绝路。但又不甘心让孩子就此消沉下去。因此他们找到了我。

我首先从树立他的自信心开始。当我和他谈话的时候,他很沮丧。看到我以后,他直言不讳地对我说:"老师,不要多说任何话,别为我操心了,我说什么也不想念书了。我是个差生,我永远不如别人。"对于他的话,我早有心理准备,对此我置之一笑。笑着对他说:"骆某,你不念书,你打算干什么呢?"他低头不语。眼睛不住地四处看。看他这样,我马上说:"你可以离开班级不学习,但你到别的地方就不存在竞争了吗?难道在新的竞争下,你还要自甘堕落吗?"他无言以对,沉默不语。我接着说:"我知道你现在觉得进班级,同学们可能会笑话你是懦夫。但我认为,只要你敢于走进教室,你就是一个勇敢者。"他还是沉吟不语。但我看出他的思想在激烈地进行斗争。我趁势对他说:"你现在认为不想上课,我不反对。但我想给你最后一次机会,让你回班再学习一个月,一个月后如果成绩依然不理想,那么,你可以离开班级,我不阻拦。你看怎么样?"他还是不说话。但他的目光已经告诉我他同意了。这时我继续说:"骆某,一个人可能连续失败99次,但当他第100次去尝试时,也许可能成功。我想这一个月对你来说可能就是那第100次尝试,我相信你会成功,而且一定会成功。"他没有说话,只是低着头。我接着对他说:"既然你不说话,那么你也就是默认了。走,跟我上班级,同学们在等着你呢!"说完,我拉起他的手,把他领进教室。走进班级的时候,我对同学们说:"同学们,骆某同学又回到了我们集体中间,让我们用热烈的掌声欢迎他的归来。我们相信这次归来后,骆某同学一定会重新振作起来,有更大的进步。大家有没有信心啊?"同学们都说有。我接着说:"既然如此，那么就让我们用掌声鼓励骆某同学在今后的学习中取得更大的进步。"班级里掌声四起，在同学们的掌声中，骆某的眼中流出激动的泪水。骆某存在着强烈的自卑感，缺乏进取精神和成功感。对此，我采取了鼓励成功的办法，不断激励他恢复自信，激励他取得成功。因而我又与各任课老师密切合作，在教学中不断地给骆某以鼓励，哪怕是一点点的进步，我们都及时地鼓励他。正是在我们的信任和鼓励下，这名同学的信心渐渐恢复过来，一个月后的测验中，他的成绩有了明显的提高。他再也不提不念书的事了。就这样一个想辍学的学生最终又成为一个朝气蓬勃、积极向上的爱学习的学生了。

(资料来源：高健. 情感教育是班级管理的灵魂[EB/OL]. http://218.8.76.68/deyubu/DEYU/.)

**问题与思考**

1. 骆某同学为什么要辍学？
2. 班主任是如何转变骆某同学的？
3. 班主任应该如何爱学生？
4. 评价班主任的做法。

**分析与评价**

某些突发事件的发生是由于学生心理上的失衡，如自卑、抑郁、焦虑、绝望、逆反等不良心理造成的。而班主任对这类突发事件的处理最好的方法就是爱心，用教师的毫无保留的、伟大的、真诚的爱心才能真正打动学生的心，触及他们的灵魂，使之发自内心地接受班主任的教育，从而收到"亲其师，信其道"的效果。案例中的学生因为在学业上的失败加上家长简单粗暴的教育方法，使得他想辍学，对学习丧失了信心。面对这样一个自信心不足的学生，班主任首先想到的是激起他的自信心。但先没有对骆同学提出很高的学习要求，而是提出了一个很小的"进班级"的要求。面对这样一个小小的要求，学生由于长期积压的自卑情绪的影响也难以答应。班主任没有灰心而是继续鼓励，并给予了学生一个月的"实习期"，这一个月是班主任给学生的一个台阶，这样的话学生觉得即使我成绩不好，再熬也就是一个月，让期待变得不那么漫长，所以学生就同意了。学生在老师的帮助下走进了教室，班主任还发动全班同学给骆某同学以鼓励和肯定，这种充满爱的氛围让骆某同学感受到他并没有因为学习不好而被排斥，相反他感受的是一种接纳和关爱，骆某同学的辍学念头被浓浓的爱给打消了。在以后的学习生活中，班主任更是积极肯定他的进步，不断激发他的上进心，让其能够获得自信，骆某同学再也不提不念书的事了，说明班主任的工作获得了成效。

骆某同学由于对学习失去信心而想辍学，在处理这样的突发事件时，班主任能够用对学生真挚的爱来触动学生内心的灵魂，激发学生向上的动力，并满足了学生自尊的需要，最终使得学生放弃了辍学的念头，成为朝气蓬勃、积极向上的爱学习的学生。教书育人是教师的工作，而教好书、育好人需要的不仅是教师具有丰富的知识、精湛的教学技能，更重要的是教师要有一颗关爱学生的心。只有关爱学生，才能够设身处地地从学生出发，去想方设法地促进学生的发展。案例中的班主任并没有因为骆某同学成绩是班上的最后一名而厌恶他,而是意识到学生作为人的存在会有自身不完善的地方,积极地用爱去感化学生,并尊重他内心向上的想法,激发他主动进取的内在动力,同时辅助以外在的肯定和鼓励,从而实现了学生的转变。

# 案例呈现Ⅶ 原理与对策

主体教育理论.mp4

## 一、主体教育理论

所谓主体教育,就是依靠主体来培养主体的教育。随着社会的进步,人的主体性逐渐得到承认和彰显,主体教育也随之被教育界提出和发展。主体教育主要有三层含义:第一,把学生培养成为未来生活的主体,弘扬人的主体性,这是主体教育的基本价值观立场;第二,在教育活动中,学生是正在成长着的主体,他有一定的主体性,又需要进一步培养和提高,这是主体教育人性论的体现;第三,只有发挥人(教育者和受教育者)的主体性,才能培养主体性强的人,这是主体教育所采取的基本策略。主体教育的终极目标是使每个人全面、自由、充分地发展。①

## 二、需要层次理论

需要层次理论是人本主义心理学理论在动机领域中的体现,其代表人物是马斯洛。马斯洛认为,人的基本需要有七种,它们由低到高按一定的层次排列,即生理的需要、安全的需要、归属和爱的需要、尊重的需要、认知的需要、审美的需要和自我实现的需要。按照马斯洛的观点,人的需要发展是有层次的,低一层次的需要没有得到满足时,就不会产生高一层次的需要。相反已经满足的需求就不会再是激励人们的因素。人们总是在力图满足某种需要。

其中归属和爱的需要是个体希望融入别人中间并和他人建立联系的需要,是爱以及被爱的需要。这种需要的满足使个体有归属感,能够感到被群体接纳、爱护、关怀和支持,不满足就会引发强烈的需求和焦虑感。而其中尊重的需要是个体对自己社会价值追求的需要,包括自信的需要、价值和能力感的需要、自尊和受别人尊重的需要等。

## 三、情感教育理论

情感教育,是与认知教育紧密关联的,以促进学生的态度、信念、自尊、情绪等情感

---

① 武思敏. 主体教育的理论与实验——访北京师范大学裴娣娜教授[J]. 教育研究,2000(5):50~54.

素质，发展人际关系的能力、社会适应技巧形成归依的教育过程。学者们认为，情感教育是完整教育过程的一个组成部分，其目的在于通过将尊重和培养学生的社会性情感品质贯穿于教育过程中，发展他们的自我情感调控能力，促使他们对学习、生活和周围的一切产生积极的情感体验，形成独立健全的个性与人格特征，真正成为全面发展的人。情感教育要尊重学生的主体地位，要尊重和促进学生的个性发展，师生之间建立和谐、健康的关系。情感教育有利于学生个体社会化的转化，有利于学生人格的完善和发展，有助于学生交往能力的形成和提高。

## 四、用爱感化法的具体要求

### (一)尊重学生的人格

教师要有正确的学生观，要学会尊重学生的人格。没有尊重，就没有教育。每个人都有自尊心，都有自己的人格尊严。处在成长期的学生的自尊心更是敏感和脆弱，更需要教师发自内心的呵护与爱惜，需要教师来自灵魂深处的尊重与信任，从而使学生能够在一种健康、自由、愉快的环境中接受教育并健康成长。因此，苏霍姆林斯基指出："教育的核心，就其本质来说，就在于让儿童始终体验到自己的尊严感。"①班主任不要认为自己是教师，是长辈，就可以对学生采取高压手段让学生信服。事实上，以"长者"自居，在班级管理上采取高压的手段并不会让学生信服，其结果反而会使师生之间的关系恶化。所以，班主任要认识到学生和自己在人格上是平等的，学生是独立的、平等的个体，有自己的主体性，班主任要尊重学生的人格尊严。

### (二)关注学生，肯定学生

作为一个正常的人，都希望自己能够引起别人的注意，能够在别人的心目中占据应有的地位，而作为学生也有这种心理需求，他们希望同学和老师们能够关注自己，尤其希望班主任能够关注自己。如果学生能够得到教师的关注和肯定，就会增强他们学习的信心、前进的动力，从而能够自觉地向着更高的目标努力。

每一个学生都有自己的优点和缺点，作为教师应该深入地了解每一个学生，对学生的优点和进步要予以关注和表示肯定，对学生的缺点和所犯的错误要加以包容并予以正确的引导。这样，学生在教师积极的期待和正面的肯定下，其内心爱的需要得到了满足，在自尊心的驱使下自然而然地会朝着更高的目标努力，从而不断进取、不断完善自我。

### (三)关爱每一个学生

用爱感化法要求教师无条件地关爱每一个学生，而不能对后进生弃之不顾甚至讽刺挖苦。教师要热爱学生就要关爱每一个学生，对于后进生和处于困境中的学生，要善于去发

---

① 〔苏〕B. A. 苏霍姆林斯基著. 给教师的建议[M]. 杜殿坤编译. 北京：教育科学出版社，1984：316.

现和挖掘他们身上的闪光点并予以肯定，要帮助他们树立自信，克服自卑，让每个学生都能体会到班集体的温暖和教师的关爱。如果能够得到教师真诚的关爱和积极的肯定，学生一定能够逐步完善自我，积极进取。

# 体 验 练 习

1. 用本章所学知识和原理，分析评价下面案例中老师的做法。

某老师好打学生。几个平时捣蛋的同学想报复他，就在上课前将一把扫帚放在了门框上，并虚掩上门，从远处根本看不出一点儿蛛丝马迹。看到老师走来，大家马上静了下来。就在推门的一刹那，扫帚正好打在老师头上。同学们没有一个人敢笑，也没一个人正眼看他。大家原以为老师肯定会大发雷霆，谁知他一句话也没说，转身走出了教室。从此，这位老师再也未给学生上过课。

2. 分析并评价案例中班主任的做法。假如你处在当时的情境中，你会如何处理课堂上突然出现猫叫的突发事件？

在小学临毕业前一次上学的路上，我抓到了一只小猫。说是猫，大小也就是大老鼠的样子。走进教室，上课铃响了，我小心翼翼地把小猫放到课桌里，轻轻地抚摸了一下它的脑袋，关上了翻板。这时老师大踏步走了进来。这节课，课堂秩序比较好，老师也满脸堆笑。

在快下课时，小猫忽然"喵"地叫了起来，老师下意识地往窗外看，然后小猫又叫了一声，"喵"，这下老师全明白了。虽然下课铃声已响，但是班主任还是走到我的课桌跟前，把课桌的翻板打开，小猫一下子蹿了出来。"回家把家长找来，不然不许上课。"我的脑袋"嗡"的一声，眼泪立刻下来了，当时心里很乱也很烦。

我为了寻求一个逃避惩罚的方式旷了一天课，紧接着上学迟到了几天。但纸包不住火，爸爸还是知道了这件事，带领我去向班主任认了错，写了检查。

# 补 充 读 物

1. 许龙君. 校园安全与危机处理[M]. 北京：中国人民大学出版社，2010.

本书以处理校园安全的实例为基础，提出了各种安全问题的预防、处理原则。

2. 芮秀军. 班主任班级管理经典细节及对策[M]. 长春：东北师范大学出版社，2010.

本书主要内容包括：认识班级管理、班级管理的基础与原则、班级管理的过程、班级管理的方法、班级管理中的课堂和班团活动、班级突发事件的处理。

3. 吴志樵，刘延庆. 班主任怎样应对班级突发事件[M]. 合肥：安徽人民出版社，2012.

本书笔者结合自己多年的班主任工作经验和研究成果，通过真实的案例，讲述了中小学班主任在面对各种突发事件时的教育机制和应变技巧。本书从理论和实践上分五篇对中小学班主任的工作做了较为详尽的阐述,包括突发事件的类型、突发事件的预防、突发事件的处理等内容。

4. 高山,冯周卓,张桂蓉.校园安全事件风险分析[M]. 北京:中国社会科学出版社,2019.

本书基于风险源分析与风险防控的视角,吸纳了国内外相关领域的优秀研究成果,论述了校园风险的新内涵、新特征、新规律。从"结构——过程"维度描述了校园安全事件的总体概况、特征、规律;在"风险——事件——损失"的连续下,运用案例考察的方法探讨了校园自然灾害、公共卫生、设施安全、意外伤害、治安事件、校园欺凌、个体健康、群体性事件等领域的校园安全风险防控机制。

放开孩子们的眼,让他们看;放开孩子们的耳,让他们听;放开孩子们的嘴,让他们说;放开孩子们的手,让他们做。

——陶行知

# 第九章  班集体建设与班主任

案例呈现Ⅰ

**我与班级共成长**

王老师毕业后进入 A 小学,并承担着班主任的工作。她现在所在的班级是小学三年级(5)班,这个班级从一年级接手一直带到现在,她见证了整个班级发展和同学们的成长。

"老师,我的橡皮不见了""老师,王晓棠她欺负我了""老师,我发现张小亮去您不让去的地方玩了"……一年级伊始,孩子们对小学生活充满了新鲜感,一时还难以从幼儿园的生活方式中转变过来,因此,教室里到处充满了"告状"的声音。好奇、好动、喜欢模仿,课堂上还很难做到专心听讲。有的同学在课堂上一会儿上这儿看看,一会儿去那儿坐坐,很难在座位上保持长时间不动,因此也很难做到认真听讲了。此时班级虽然有了教师和学生、教育场地、教育资料等硬件条件,但是还没有形成班风班纪、班级目标等群体意识。虽然组建了班委会,但班委会的作用还没有很好地体现出来。班集体还处在初级的松散状态。王老师除了亲力亲为进行班级日常管理之外,还有意识地培养班委会成员,使他们开始成为自己的得力助手。

通过半年时间的相处,对学生和班级情况有了更多的了解。所以,在一年级的第二学期开始,召开了"我心目中的班级"主题班会,让学生描述自己理想中的班集体是什么样子的,讨论"为了达成自己心目中的班集体,你希望同学们应该怎么做?"等问题。从而确立了班级的共同奋斗目标,在二年级的学习和生活中,明显可以看出,同学们正在为了建成自己心目中的班集体而一点一点地改变着。孩子们上课能够集中注意力了。能根据自己的兴趣积极参加班级各项活动了。

现在,到了三年级,一年级时就成立的班委会此时已经成为班级的骨干力量,他们会替老师分担工作任务,真正成为了老师的小助手。学生之间也开始有了竞争意识,尤其是在集体活动上的集体意识、荣辱观较强。学生在教师指引下能够自行解决简单问题,能够自觉遵守小学生日常行为规范和班级的各项规章制度,师生关系和谐,同学们在班集体里自由、快乐地学习生活。

在三年来的工作中，王老师付出很多的精力来进行班集体建设，希望建成一个优秀的班集体。她认为，在一个班级中，一个集体的整体素质会影响一个学生的发展。积极向上的班集体会带动每个学生也乐观积极，体验成功的喜悦。而一个班风较差、消极的班集体也会使学生消沉低迷，对任何事情都不感兴趣。班级是一个微型社会，它履行学校的社会职能，班集体的共同愿景、发展目标、组织结构、角色分配、人际互动等，都是社会关系的缩影和投射，深刻地影响着学生的发展。

**问题与思考**

1. 什么是班集体？
2. 为什么说班集体建设离不开班主任？

**分析与评价**

如前所述，班级是学校为实现一定的教育目的，把年龄和知识程度相近的学生编班分级而形成的，并有固定人数的基本教育单位。班级是学校行政体系中最基层的正式组织，是开展教育和教学活动的基本单位，也是促进学生实现个体社会化的最基本的社会单位；是学生学习、生活、发展的直接环境，同时也是其实现社会化发展的重要场所。它自一组成，就已经存在。但刚刚组成的班级，全体学生尽管在形式上同属一个班级，实际上却是一个个孤立的个体，彼此之间是陌生的，没有共同的奋斗目标，没有共同遵守的规章制度，没有形成班级荣誉感和凝聚力，教师对学生的了解也仅限于一张张表格的记载。这样班级只不过是学生的简单集合，是一个班级群体，还不是班集体。班级群体依照其集合紧密的程度，可以分为松散群体和凝聚的群体。班集体是凝聚的班级群体，是班级群体的高级形式。班集体的形成和发展不是自发的，而是需要班主任的教育、管理和指导的，是一个班主任指挥、执行和监督的系统工程。

案例中的班主任，根据学生情况，帮他们设计成才道路，并组织其周围的力量，协助他们沿着正确的道路前进。这该是我们每位班主任时刻铭记在心的责任。

# 案例呈现｜原理与对策

## 一、班集体及其特征

在日常生活中，人们容易将班集体与班级混淆。但班集体不同于班级。班集体是按照班级授课制的培养目标和教育规范组织起来的、以共同学习活动和直接性人际交往为特征的社会心理共同体。班级是班集体形成的组织基础，班集体只有在班级的基础上才能发展而来。但并不是每一个班级都是一个班集体。一个班集体至少应具备以下几个特征。

### (一)共同的奋斗目标

共同的奋斗目标,是班集体发展的方向和动力,是班集体形成的基础条件。它使集体成员在认同目标的基础上,保持行动的一致性,并在实现目标的过程中相互配合、团结奋进。

### (二)一定的领导组织机构

班级领导组织机构包括班主任、班委会、小组长、各学科代表,以及班级团队组织等。实践研究表明,在班组织机构建设中,班干部是班主任工作的得力助手,团结有力的班干部团队是组织实施班级活动的重要保证力量,也是良好班级舆论与班风形成的保障。

### (三)健全的规章制度

健全的规章制度对集体成员的行为具有规范和约束作用,使他们在行动上达到一致,有利于班级共同目标的实现。当然,在实践中,良好的班级制度与纪律应为班级成员所认同,并自觉遵守,能将外在规范内化到每个成员的思想中,使其完成由"他律"向"自律"的转变。

### (四)健康的舆论和良好的班风

集体舆论是班集体中形成的为大多数成员所赞同的意见和思维取向。健康的舆论是影响学生发展的巨大精神力量,对学生起着潜移默化的作用。通过感染与熏陶的方式,使学生明辨是非、美丑与善恶,对集体成员具有约束力。

班风是班级中多数成员所表现出的共同思想和行为倾向,包含情绪状态、言行习惯、道德面貌等,它是经过一定时间的相互影响而逐渐形成的,是班集体形成的重要标志。良好的班风是班集体发展的结果,是一种强大的教育力量,对全班学生具有无声的全面教育作用。

### (五)和谐的人际关系

班集体的形成离不开人际关系的协调,作为一个班集体,需要良好的师生关系、和谐的生生关系,还需要良好的家校关系,只有在这样的班集体中,才能促进学生个性的良好发展。

## 二、班主任及其角色定位

### (一)班主任的定义

班主任是学校中全面负责一个班学生的思想、学习、生活等工作的教师;是班级的组织者、领导者和教育者;是学生全面发展的指导者;是学校办学思想的贯彻者;是联系班级中各任课教师和学生团队组织的纽带；是沟通学校、家长和社会的桥梁，是学校领导实施教学、教育工作计划的得力助手和骨干力量。在班级管理中，班主任扮演着多重角色，担负着多种责任，发挥着特殊的作用，班主任工作的优劣直接影响到学生的成长。

### (二)班主任在班集体建设中的角色定位

#### 1. 班主任是班集体建设中的教育者和管理者

学校是培养人的场所，肩负着教书育人的光荣使命，而班级是学校教学工作的最基本单位。作为学生接触最多，也是最直接的班主任首先担负起教育者的角色。不仅要教给学生文化科学知识，更主要的是要采用多种方法，通过多种途径，对学生加强思想道德品质方面的教育，努力把他们培养成为社会主义现代化建设所需要的人才。

一个班级是由十几人或几十人组成的集体，班主任就是这个集体的领导。学生的学习和其他活动都是按集体的方式进行的。班主任必须意识到有效的教学往往与有效的领导相联系，建立良好的班集体要求班主任必须具有良好的领导作风、品质和才能。班级计划的周密制订，班队活动的顺利开展，班中学生生活的自我管理都离不开班主任的有效组织与管理。只有在班主任富有艺术化的教育与管理下，班级才能成为一个积极向上、秩序井然的优良班集体。

学校是学生学习的场所，是有纪律约束的。学生需要遵守学校的各项规章制度，学习文化科学知识才能有保证。要制定出非常细致的班规，班主任必须说话算数，讲到做到，并且奖罚分明。这对形成一个守纪律的班集体起到了奠定基础的作用。这样班上很快就会形成守纪律光荣，违反纪律可耻的风气。在严格的纪律约束下，学生就会形成纪律观念，慢慢地会养成习惯。

#### 2. 班主任是班集体建设中的心理工作者

班主任工作的特殊性要求其懂得心理卫生方面的知识和方法，能把自己的学生从惧怕权威、缺乏自尊心以及自卑中解放出来，鼓励学生表达自己的思想、理想并认可不同的意见和分歧，创造一个谅解和宽容的氛围，支持和鼓励学生自我提高、自我约束和作出创造性的努力。不懂得学生心理的班主任不能去帮助学生提高学习质量，不能很好地了解学生。对学生出现的这样那样的心理问题敷衍解决，或束手无策，或置之不理，这样的处理势必会有意无意伤害学生，甚至可能给学生留下终生的阴影。由于孩子学习竞争日益激烈，学习内容与实践活动的增多，他们在提高自身综合素质的同时所产生的心理压力和心理障碍往往被我们忽视。而这些心理因素的消极作用恰恰是阻碍孩子们健康成长的最大隐患。作为班主任，我们有责任也有义务担负起孩子们在成长过程中的"心理医生"这个重任。因此，班主任作为学生的领班人，不仅要抓好班风建设，提高学生学习的积极性和自觉性，而且要注意加强学生心理健康教育，以培养学生对环境的适应能力及其健全人格的形成。

在更多情况下，我们要了解学生的心理，用温暖的话语，使学生通过自我反省，逐步从他律走向自律，这样，教师的教育就会收到事半功倍的效果。每个孩子都有一颗积极向上的心，只是有些孩子比较脆弱，遇到困难，一下子没有能力克服，产生迷惘，选择了后退，进而放弃，这时老师所持的态度与处理方法是至关重要的。

**3. 班主任是班集体建设中的导演和演员**

在班集体中，教师要调动学生的积极性，要精心设计学生的活动，指导学生去完成某项活动任务。一名优秀的班主任就应是一名好的导演。在班集体中，处理班干部与其他学生之间的关系时，班主任同样要使自己处于导演地位，无须事必躬亲，但要给学生以明确的指导和全力的支持，使他们有搞好活动、搞好工作的积极性、主动性，有十足的信心，有高度的责任感，并积极鼓励他们创新。同时，班主任还要当好演员，因为班主任自身活动对学生的教育影响是深远的，班主任通过表情、声调、动作、姿态对学生进行心理感染和心理暗示。班主任在班级管理过程中所做的一切，都要对教育效果负责，而不是由个人情绪来支配。

**4. 班主任是班集体建设中的社会活动家**

班级活动是形成班集体，培养集体意识，造就优良班风的重要手段。组织开展丰富多彩、生动有趣的集体活动，能培养学生健康的兴趣爱好及特长；培养他们的创新精神和独立工作能力，学习和内化社会规范，积累社会经验，学会做人的道理，处理好各种人际关系；也培养了学生的团结合作自主竞争意识，使他们在交往实践中树立起正确的荣辱观、劳动观、公私观、幸福观等，以逐步形成正确的政治意识，能够识别真假，辨别美丑，判断是非，以抵御各种形形色色的不健康的思想侵蚀，以形成正确的舆论导向，确保优良班集体的形成。因而教师应珍惜集体的每一次活动，通过学生的参与让他们在活动中得到行为的评价而自育。

当今学校不仅是"复杂的课堂社会"，而且许许多多的班级活动，不能只在教室内、学校内进行，离开社会，班级管理很难进行。班主任为了进行班级管理，要和社会多种部门打交道，尤其是班级学生参加社会实践等活动，都必须由班主任事先进行联系和安排，否则活动难以开展。班主任必须具有社会活动家的能力，能跟不同的人、不同的部门打交道。

**5. 班主任是班集体建设中学生进步的欣赏者**

德国教育家第斯多惠说"教育的艺术不在于传授本领，而在于激励、唤醒和鼓励"，而这种充满情感的激励、唤醒和鼓励，对于每一个学生都是值得的，都将会产生令人欣喜的力量。心理学研究表明，在鼓励中成长的孩子学会自信，在赞扬中成长的孩子学会自爱，在挑剔中成长的孩子学会谴责，在敌意中成长的孩子学会争斗。对于班级里每一个学生来说，他们都是处于发展中的个体，是逐步走向成熟的个体，而且这种发展具有差异性。差异来自遗传与环境的共同作用，存在于个体之间，存在于个体自身。就德、智、体、美、劳等方面而言，每个学生的发展是不一样的，因此班主任要承认这种差异，尊重这种差异。每个班主任都应该"蹲下身子，走下讲台，到孩子中间"，用儿童的视野看儿童，用学生的视野看学生，而不要用成人的眼光。当你用孩子的眼光去看他们所做的事时，你会发现另一种精彩。你也许还会发出感叹，也许还会感到震惊。因此班主任要学会赞扬，要学会说"太好了，你真棒"之类的赞扬的话。班主任更要有一颗宽容的心，一双能发现学生闪光点的慧眼，欣赏学生的每一点进步，哪怕只是小小的进步，及时给学生以鼓励、表扬，呵护他们的那一份来之不易的成功。这样就会使每个学生充满自信，使每个学生都能感受到自己在班集体中的价值。

班主任工作的特殊性和重要性决定了班主任角色的多元化。班主任在班级教育的过程中，要时时刻刻牢记自己的角色，不仅仅是"教书"，更重要的是"育人"；班主任不仅仅是班级之魂，更是学校开展各项活动的枢纽；不但要做好组织管理工作，更要当好学校、家庭、社会的交往使者和桥梁，在做好班级工作的同时不断完善自身的形象，努力钻研班主任的工作业务，提高自身的素养，为学生创设一片舒心的学习、生活天地。

**案例呈现 II**

### 凝聚家长力量，共建温馨班级

2014年9月，我来到合肥师范附小第三小学担任四年级(12)班的班主任，这是一个有点"特殊"的班级——班级里的所有学生都是从其他班级分流出来重新组合在一起的。他们在同年级的班级里已经学习了一年，刚刚熟悉一个新的环境，又不得不再次转班。对此，不少家长非常不满，有的学生甚至在报到的第一天拒绝走进我们12班，要求继续回到以前的班级。接手这个班的工作是任重而道远的，怎样让家长和学生接纳和融入新的班集体，爱上这个班级，成了我首先要面对的工作。

走马上任后的第一件事，应学校要求，建立班级QQ群，并选出家委会主任。对于初来乍到的我，真是两眼一抹黑，学生和家长我连面都没见过，没有说过一句话，也不知道家委会是个什么样的组织，要做些什么，我有些惆怅。

新生报到的第一天，我微笑地站在教室门口，迎接孩子和家长。因为班级的特殊性，虽然是四年级了，但是来送孩子的家长还是不少的。我来到教室时，班里已经来了十几个孩子。这时，一个妈妈(鲍妈妈)带着孩子进来了，我安排好孩子的座位，家长和我作了简短的交流，我也顺势问了她的情况，了解到这位妈妈不上班，对学校的各项活动比较熟悉。我就问她，能否帮忙承担家委会工作，她爽快地说："可以，可以！"就这样，匆忙之中，我们的家委会主任在我的"专制"下产生了。

怎样让班级中的孩子尽快转变观念，认可自己是四年级(12)班中的一员，有一份归属感呢？我在班会课上不断苦口婆心地做孩子的思想工作，晓之以理、动之以情，转变在不经意间发生了。而这次的转变，最要感谢的是家长们对我工作的支持。

接手班级之后的第一项重大活动就是学校运动会，这是班级在学校的第一次集体亮相，运动会也是一个班级精神面貌的集中体现，所以各个班级都十分重视。我立马着手联系家委会主任，和她商量。首先，我选择了几名平时在班级群里比较活跃的家长，因为这些家长通常比较有时间,而且很熟,这是家委会成员选择的首要条件。其次,我侧重于选择上学年在我们学校就读,这学期被迫转班的孩子的家长,这些家长一方面对学校活动较为熟悉,另一方面让他们参与班级管理,可以让他们更好地了解班级,近距离接触老师,让他们尽早打消顾虑。人员定好了,定个时间,我们家委会第一次会议召开了。

第一次的正式见面,大家围坐一起,毕竟是第一次接触,我也是有备而来,我向大家介绍了自己的工作经历,作了一次成功的"自我推销",家长有些放心了。趁势我立下军令状,我这样对家长说:"我知道各位家长对于这次的转班,有自己的担心,但是请各位家长放心,我一定会很用心地把这个班级带好。"家长们似乎感受到我工作的热情,此话一出,家长们立刻打开了话匣子,说出之前自己的担忧,但都纷纷表示支持我的工作。而对于这一次运动会,大家觉得应该给孩子一次精彩的亮相,展现班级风采。大家献计献策,家长们主动提供各种资源,认领各自的任务,分工合作。

家长参与到这次活动中,他们就与班级紧密地联系在一起了。运动会当天,为了排练入场式,十几名家长早早来到学校打气球,给孩子整理服装,忙得不亦乐乎。我用手中的相机记录下大家忙碌的身影,及时发到了群里,许多没能来参与的家长纷纷为辛苦忙碌的家长们点赞,表达感谢,也为自己不能参与表示遗憾。那一天的运动会,我们的入场方阵既整齐有序,又创意十足,赢得了满堂彩。我们的家长参与其中也特别激动和骄傲,他们成了班级最有力的"宣传大使",在群里不断发送活动盛况,那一天班级群里格外热闹,点赞、玫瑰、鼓掌……各种表情包、各种赞誉声一片。从孩子们喜悦的神情中,我真真切切地感受到他们作为班级一分子的自豪。运动会结束后,我也通过 QQ 群,感谢所有家长对这次活动的支持和付出。

更加令我惊喜的是,这次运动会之后,我们收获的不仅仅是荣誉、孩子们对班级的归属感,还有家长对于班级工作的积极性和主动性。从那以后,学校一系列的活动,家长总是早早就出谋划策。很多的活动,已经不需要我来操心。有的时候,我的一些想法,家长觉得不是很妥当,都会直言不讳地和我交流。音乐周、美术周、英语周、艺术节……学校的每一项活动,这些家长都积极参与进来。正是有这群家长的支持,学校的各项活动中班级都取得了优异的成绩,班级在组建的第一年就获得包河区"先进班集体"的光荣称号。

(资料来源:李继秀,陈小勤. 班级管理案例精选[M]. 合肥:安徽大学出版社,2017:74~76.)

**问题与思考**

1. 班主任的工作任务有哪些?
2. 班主任应如何协调班级中的各个关系?

**分析与评价**

一个班,关起门来就是一个大家庭,这个家族中,不仅有班主任、学生,还有一股强大的力量——就是学生背后的家长。家长的工作做不好,班级的活动、教学都很难顺利开展。因此,在班集体建设中,班主任需要做好家长工作,赢得家长的信任,勤与家长沟通,与家长建立友好和谐的关系，让家长真正参与到班主任管理工作中来。案例中的班主任正是认识到了家长在班集体建设中的作用，争取到了家长的支持，才取得了良好的班级管理成效。

班主任是班集体的组织者、领导者和教育者，是教育工作中各种关系的协调者，在班集体建设中，班主任不仅要协调好与家长的关系，还要处理好与管理部门的关系，处理好各任课教师之间、学生之间的关系等。可以说，班主任是人际关系协调的艺术家。

班主任除了要协调教育工作中的各种关系之外，还要做好班级事务管理、学生指导等多种工作。

# 案例呈现Ⅱ 原理与对策

## 一、班主任的任务

### (一)管理班级事务

班主任的任务 1.mp4

班主任的任务 2.mp4

班主任在班集体建设中的角色定位.mp4

管理班级是在一个大目标下的多方面的活动。班级管理的实质是使班级在班主任组织领导下，成为一个团结向上、井然有序、运作正常的集体。班主任的任务就是通过教育工作、组织工作，班级规章制度和发动学生多方面的积极性、主动性，使班级按预期的目标运行。

### (二)指导班级活动

班级活动是教育培养学生不可缺少的。班主任要认真思考、精心计划、周密组织、切实领导这些活动，班级活动组织得好坏，对学生的健康成长、学生的心理影响、班集体的凝聚力、学生能否与班主任建立感情，都十分重要。指导班级活动要有极强的计划性、目的性。每项班级活动都是班级整体工作的有机组成部分。

### (三)教育影响学生

在所有班主任应承担的任务中，教育影响学生是班主任的中心工作。应该说班主任所有工作的最终目的都是教育影响学生，使他们健康地成长。教育影响学生也是其他教师的任务，但对班主任更有其特殊的意义。

### (四)协调同事

班主任只靠自己的力量还不能完全教育好学生，因此协调同事共同做好教育工作就十分重要。在学校内，班集体的任何活动都应该由班主任、任课教师、学生共同去完成。学生在校内受的是整体教育，组成整体的各部分都起到不可替代的作用。任课教师通过讲授某门功课对学生进行开发智力、渗透德育以及其他教育活动，是对学生整体教育的有机组成部分。但各科教学工作独立性很强，如何使各科教学协调起来，这只能由班主任去完成。除了协调各任课教师外，班主任还要协调校内有关部门的同事，如图书馆、食堂、实验室、学生生活的负责人等。

### (五)沟通家长

注重家庭教育，密切与家长的关系，加强与家长的联系是班主任又一重要任务。联系家长的主要目的是取得家长与学校教育的共识和一致；取得家长对学校教育的帮助和支持；了解学生在家庭、社会的表现，与家长研究共同的教育方法。

班主任与家长形成教育的合力，主要在教育观念和教育目的上要取得一致。有些家长在教育观念和教育孩子的目的上不够正确，甚至有悖于社会对教育年青一代的总要求，有的家长常用错误的思想和教育内容影响孩子，这些都会与学校教育发生矛盾，都需要班主任去沟通和解决。

### (六)联系社会

班主任必须把联系社会作为自己工作的另一项任务。现代社会，学校培养学生已离不开广泛的社会信息源，离不开千变万化的社会形势，因为这些都无时无刻不在影响着学生。同时，不断变化的社会也需要学校培养出适合它的人才。所以，学校与社会的关系在教育目的、教育要求、教育内容和借助教育力量上，都有密切的关系。班主任应重视沟通社会的工作，加强与社会的积极联系，使社会同学校形成正向的教育合力。

## 二、班主任在各方面关系协调中的角色定位

班主任在创建良好班集体的过程中，不可忽视班集体内外人际关系对于班集体建设的重要作用。在协调各种关系时，班主任必须随时变更自己的角色定位，以便更好地发挥班主任在班集体建设中的作用。

### (一)师生创建目标一致时，班主任是学生的"同志"

在创建班集体活动中，首先涉及创建目标问题，班主任可以班级普通一员的身份参加大家的目标讨论，共同确定学年目标、学期目标。班主任与学生的关系就像学生与学生之间一样，是一种同向共进的关系。班主任与学生一样应该有强烈的集体荣誉感，内心存在着真诚的创建热情和巨大的参与欲望，以此来感染学生、影响学生。让学生意识到班主任是站在他们中间，与他们是息息相通的，从而进一步激发学生的创建动力。一旦目标确立，安排参加各种活动是建设优秀班集体的载体和实施过程。学校举办的各项活动是培养集体主义精神的契机，学校活动都是以学生为主体的活动，但班主任始终是参与者、策划者、后勤服务者、呐喊鼓动者，始终是他们的共同奋斗者。班主任有多大力就得使多大劲，其结果是班主任的热情带动学生形成了强大的合力，成就大家共同的愿望。

### (二)学生行为和创建目标不协调时，班主任是"舵手"

中学生正处于青少年心理发展的过渡时期，由于其情绪的两极性、认识的片面性、意志的动摇性和性格的脆弱性，都可能出现其行为和创建目标不相一致、不协调的现象。在这种情况下，班主任应定位于管理者的身份，掌握好前进的方向，当好班级的"舵手"。对学生要严格要求，绝不含糊。与学校目标相一致的常规管理，必须从每一件小事做起，向学生提出明确的要求，加强行为规范的养成教育，使每位学生在日常生活中逐渐养成正确的学习态度，良好的学习习惯，掌握科学的学习方法。要按有关规定，对违背教育规律违纪违法的不良现象进行严格的检查管理，绝不视而不见，袖手旁观，从而稳定教学秩序，创造良好的学习氛围。教育管理过程中，要注意对学生教育的公平性。对学生要一视同仁，既要关心和热爱自己的每一位学生，又要严格要求每一位学生，对他们关怀爱护，不可偏私。特别要注意对一些后进生的教育。常言道：尺有所短，寸有所长。表现差的学生不会一无是处，班主任老师应该满腔热情地帮助他，善于发现他的闪光点，塑造使其积极向上的阶梯。接新的班级时，应特别注重了解每个学生的情况，包括学习情况、交友情况、家庭情况等。特别注意原任课教师对该班学生的评价。对大家一致公认的差生，要进行客观分析。或许他们身上有很多的缺点，但作为班主任，更应该挖掘他们身上的优点，日后，为他们创设展示优点的舞台，找回他们积极向上的自信心，让他们觉得自己和别人一样是可塑之材。这样，也在批评他们缺点时增强他们的承受力。作为班主任，这样做是为了创建一个平衡的氛围，不要让学生有特别优越或特别自卑的感觉，以更好地管理和教育这个班集体。

### (三)协调任课教师和学生的关系时，班主任是"纽带"

任课教师作为法定的教育者、管理者，他们的管理方式、教学效果、价值评估直接影响班集体的建设和发展。协调好任课教师和班级之间的关系，对创建优良班集体起着举足轻重的作用。因此，班主任要努力沟通班集体和任课教师之间的感情，促进班集体成员和任课教师之间的紧密团结，使每一位任课教师都愿意为班集体倾注更多的热情，帮助班集体取得更大的成功。首先要缩短学生与任课教师的认知距离，共同确立创建优秀班集体的目标，加强师生之间的相互了解。当班主任接到一个新班时，除了充分了解该班学生外，对任课教师也要作充分的调查，了解各科教师的特点，包括特长、兴趣等。一方面，利用晨会课、班会课向学生介绍各科教师的特色。尤其是那些有教学特长、爱岗敬业、殷切希望学生成才的教师，以增进学生对老师的尊敬和信任。另一方面，寻找合适的机会，把创建优秀班集体的信息恰当地传递给任课教师，把学生的良好愿望和学生的情况介绍给他们，同时把学生对该教师的良好评价反馈过去。促使任课教师除了完成教学任务外，自觉、乐意参与班集体建设，为班集体建设出谋划策。每逢重大节日，可以组织学生向教师表示敬意和祝贺。同时，把老师的表扬和善意的批评有效地反馈给学生，以此互相增进了解，建立和谐的师生关系。

### (四)在协调班际关系时,班主任应是公正的"裁判"

在班际关系中,有时会出现学生个体、群体间人际关系的失调。常常表现在班际竞争活动中,不能正确看待对方班级的优胜。如果没有及时处理、正确引导,甚至会出现打架斗殴现象。在协调班际之间关系时,班主任要有预见性,时刻把握班际关系的脉搏。一旦发生矛盾,要深入实际,及时调查情况,及时与异班班主任沟通信息。班主任在思想上要树立合作意识,取得互相谅解,多做本班学生工作,排除矛盾,形成友谊合作群体。平时,要运用各种教育手段,开展各种活动,对学生施加积极影响,强化集体主义教育,使学生意识到自我与集体、集体与集体的合作和统一。一般情况下,班际间矛盾,往往是同年级平行班之间发生矛盾,因为他们之间起点相同,有诸多的可比性。班主任往往是邻班的任课教师,平时,作为任课教师对邻班也要倾注更多的热情,在学生中树立威信,加深师生感情。这样,有利于班际关系的协调,也有利于创设良好的育人环境,形成和谐的班际群体环境。

班主任在协调内外关系时,要及时摆正位置,处理好各种矛盾。把班集体培养成一个具有强大凝聚力的组织机构和充满和谐人际关系的环境,从而顺利实现创建目标,促进学生健康成长。

**案例呈现Ⅲ**

### 说服的艺术

作为一名班主任,在教育人的过程中,免不了要回答学生各种各样的提问,或苦口婆心地跟学生讲道理。如果对学生的各种思想问题运用反问、比喻、引用等各种修辞方式,引用名言、寓言巧妙地、委婉地、曲折地说出来,往往能引人思索,耐人寻味,发人深省,给学生以深刻印象和巨大的感染力,从而达到教育学生的目的。

有一次,有个学生作弊被任课教师抓获。下课后,我把他留下来。这个学生开始很不服气,理直气壮地说:"以前×××也作弊为什么不抓?"我想,若直接回答学生这个问题,很可能会纠缠不清,既然不利于教育学生,也不利于维护教师的形象,于是,待这个学生慢慢平静下来之后,我避实就虚,用平和的口气问:"别人作弊,算不算错呀?"答:"当然算错!"又问:"该不该抓呢?"答:"当然该抓!"再问:"那么,你作弊是不是就不算错,不该抓呀?"答:"这……可是……"这时学生已不是那么振振有词了,我又抓住学生的心理,单刀直入:"我明白你的意思,你是觉得同样是作弊,抓你没抓他,这不公平,是吗?"学生点点头,脸上的气色缓和多了。我便用略带遗憾而又诚恳的语气说:"老师一向认为你是个明理的学生,平时挺上进的,怎么今天,不和全班40多个没作弊的学生看齐,却偏跟一个作弊的学生比,这是不是太降低自己了?"先扬后抑,几句话说得这个学生哑口无言,羞愧地低下了头。

还有一次,班长愁容满面地问我,听到别人的议论时该怎么办。我笑着说:"在回答这个问题之前，得先给你讲一个故事。一天，有祖孙二人骑着毛驴去赶集。路人议论说，两人骑一毛驴过于残忍，于是爷爷下来让孙子骑。路人议论说，孙子不孝，孙子赶紧下来让爷爷上去。路人又议论，爷爷心肠太硬。后来两人都不骑了。路人又议论说，放着毛驴不骑太傻。你说，这祖孙二人该怎么办？"班长会心地笑了："走自己的路，让别人去说吧。"从此，这个班长放开手脚大胆地工作，学期末被评为优秀班干部，并被选拔到学生会担任副主席。

……

总之，与其滔滔不绝地把道理灌输给学生，不如多给学生提出问题，或引用有说服力的寓言故事以及形象的比喻等，让学生自己动脑去思索、去品味、去寻找问题的答案。

(资料来源：节选自"新时期中学班主任工作的理论与实践研究"课题组. 中学班主任工作 100 例[M]. 北京：教育科学出版社，1995.)

**问题与思考**

1. 班主任是如何影响班集体建设的？
2. 现代班集体需要班主任具备哪些基本素质？

**分析与评价**

一个班集体的好坏，与班主任本身有着密不可分的关系。班主任熟悉每一个学生，就如同老师熟悉每一篇课文；班主任关心每一个学生，更胜过关心自己。班集体的荣誉，在班主任眼里比自己的荣誉还要重要，当班集体受到表扬时，班主任的脸上会露出轻微的笑容；当班集体受到批评时，班主任会一夜辗转反侧不能入眠。班主任和学生之间有着一个无形的纽带，把他们紧紧地联系在一起。一个团结向上、勤奋好学、充满朝气的班集体，全凭班主任精心组织班干部开展工作，带动全班每一个学生，想班集体所想，为班集体所为，使每一个学生都能充分发挥自己的聪明才智，为每一个学生排忧解难。但是，要做好班集体工作，光有满腔热情还不够，还需要班主任具有良好的素质、能力完成工作。在上面的案例中，班主任做学生的思想工作就是很有艺术的。

## 案例呈现Ⅲ 原理与对策

**班主任的素质.mp4**

如果把班集体比作一个交响乐团，那么班主任就好比是交响乐团的指挥，一个技艺高超的指挥能最大限度地调动每一个乐手的激情、技巧，协调好相互间的关系，共同演奏出和谐美妙的乐曲。同样只有具备了高超的领导艺术的班主任，才能最大限度发挥每一位学生的潜能，并围绕某一中心目标共创良好班集体。因此，现代班主任应具备以下基本素养。

## 一、高尚的师德

如果说人民教师是人类灵魂的工程师，无疑班主任就是这支队伍的"先头兵"。传道于人，自己应闻道在先。塑造他人灵魂的人，首先要有高尚的灵魂，高尚的师德。热爱和忠诚于教育事业是班主任做好一切德育工作的前提。班主任要把爱心像阳光般无私地撒向学生，与学生建立和谐融洽的师生关系，当学生的知心人，做他们的良师益友。班主任自身的道德修养也极其重要。身教重于言教。用自己的模范行动感染学生、影响学生，使学生的道德情感得到进一步升华。班主任要具有开阔的胸襟、做事公正有理、为人善良热情等优秀品德修养，才能培养出优秀的学生。班主任要求学生遵守校纪班规，首先自己要以身作则，恪守职业道德；要求学生有团结协作的集体精神，自己首先要做到严于律己、宽以待人；要求学生乐于助人，自己便不能带着"各人自扫门前雪，莫管他人瓦上霜"的态度；班主任要时时注意做学生的表率，用自己良好的品德和行为去带动、影响学生，做学生成才的引路人。

## 二、稳定的心理素质

只有自己是一团火，才能照亮别人；只有自己品德高尚，才能为学生作出表率。班主任在不断提高修养和发展自己的思想政治道德素质、业务素质过程中，形成自己相对稳定的心理素质。班主任要培养自己的认知品质；培养以热情为核心，以忘我无私的工作、不计个人名利的品格对待事业，以宏大广博的爱心面对全体学生的情感品质；培养坚忍的意志品质，在多元文化荟萃的时期，班主任必须以这种意志品质来教会学生克制自我，遇事不惊、遇到困难不退缩，以冷静沉着的情绪，以循序渐进的态度对待学习和生活中遇到的问题。

## 三、多方面的才艺和兴趣爱好

优秀的班主任应是一专多能，多才多艺。不但有丰富扎实的专业知识，还要有其他多方面的才能。班主任的知识要"博"，知识面要"广"。对自然、社会、历史诸方面都有所涉猎，对学习、生活、纪律、卫生、文娱等班级常规活动要熟稔于心。这样，才能带领学生开展各项班级活动、社会实践。在当今科学技术日新月异之际，班主任要不断学习理论知识，掌握现代化的教育教学手段，分析新形势下各种社会因素对学生身心的影响，才能得心应手带好学生。

班主任要尽可能培养自己多方面的兴趣爱好，最好有一两项专长，并在适当的时机将才华展现在学生面前。这无疑会使教师在学生心目中的形象更加完美，学生也会因此注意全面发展，收到潜移默化的效果。

## 四、良好的身体素质

班集体建设是艰苦、繁重的工作，这就需要班主任具有良好的身体素质。如果没有健康的身体、充沛的精力，是难以胜任的。毛主席说："体者载知识之车，而寓道德之舍也。"如果没有健康的身体，班主任其他各项素质的发展就失去了物质基础。因此，班主任要认清体育锻炼的重要意义，重视身体锻炼，掌握体育锻炼的要领、原则和方法，注意卫生保健。

**案例呈现Ⅳ**

和学生一起制定班规

有一天早上，我发现暑假时才粉刷一新的楼梯过道的墙上，出现了几个醒目的鞋印。我暗自试了一下，除第一个鞋印处勉强能够用脚蹬上去之外，其余的三处根本不可能蹬得上去，因为它们明显高于正常人的肩膀。

我自认没有这样的能力，进了教室之后，我很谦虚地向学生请教："怎样才能够将脚印印到那么高的墙上呢？"

女生们很奇怪，我怎么会问这样一个问题，而几个男生则在偷偷地笑。过了一会儿，他们就说开了：其实他们早就看见了第一只脚印，那也许是哪位男生的一时兴起之作，想他能够蹬这么高的高度，也不枉"到此一游"了；第二只脚印绝对是脱下鞋子印上去的，印的时候也许他还很有成就感；第三只就不知道是怎么印上去的了。

"嘿嘿，第四只是脱了鞋子，踩到凳子上拍上去的！"说这话的时候，刘洪洋还有点扬扬自得。

我赶紧问："你怎么知道的？"

"那只脚印根本就是他的。"一个同学小声揭发。刘洪洋嘿嘿地笑了几声，"而且第二只、第三只都是我们班上的学生印的，别的班上的同学根本不敢。"他终于讲出了真相。

"你们在印的时候，没有想到是在给我们班集体抹黑吗？这可是在我们教室隔壁的楼道墙上啊！"

"没有，我压根没有这么想过。我只是想，我比你们拍得高，我就有能耐，感觉很爽。"刘洪洋老实地承认。我需要的就是这种开诚布公的班级工作氛围。我相信他讲的是真话，也许当初拍脚印的时候，他压根没有想到，这已经是违纪了，他只是"兴趣盎然"地比赛，更何况我们班的班规还在酝酿之中，这种行为受不到班规的约束。

我考虑了一会儿，学生讲了真话，我还要批评他们吗？批评他们，我又依据什么批评？现在班规还在酝酿之中，于是我把问题抛给学生们，同时也说出了我的顾虑和想法。

班规尚未出台，就已经触及这样实质性的内容了，同学们讨论的热情很高：有的同学赞成给拍鞋印的同学一个警告处分；有的同学赞成责成他们恢复原状；有的同学则认为，关键在于惩罚印第一只鞋印的同学，不能把责任全推给后面的学生……

我问刘洪洋："你自己觉得该怎么办呢？现在班规中还没有明确该如何处理这类事情？"

"以后这块公共区的卫生就交给我管理吧。我保证以后不再出现这样的问题。"他很爽快地应话。

我表扬了他的坦率和勇敢，并且建议在班规中要把破坏公共区卫生的处罚措施写成"责成责任人恢复原状，并确保不再进行破坏"，以增加他们的责任意识。同学们认为可行。

(资料来源：郑学志. 挑战班主任19项全能[M]. 上海：华东师范大学出版社，2010.)

**问题与思考**

1. 班主任为什么要和学生一起制定"班规"？
2. 现代班集体建设需要教师具备哪些基本理念？

**分析与评价**

在新课程改革的大背景下，教师如果想更好地完成教育、教学工作，就必须在师生关系、课程运作、职业发展和工作方式等几个方面不断地转变自己的观念，以人为本，发挥学生的积极性、主动性，师生合作，共同管理班级，做好班集体建设。在上面的案例中，班主任和学生一起制定班规，让学生自己在思考、讨论的过程中得出解决问题的办法，既体现了师生平等，也让学生感受到老师对他们的尊重，又锻炼了学生的能力。

# 案例呈现Ⅳ 原理与对策

人们常说，观念是行为的先导。教育观念是无形的，看不见，摸不着，但却是客观存在的。它无时无刻不在支配着班主任的育人行动，影响着班主任的思维方式和工作方式，制约着班主任的教育方向，关系着班主任的育人成果，改变着教育的面貌。因此，树立新的教育观是新时代班主任要通过的第一关。

新课程来了。它带来一股强劲的清新空气，为班主任更新观念带来新的方向。我们应该认真理解其精神，积极领会其理念，与时俱进、乘风而上、敢为人先。

## 一、从主宰到主导

长期以来，我们一直恪守着老祖宗传下来的教育观念："天地君亲师""一日为师，终身为父""师道尊严"。总之，老师站在讲台上，俯视学生犹如"君临天下"，主宰一切。教师主宰课堂，班主任主宰班级。我授你收，我教你学，我说你听，我管你服。学生只能屈坐于下，仰望先生，唯命是听，被动服从，是接受知识的"容器"，是俯首帖耳的"小绵羊"，是老师统治下的"奴婢"。学生若稍有异议、争辩，便是冒犯师尊，大逆不道。近几十年，这种情况虽有改变，但根未除，宗未断。君不见，"学生为主体，教师为主导"的口号喊了一二十年了，可一遇到具体问题，往往还是老师"一言堂"。教师在教学中稍不遂意，不是大发雷霆，就是讽刺挖苦，甚至体罚和"心罚"。可见观念的弃旧图新，不是一蹴而就的。

　　班主任在日常工作中体会到"主宰学生""管卡压学生"只能带来师生关系的疏远、对立、冷漠，使学生"敬而远之"，产生爱的错位。不平等的师生关系严重摧残了学生独立思维的创新精神，严重扭曲了师生人格，严重妨碍了每位学生的健康发展。因此，班主任必须对这种情况予以颠覆，予以转变，建立与新课程相适应的新型的、民主的、平等的、和谐的、互动共进的师生关系。

　　作为新课程背景下的教师，应做到以下几点。

　　第一，班主任应主动放下架子，从高高在上的"主宰者"位置走下来，走到学生当中。这对班主任来说，是教育思想的一次裂变、一次飞跃。

　　第二，做与学生平等的"首席"。既然师生平等了，就应该多尊重学生，理解学生，倾听他们的心声，想他们之所想，急他们之所急，为他们排忧解难。发挥我们作为班主任的年龄、知识、能力、心理水平等诸多方面的优势，指导他们，引导他们，促进他们积极向上，在"主导"上做出新文章。

　　第三，让学生当主人。班级的事让他们做主，充分发挥学生的主体性、独立性、能动性和创造性，让学生成为教育的主人，班级的主人，学习的主人，生活的主人，成为有社会责任感的人。那么，我们就应该少一些包办，多一些学生自主；少一些反对，多一些对学生的赞扬；少一些强制，多一些对学生的引领。

## 二、从封闭到开放

　　传统的教育观念认为，书本知识传授是学生获取信息的唯一渠道。学生只能坐在学校教室的小天地，"两耳不闻窗外事，一心只读圣贤书"，或听教师的"一言堂"。新课程的教育观拓展了学习的概念，不再仅仅是几本教科书，还有社会的、人生的各个面相，都是学生学习的范围。它拓宽了学生的学习空间，学习不再仅仅是老师教授，学生自己也可以获取。可以通过自己的感官去感知、探究，可以通过书籍、影视、计算机等途径去收集、整理，也可以亲自从实践中习得。

　　班主任作为学生的人生导师、精神关怀者、班级组织者以及各方教育力量的协调者，仅仅在学校教室里用"舌耕"的功夫进行工作，是远远不够的。因此，班主任一方面要引导学生自主自育；另一方面，也要带领学生走进生活，走进社会，走进大自然，走进工矿、农村、军营。那里有大量的新"教师"，有广博深厚的大课堂，有丰富的书本上没有的知识，可以使学生经风雨、见世面，积累做人的经验。

首先，班主任要打破头脑中的"围墙"，解放思想，相信并鼓励学生从各种渠道，特别是从社会的大课堂里汲取做人的营养，因为"室内不养千里马，花盆难长万年松"。同时班主任要敢于"放手"，相信学生的潜能。他们头脑聪明、精力充沛，让他们自己去想，自己去干，自己去体验，自己去感悟，自己去探索，自己去播种，自己去收获。

其次，班主任要相信社会的主流，不要因为负面问题而不敢打开教室的大门。学生只有接触社会才能认识社会，提高辨别能力，增长才干。班主任在开放中要注意去指导和引导，特别是要教给他们一把分析、认识社会和一切事物的"金钥匙"，那就是辩证唯物主义的哲学。让学生学会科学地判断是与非、表象与本质、主流和支流、静止与发展等。

案例呈现 V

### 读关于班主任工作的书能提高工作效率

刚当班主任的青年人没有经验，要做好工作，提高效率，比较有效的方法是读几本关于班主任工作方面的书。这些书，一般都是有经验的班主任十几年、几十年工作的总结，有的是人家毕生心血的结晶，从他们的成功中我们学到经验，从他们的失败中我们吸取教训。他们用过的许多方法，我们也能照着用；导致他们失败的做法，一般情况下，我们不可取。如果硬要试一试，他们的失败也告诫我们用起来要谨慎、小心，以免重蹈覆辙。

这些年，我读过十几本关于班主任工作的书，其中看的遍数最多的是《班主任》这本书。

这本书是苏联作家思·伊·包德列夫编写的。人民教育出版社根据1955年莫斯科俄文第二版译出，于1956年9月出版，到1980年3月第10次印刷时，已印了156700册。全书共30万字。

这本书分为10章：

第一章，班主任的作用和任务。

第二章，研究学生。

第三章，班上学生集体的组织和培养。

第四章，班主任提高学生学业成绩的工作。

第五章，班主任培养学生自觉遵守纪律的工作。

第六章，班主任本班少年先锋队和共产主义青年团组织的协同工作。

第七章，学生课外活动和公益工作的组织与进行。

第八章，班主任对学生家长的工作。

第九章，工作的计划和考查。

第十章，提高班主任的业务水平。

10章共分为46节。

如第一章又分4节：

(1) 青年一代的共产主义教育是苏维埃学校最重要的任务。

(2) 班主任是全班学生的教育和教导工作的组织者。

(3) 班主任工作的目的和基本任务。
(4) 对青年一代的教育者——班主任的要求。

又如第四章班主任提高学生学业成绩的工作，编者分为 5 个小节：
(1) 争取达到优良的学业成绩是班主任最重要的任务。
(2) 班主任为了提高班上学业成绩对学生集体进行的工作。
(3) 班主任为了提高学业成绩对本班个别学生进行的工作。
(4) 班主任对任课教师进行工作的内容和形式。
(5) 班主任在提高学业成绩方面对家长工作的组织和内容。

我觉得这本书写得最好的是提高学生学业成绩的工作这一章，这一章的第 2、3 节我反复看，并加了批注，许多话下面加了着重号，这些句子给我以多方面的启示。

(资料来源：魏书生. 班主任工作[M]. 沈阳：沈阳出版社，2000.)

**问题与思考**

1. 为什么说读书对于班主任素质提高具有重要作用？
2. 班主任还可以通过哪些途径提高自身素质？

**分析与评价**

做好班集体建设需要班主任具有多方面的素质，而班主任素质的提升不是一朝一夕的事情，需要班主任不断学习、积累、改变。多读一些介绍班主任工作方面的书，从书中吸取其中的精华，丰富自己，完善自己，用理论去指导我们的实践，是可以让我们少走很多弯路的捷径。魏书生之所以成为全国特级教师、优秀的班级管理者，与他勤读书、爱思考、乐实践是分不开的。

# 案例呈现Ⅴ 原理与对策

班主任素质提升的途径.mp4

班主任作为班集体建设的领导者、组织者、协调者，必须不断提高、优化、完善自身素质。在班主任素质体系中，尽管各种素质所起的作用并不一样，而且养成各种素质所需要的条件、环境、时间、方法也有所区别，但是，各种素质成分都是同一个动态发展的素质体系中不可缺少的部分，它们之间存在着相互制约的有机联系，其形成与发展必然有相同的途径和环节。如果从系统整体过程来考察，各种素质的修养提高，都离不开实践的根本途径和学习吸取、加工内化、实践体验、总结升华四个基本环节。

## 一、学习吸取

学习吸取，是指在从事班主任工作的实践过程中刻苦学习，广泛吸取前人和同行创造的智慧成果和工作经验。在实际工作中，班主任的学习要与反思结合起来。反思过后，总会发现问题；发现了问题，就要带着问题去学习，寻找解决的办法。在实践中，班主任把"学习"与"反思"结合起来进行自我修养，是提高管理水平的重要途径。从反思中获得问题，因为要回答问题，必须通过学习去寻找答案。反思后学习，是有明确目标的学习，因而学习的效率会比较高。班主任应形成坚持阅读的习惯，无论工作怎样繁忙，都应当挤出一定的时间读书，从书籍中获得指导实践的方法。

魏书生作为著名的特级教师和全国优秀班主任，之所以能取得令人瞩目的成绩，其原因不是别的，只有一条，就是在实践中不断自我完善和提高。魏书生在探索教育理论上取得的成就，与他渊博的知识积累直接相关。他博览群书，嗜学成癖，除钻研语文学外，还精通教育学、心理学、哲学，涉猎经济学、管理学、信息论、控制论……魏书生身兼多职，要做一个学校的校长和书记，还要教两个班的语文并兼班主任，每年要上大量的公开课，到全国各地开会、讲座。面对如此重负，非但未被压垮，反而成绩卓著。仅此便已值得广大班主任认真研究、学习。

## 二、加工内化

吸取只是迈开了修养的第一步。加工内化是将从外界吸取的东西，进行分析、加工、消化的过程，是提高素质修养的重要环节。内化首先必须坚持理论联系实际的原则，根据立足现实和发展现实的需要，即开展工作、培养人才的需要，对吸取到的东西进行认真筛选、加工、消化，把某个正确的、合理的部分转化成自己的思想、知识和才能。其次，要注意经常反思，按照优秀班主任的素质标准，反复进行思索、检查，找出差距或不足，并利用他人的经验武装自己，去缩短差距，弥补不足。

## 三、实践体验

体验就是运用和实践，就是将吸取的东西、内化的结果，再运用于实际。体验既是指导教育实践的过程，也是接受教育实践检验，进一步调整、充实自己已有素质的过程。首先，班主任要重视体验，要积极参加教育实践，亲自"下水"，与学生一起学习、生活。其次，要有目的、有计划地体验，有计划、有步骤、有目标地开展工作。最后，体验中应该有创新，体验不应该是对前人或同行实践的简单重复，而应该有创造精神，敢于打破常规，进行新的探索和尝试，以开拓认识的新领域和班主任工作的新路子。

作为班级教育者和管理者的班主任要重视在教育实践活动的过程中磨炼自我。从实践到理论，再从理论到实践，是认识的两次飞跃。理论只有与实践相结合，指导实践才不致成为空洞的说教。实践是认识的基础，是理论的本原和归宿。班主任工作是磨炼人、培养人的最好的实践活动，正是这种丰富的实践活动，造就了无数优秀的班主任。班主任，尤其是年轻班主任要热爱这项工作，并从教育实践中不断改造自我，不断总结经验和教训，善于探索，提高自己教育行为的自觉性、合理性，从实践中体验工作的酸甜苦辣，培养自己的教育技能技巧，从而使自己日趋成熟、完美。

## 四、总结升华

所谓升华，就是经过吸取、内化、体验之后要及时总结，发扬优点，克服缺点，弥补不足，使自身素质的整体水平上升到一个新的高度。勤于总结是提高素质修养的重要手段，在总结时一要实事求是，不夸大，不缩小，不自己骗自己；二要虚心听取，认真分析同事和学生的意见；三要既看到成绩和进步，又要看到缺点和不足，为了使自己的素质修养真正得到完善和提高，从某种意义上讲，应着重纠正自己的失误和不足。

学习吸取、加工内化、实践体验和总结升华是班主任在教育实践中，进行素质修养的四个基本环节，它们相互联系、相互影响，是使班主任素质不断提高的有机链，缺一不可。班主任只有坚持实践第一的观点，积极投身于教育工作实践，充分注意在修养的每一个环节上下功夫，才能够提高素质质量，使自己成为合格、优秀的班主任，搞好班集体建设。

# 体验练习

### 一、简答题

1. 班主任在班集体建设中的主要任务是什么？
2. 班主任要搞好班集体建设需要具备哪些基本素质？
3. 班主任提升自身素质的途径有哪些？

### 二、论述题

假如你新接手一个班级担任班主任，班级里的所有学生都是全校成绩一般的，主要表现为学习不努力、不刻苦。但是这个班级里的学生有一个共同的特点，就是每个人都有一个或者几个方面的特长，比如有的同学擅长唱歌，有的同学擅长跳舞，有的同学具有很强的组织工作能力，有的同学外交能力较强。

针对上述情况，当你刚接手这个班级的时候，如何在日常班级管理中发现同学们的特长，为每一位同学安排适合自己工作能力的工作岗位，使同学们努力、健康地成长，并最终达到学习与工作能力双丰收？

请你认真思考后，写一篇班集体建设的计划，谈谈你的想法和做法。

# 补 充 读 物

1. 尚丰慧，郭凯. 班主任专业理论与班级管理[M]. 长春：吉林教育出版社，2020.

本书以班主任专业理论与班级管理为核心，以班主任专业发展、班级管理及教师、家长、学生三者沟通策略为切入点，主要探讨班主任专业理论知识、班主任工作的基本任务与方法、班主任与班级管理、班级日常管理与班级文化建设、师生沟通与个别教育、教师协调与家长沟通、班主任工作的专业发展等相关内容。

2. 王振刚. 一个学期打造卓越班级[M]. 福州：福建教育出版社，2020.

这本书记录了笔者带班初期对班级发展的设想、设计，又有每个月的设想、设计，真实地记载了带班的每一天的所想所作所为，宏观与微观相结合，记叙与议论相结合，感性与理性相结合，德育与智育相结合，为读者提供了一个带班路线图，提供了一个带班的范例。

3. 张典兵. 班主任与班级管理[M]. 北京：中国矿业大学出版社，2018.

本书从班主任的工作对象、角色定位、职业素养、专业发展和教育科研等方面，对班主任基本理论问题展开论述；从了解研究学生、组织培养班集体、抓好课堂管理、进行个别教育、开展班级活动、建设班级文化和形成教育合力等方面，对班级管理相关内容进行深入分析。本书不仅吸收了国内外研究的新成果，拓展了班主任与班级管理的研究视域，具有较强的创新性；而且借鉴了来自班主任与班级管理一线的生动事例，理论观点的阐释以鲜活经验为支撑，突显价值取向的实践性。

4. 王芳，唐和英. 优秀班集体的建设与维护[M]. 合肥：安徽师范大学出版社，2013.

班级是现代学校制度的产物，学校教育工作大都是以班级为单位来进行的。要把班级建设成一个优秀的班集体，发挥班集体的教育作用，才能轻松而富有成效地促进其成员的发展。优秀班集体的建设与维护不是一朝一夕，而是需要长期的不懈努力，需要班主任具有相关的教育理论，掌握班集体建设的内容与方法，既要有宏观的目标规划，也要有微观的策略创新。本书的编写，不仅在班集体建设与维护理论方面有所突破，而且更注重结合生动的教育案例加以阐述，力求为基础教育一线班主任工作者提供可行而有效的参考。

5. 葛明荣，王晓静. 建设幸福班集体[M]. 北京：科学出版社，2013.

建设幸福班集体是中小学班级管理的目标。本书在获得大量中小学班主任、中小学生综合幸福感数据和积极心理品质数据的基础上，分析当前中小学班主任、中小学生综合幸福感、积极心理品质的现状及存在的问题，从"做幸福班主任"、"带幸福班集体"两个角度阐述了建设幸福班集体的策略。本书既可以作为中小学班主任培训教材、中小学教师培训教材和中小学生家长培训教材，也可以作为大专院校教师教育类学生提高班级管理技能的教材。

## 参 考 文 献

1. 尚丰慧，郭凯. 班主任专业理论与班级管理[M]. 长春：吉林教育出版社，2020.
2. 丁如许. 给班主任的建议[M]. 武汉：长江文艺出版社，2020.
3. 张万祥. 给年轻班主任的建议[M]. 2版. 上海：华东师范大学出版社，2017.
4. 郑学志. 班级管理60问[M]. 上海：华东师范大学出版社，2020.
5. 王振刚. 一个学期打造卓越班级[M]. 福州：福建教育出版社，2018.
6. 王晓春. 做一个专业的班主任[M]. 上海：华东师范大学出版社，2008.
7. 李伟胜. 班级管理[M]. 上海：华东师范大学出版社，2010.
8. 邓艳红. 小学班级管理[M]. 上海：华东师范大学出版社，2016.
9. 李镇西. 做最好的班主任[M]. 桂林：漓江出版社，2014.
10. 魏书生. 就这样当班主任[M]. 武汉：长江文艺出版社，2019.
11. 吴小霞. 班主任微创意59招[M]. 上海：华东师范大学出版社，2018.
12. 谌启标，王晞. 班级管理与班主任工作[M]. 福州：福建教育出版社，2015.
13. 程晋宽. 班级管理理论与实务[M]. 北京：高等教育出版社，2016.
14. 熊华生，李慧. 班级管理案例精选[M]. 上海：华东师范大学出版社，2011.
15. 魏晓红. 中小学班级管理典型案例[M]. 天津：天津大学出版社，2016.
16. 傅建明，胡志奎. 班级管理案例[M]. 广州：广东教育出版社，2009.
17. 李红路，商风丽. 特色班级建设[M]. 武汉：湖北教育出版社，2011.
18. 庄传超，刘西萍. 中小学班级主题活动40例[M]. 上海：华东师范大学出版社，2011.
19. 黄长荣. 班级管理典型案例[M]. 北京：光明日报出版社，2012.
20. 李学农. 班级管理[M]. 3版. 北京：高等教育出版社，2018.
21. 张作岭. 班级管理[M]. 3版. 北京：清华大学出版社，2019.
22. 郭毅. 班级管理学[M]. 2版. 北京：人民教育出版社，2000.
23. 曹长德. 当代班级管理引论[M]. 2版. 合肥：中国科学技术大学出版社，2019.
24. 杜萍. 课堂管理的策略[M]. 北京：教育科学出版社，2005.
25. 徐金海. 班级管理新思维[M]. 北京：知识产权出版社，2017.
26. 周保英. 新课改视域下班级管理案例析[M]. 武汉：华中师范大学出版社，2005.
27. 张仁贤. 零距离接触：优秀班主任工作案例解读[M]. 北京：中国轻工业出版社，2007.
28. 潘海燕，彭兴顺，黄金星. 怎样当好班主任卷二：班主任工作方法与技能[M]. 北京：中国少年儿童音像电子出版社，2011：1～14.
29. 陆海富. 班主任班级管理的艺术[M]. 哈尔滨：北方文艺出版社，2013.
30. 芮秀军. 班主任班级管理经典细节及对策[M]. 长春：东北师范大学出版社，2010.
31. 戚万学，唐汉卫，魏薇. 教育学基础[M]. 济南：山东人民出版社，2010.
32. 李慕南. 班主任工作实用方法[M]. 沈阳：辽海出版社，2018.
33. 李素敏. 新时期班主任工作技能强化训练[M]. 北京：中国林业出版社，2011.
34. 胡小萍，叶存洪. 班主任工作与班级管理艺术[M]. 南昌：江西高校出版社，2010.

35. 王克锋. 中小学班级管理问题分析[M]. 兰州：甘肃教育出版社，2008.
36. 林群，唐卫民，孙玉洁. 小学班级管理理论与实务[M]. 哈尔滨：黑龙江人民出版社，2002.
37. 纪微. 班级活动处理艺术[M]. 长春：东北师范大学出版社，2010.
38. 卡罗尔·西蒙·温斯坦. 中学课堂管理[M]. 2版. 田庆轩译. 上海：华东师范大学出版社，2006.
39. 丁榕. 班级管理科学与艺术[M]. 北京：人民教育出版社，2004.
40. 韩东才. 班主任基本功[M]. 广州：暨南大学出版社，2018.
41. 赵坡. 班级管理实战指南[M]. 上海：华东师范大学出版社，2013.
42. 李继秀，陈小勤. 班级管理案例精选[M]. 合肥：安徽大学出版社，2018.
43. 吴明乾. 班主任对班级活动的设计与组织[M]. 长春：吉林大学出版社，2010.
44. 赵志毅. 班级活动设计与组织[M]. 南京：南京师范大学出版社，2009.
45. 杨连山，杨照，张国良. 班级活动创新与问题应对[M]. 重庆：西南大学出版社，2013.
46. 徐群，朱诵玉. 班级活动的设计与实施[M]. 合肥：安徽师范大学出版社，2013.
47. 王怀玉. 小学家校沟通的艺术[M]. 北京：中国轻工业出版社，2014.
48. 李方. 班主任工作的30个典型案例(中学篇)[M]. 上海：华东师范大学出版社，2010.
49. 魏书生. 班主任工作漫谈[M]. 桂林：漓江出版社，2014.
50. 郝思涵. 中学班级文化这样建设[M]. 长春：吉林文史出版社，2013.
51. 吴志樵，刘延庆. 班主任怎样应对班级突发事件[M]. 合肥：安徽人民出版社，2012.
52. 林进材. 班级经营[M]. 上海：华东师范大学出版社，2006.
53. 赵海霞. 中学班主任工作20个难点及其对策[M]. 长春：东北师范大学出版社，2010.
54. 赵国忠. 班主任最关键的管理细节[M]. 南京：南京大学出版社，2018.
55. 倪敏. 新时期怎样做好班主任[M]. 南京：江苏人民出版社，2008.
56. 王震刚. 班主任素质与行为艺术[M]. 长春：东北师范大学出版社，2010.
57. 刘岩，王苹. 班主任与班级管理[M]. 北京：北京师范大学出版社，2013.
58. 陈惠英. 班主任对学生的激励与处罚[M]. 长春：吉林大学出版社，2010.
59. 周达章. 21世纪班主任工作案例精粹(中学版)[M]. 宁波：宁波出版社，2000.
60. 赵凯. 好班规打造好班级[M]. 重庆：西南师范大学出版社，2009.